读书治学雅论

刘新勇 著

中国海洋大学出版社

·青岛·

图书在版编目（CIP）数据

读书治学雅论 / 刘新勇著 . —青岛：中国海洋大学出版
社，2022.9

ISBN 978-7-5670-3263-7

Ⅰ . ①读… Ⅱ . ①刘… Ⅲ . ①名人—生平事迹—中国
—近代 ② 读书方法 ③ 治学方法 Ⅳ . ① K820.5 ② G792
③ G795

中国版本图书馆 CIP 数据核字（2022）第 165938 号

DUSHU ZHIXUE YALUN

出版发行	中国海洋大学出版社
社　　址	青岛市香港东路23号　　**邮政编码**　266071
网　　址	http://pub.ouc.edu.cn
出 版 人	刘文菁
责任编辑	魏建功　由元春　　**电　　话**　0532-85902121
电子信箱	wjg60@126.com
印　　制	青岛至德印刷包装有限公司
版　　次	2022年9月第1版
印　　次	2022年9月第1次印刷
成品尺寸	170 mm × 240 mm
印　　张	13.75
字　　数	232千
印　　数	1—1000
定　　价	48.00元
订购电话	0532-82032573（传真）

发现印装质量问题，请致电13336399618，由印刷厂负责调换。

前　言

　　读书是人获取科学文化知识、提升人格魅力、美化心灵的重要手段。读书，虽不能改变人生的长度，但可以改变人生的宽度；虽不能改变人生的起点，但可以改变人生的终点。然而，书籍浩如烟海，知识无穷无尽，人们在读书的时候，免不了会碰上这样或那样的困难：或不得门径找不到所要读的书，或遇到疑难而无法读下去。这时，如何找到一个适合自己的读书门径，显得尤为重要。实践证明，吸取前人的经验，像名人那样读书和治学无疑是一个上佳选择。

　　中国近现代是中国社会又一个大交流、大变革时期。就思想界、学术界、文化界、教育界等而言，那是一个新学和旧学碰撞、中学和西学交融的时代，同时也是一个大师并起、名人辈出的时代。活跃在这一时期的名人大家大多扎根中学，吸收西学，以救国救民为己任，以讲台为阵地，以书刊为舞台，或埋身于传统文化的传承与发展，或积极致力于西方文化思想的引进与传播，以创新的学术体系与范式开启了那个时代的新风气。他们站在学术文化活动的前沿，每个人成功的背后都有一段不平凡的读书治学经历。他们的读书方式、治学心得、思维特性，无疑对读书治学具有重要的借鉴意义，对今天读书人更是很好的示例。

《读书治学雅论》一书以中国近现代时期辜鸿铭、蔡元培、梁启超、王国维、鲁迅、黄侃、陈寅恪、胡适、梁漱溟、张恨水、林语堂、朱光潜等人的读书治学精彩论述和经典事例为素材，以人为单位对其读书治学理念、观点、方法等进行分析、归纳、提炼、总结，最终形成了一部以专述名人读书治学观为主的学术著作，旨在以正确的读书治学理念引领读者掌握正确的读书治学方法，用名人读书治学的成功经验指导读者读书治学，以名人的读书治学雅论启发鼓舞读者，进而为推动全民阅读，建设创新型国家贡献力量。

目 录

辜鸿铭（1857—1928），名汤生，字鸿铭，祖籍福建同安，中国近代著名翻译家、学者。

推崇死记硬背读书法

1915年，辜鸿铭应聘到北京大学任教授，教授英国文学等课程。同学们最为记忆犹新的是，这位辜教授与同学们在课堂上约法三章，其中最后"一章"即他指定学生们要背的书，必须都要背，否则不能坐下。对于英语学习，辜鸿铭最推崇的就是这种背诵，而且他自己也是凭此方法获得成功的。

在辜鸿铭约10岁的时候，他跟随义父布朗来到英国学习。为学好英语，布朗传授的"秘诀"就是死记硬背学习法。辜鸿铭不解地问，只管背诵，但听不懂其中意思怎么办。布朗指出，没关系，只求你说得熟，不求你听得懂；听得懂再背，心就乱了，背不熟了。等你把这本书背得达到"倒背如流"的熟练程度，我再讲给你听。就这样在义父布朗的带领下，辜鸿铭先将歌德的《浮士德》、弥尔顿的《失乐园》背得滚瓜烂熟，然后再听义父讲解，果然理解快、印象深，效果奇佳。接着辜鸿铭又趁热打铁用一年多时间将莎士比亚的37本戏剧与《法国革命史》学完。随着学习量的加大，知识量的增加，已经深谙此法的辜鸿铭感觉越读越爱读、越学越有兴趣。就这样不知不觉学习了英、法、德、希腊、拉丁等九种外国语言。

自身的成功让辜鸿铭多年后在北京大学的课堂上又重新拾起了这个学习的法宝。他指出，凡要学生们背的诗文，一定要背得滚瓜烂熟才可以。否则学到头，也不过像时下一般学英文的，学了十年，也仅能看个报，写个信而已，终其一生，只得小成，这都是幼年读"一猫一狗式教科书"所至。这种先让学生熟读成诵，然后再进行讲解的方法，中国自古有之。宋代理学家朱熹说："大抵观书，先须熟读，使其言皆若出于吾之口；继以精思，使其意皆若出于吾之心，然后可以有得尔。"①这里说的先"熟读"后"精思"，即先在不解其意的情况下将书记得滚瓜烂熟，然后再进行认真思考，详细了解其意。这一过程符合人生成长发展规律，有研究证明人在1至15岁是记忆力最好的阶段，15至25岁是想象力最丰富的阶段，25岁以后思维能力逐渐进入最佳阶段。根据各阶段发展特性进行针对性读书学习，无疑更能充分发挥好人的潜能，让学习效果达到最佳。一年之计在于春，不负书香恰少年，在人生最年少，记忆力最强、最快的时期，多用心记下一些人生受用的知识，不仅可早早打下坚实的基础，而且对将来的发展也大有好处。

腹有诗书气自华。我国古代教育无论是官学还是私学，都非常注重对学生死记硬背方面的训练，以强化记忆。那时往往从开蒙时起即让学生大量背诵《论语》《三字经》《百家姓》《千字文》等千古名篇，以让学生学习知识，培养语感并为之后的思维训练做好基础。曾有人对我国古代金榜题名学子的读书作过粗略统计，他们熟读成诵的书包括《论语》《大学》《孟子》《书经》《左传》《礼记》等经典名篇，可达40万字。此外还得翻看其他必读的经、史、子、集方面的书。正是有了这样的训练，才使得古往今来的背诵高手、记忆名家比比皆是：西汉东方朔可背22万言；另一西汉名臣张安世更是将皇帝丢失的三篑书毫无遗漏地全部背抄下来。梁启超对学生谢国桢说我不能熟背《治安策》，如何能上《万言书》呢？巴金12岁时便将《古文观止》烂熟于胸，后感慨说书中二百多篇古文可谓其启蒙老师，他写的二十多本散文均与此有关。辜鸿铭的背书功夫也是扬名天下。他曾信心满满地让国学大儒沈曾植随意提问"四书""五经"中的语句，意思是说他对"四书""五经"已做到全部背诵和

---

① 朱义禄.朱子语类选评［M］.上海：上海古籍出版社，2017：249.

解读了。其实外国学者也主张背诵，大文豪托尔斯泰说自己晨起背诵英语单词是多少年雷打不动的第一工作。培根指出，一切知识都不过是记忆。众多古今中外名人的成功事例证明，死记硬背学习法是必不可少的学习方法。

当今社会死记硬背学习法备受诟病，一提到"死""硬"两个字，常给人以落后倒退、顽固不化之感，一说到死记硬背更是人人反对，犹如过街老鼠人人喊打。实际上，缺少刻苦端正的态度，缺乏必要的知识积累，仅靠分析理解是难以真正学好知识的。学生写的文章便说明问题，可以说很多学生胸无点墨、大脑空空，不仅谈起话来语言干瘪、毫无生气，作的文章也是词汇贫乏全无文采，又何来得妙笔生花呢。尽管这些人又花大价钱报作文班、语言班，结果依然是杯水车薪，起不到多大作用。其根本原因还是知识储备出了问题。古代曾有一笑话，反映的就是背书的重要性。笑话说一秀才绞尽脑汁用尽全力也写不出文章来，便回家请教娘子。娘子举例说女人生孩子是因为肚里有，你写不出文章是因为肚里没有的缘故。秀才这才恍然大悟，豁然开朗。

既然肚子里没货，为什么还有那么多人仍然固执地反对死记硬背呢。原因有两点：一是怕吃苦，二是缺少死记硬背的章法。事实上辜鸿铭在学习中也不总是一帆风顺的。由于他对法国人文历史缺乏了解，因而在学习《法国革命史》时感觉不如《浮士德》那样易记易背，不但背诵速度下来了，学习质量也难与以前相比。布朗发现问题后指出，《法国革命史》不同莎士比亚的戏剧，记忆不能求快，每天记忆一页半页即可，快而不熟，等于不学，时间长了反而影响学习兴趣。辜鸿铭听后顿开茅塞，立即调整方法，将背诵速度降下来，就这样一天一个脚印，很快将《法国革命史》扎实背完。

随着学习难度的增加，辜鸿名面前的各种疑惑也是纷至沓来，特别是在学习希腊文、拉丁文时，更让他感觉困难重重，甚至难过得掉出眼泪。布朗开导他，学习有困难在所难免，只要下定决心，心无旁骛、持之以恒坚持下来，就一定能成功。"天地间，没有不费吹灰之力就能获得的学问……何况学通中西，拯救人类的大事业。"①这时辜鸿铭又想起赴欧洲学习前夜，父亲辜紫云的嘱托，寄予的厚望，于是又咬紧牙关，坚持背了下去。水滴石穿，有志者事竟成，在突

① 兆文钧. 辜鸿铭先生对我讲述的往事［M］// 中国人民政治协商会议全国委员会文史资料研究委员会《文史资料选辑》编辑部. 文史资料选辑：第8辑（总108辑）. 北京：中国文史出版社，1986：169-219.

破一个个难题后，辜鸿铭心中一下子豁然开朗，大脑也随之茅塞顿开，学习变得一通百通，不但希腊文、拉丁文弄通了，其他外国语言也是一学就会。

辜鸿铭在回忆这段学习往事时说："人们都说我聪明，其实，主要的还是坚持'困而学之'的办法。久而久之，不难掌握学习艺术，达到'不亦说乎'的境地……"①

"学而不思则罔"，学习知识不但要熟读还要思考，只有熟读和精思相结合，才能做到对知识的真正理解和运用自如。作为记忆高手的辜鸿铭，并非一味只注重记忆，也很重视分析思考。辜鸿铭不但自己做到学思结合，他还经常提醒别人要注意这点。当他看到日本学者萨摩雄次每天总是手不释卷时，便提醒他，读得太多了，应该减少读书的时间，而增加一些冥想和思考。多年后萨摩雄次说起此事仍感觉受益匪浅。

学生林思陶回忆辜鸿铭："其行文主张，谓须到火候方可下笔。勖余惜墨如金。戒躁进，盖行远必自迩，非一朝一夕之功也。又云'物''事''理''情'须兼顾；'学而不思则罔，思而不学则殆'二语，尤应服膺而勿失。"②可见做好死记硬背既要讲究方法，又要具备耐心、恒心、毅力，还要兼顾思考。如果以上要素都具备了，青年人又怎么会出现胸无点墨呢，又怎么会担心文章写不好呢。

"释"译经典，耳目一新

辜鸿铭不仅在国学方面有很深造诣，也是一位翻译奇才。辜鸿铭翻译的奇主要表现在他不同于林纾、严复等著名翻译家，他们的译作是将西方经典作品译成中文，为西学东渐搭起重要桥梁。辜鸿铭则反向而行，将

辜鸿铭英译《中庸》书影

① 兆文钧.辜鸿铭先生对我讲述的往事［M］//中国人民政治协商会议全国委员会文史资料研究委员会《文史资料选辑》编辑部.文史资料选辑：第8辑（总108辑）.北京：中国文史出版社，1986：169-219.

② 高令印，高秀华.辜鸿铭与中西文化［M］.福州：福建人民出版社，2008：429.

中国文化经典译成外文，为东学西传吹起号角。他创造性地将《论语》《中庸》《大学》三部传统经典名著译成英文，不但打破了一百多年来由西方汉学家、传教士一统天下的局面，揭开了中国人自觉将中国文化西传的新篇章，而且让西方人真正接触并认识了辉煌灿烂的中国古老文化。辜鸿铭也因此声名大噪，在西方人眼中辜鸿名犹如中国儒学权威、中国文化的代言人。1913年，如日中天的辜鸿铭又喜获诺贝尔文学奖提名，虽未最终得奖，仍足以说明他在西方人心中的名气和地位。当时到中国来拜访辜鸿铭的外国人更是络绎不绝，其中不乏英国的大文豪毛姆、日本著名作家芥川龙之介等，连托尔斯泰也曾与辜鸿铭有过书信来往。以至于外国人称，到中国可以不看紫禁城，不可不看辜鸿铭。更有甚者称别瞧那小脑袋，装的书比大英博物馆的图书馆还多几册。

西方人之所以对辜鸿铭顶礼膜拜，主要来自辜鸿铭那创造性的翻译。为什么要进行创造性翻译呢，这还得从辜鸿铭翻译儒学经典的缘起谈起。

1878年左右，经过西学洗礼十余年的辜鸿铭回到马来西亚槟榔屿，不久他遇到了对其人生产生重要影响的一个人物，他就是《马氏文通》的作者语言大师马建忠。两人一见如故，接连畅谈三日。马建忠说中国文化博大精深，源远流长，作为一名中国人不但要精通西方文化，还应该谙习中国历史文化，这样才能找到东西文化的差距，并设法"疗伤"，使我们的国家老而弥壮，让中华文化更好地发扬光大。自此辜鸿铭沉酣寝馈中国文化二十年，终学有大成。通过二十年的学习，辜鸿铭感受到中国文化虽然历经数千年，仍然魅力无穷、光芒万丈，中华文明不仅不可被替代而且远胜于西方文明。《清史稿·列传》称，辜鸿铭"穷'四子''五经'之奥，兼涉群籍，爽然曰：道在是矣"[1]。辜鸿铭认为中国人精深、博大、淳朴、优雅、善解人意……的精神是无比优越的，而这些正是西方人所欠缺的。"如果要深入研究中国文明，美国人会变得深邃；英国人会变得博大；德国人会变得淳朴……"[2]通过中西文明的比较，辜鸿铭认为必须将中国文化的精髓晓之西方，产生积极的文化效应，以减少西方人对中国文化的陌生与偏见，进而让中国文化在欧美发扬光大才是当时最重要任务。正如辜鸿铭所认为，1936年定居美国的林语堂发现

---

① 高令印，陈其芳. 福建朱子学［M］. 福州：福建人民出版社，1986：566.
② 辜鸿铭. 中国人的精神［M］. 张恒，译. 北京：文津出版社，2013：序言3.

当地人依然对中华文明知之甚少，甚至认为中国人还停留在"辫子""小脚"流行的清朝时期。看来东学西传的确非朝夕之事，需要几代人的辛苦努力。

不过从哪里入手呢，他认为语言是阻碍中国文化西传的重要因素。虽然早在这之前已有翻译的中国典籍传入欧洲。其中1539年利玛窦用拉丁文译过"四书"，1828年柯利将"四书"翻译成英文，19世纪中后期英国传教士詹姆斯·理雅各几乎用一生时间将"四书""五经"译为英文。但都由于自身对中国文化缺乏深入了解，以至于翻译的经典不但难以表达原义原貌，而且是错误百出。尽管理雅各译书以严谨认真著称于世，其译本也在欧洲引起轰动，很多西方学者就靠他的译本认识儒家文化的，甚至连托尔斯泰也读过其译本，但也存在着许多理解和技术上的问题，直接影响了读者的阅读和认知。辜鸿铭在其《论语》译本序言中明确指出："自从理雅各博士开始发表关于'中国经典'翻译的最初部分，迄今已40年了。现在，任何人，哪怕是对中国语言一窍不通的人，只要反复耐心地翻阅理雅各博士的译文，都将禁不住感到它多么令人不满意。因为理雅各博士开始从事这项工作的时候，他的文学训练还很不足，完全缺乏评判能力和文学感知力……"[①]

辜鸿铭认为翻译中国经典的目的在于传播儒家思想和中国文化，进而让外国人改变以往对中国文化的偏见和错误理解，提高中国在国际上的地位。再译经典首先要保证能够将内容要义全部正确译出，还要让译出来的语言能够让外国读者读得懂，看得明白，理解得深透，这样才能发挥出中国文化的博大精深。但中国的"四书""五经"等经典成书久远，虽蕴藏了深厚的文化内涵和哲学精神，但语言深奥晦涩，再加上中国古今社会结构、人文历史认同的不同，中国人读来尚有困难，准确译成外文更是难上加难，更何况是不精通汉语，不熟悉中国国情，不了解中国古代历史文化的外国人呢。因此重译中国经典必须改革创新。

辜鸿铭认为翻译《论语》《中庸》等经典，首先要让外国读者产生浓厚兴趣，这样才有进一步读下去的欲望。他给《论语》加的副标题"一本引用歌德和其他西方作家的话来注解的新的特别翻译"就很有针对性、趣味性。熟悉的解释不但没有让读者对正书名因陌生产生排斥感，反而一下子拉近了读者与原著的距离。在欧洲学习十余年的辜鸿铭，不仅对西学西法、西人西

① 辜鸿铭.辜鸿铭文集：下［M］.黄兴涛，等译.海口：海南出版社，1996：345.

事耳熟能详，对欧美的人文历史、风俗人情也是了如指掌。为了让读者明白书中内容，辜鸿铭利用近水楼台之利直接将歌德、卡莱尔、阿诺德等西方作家、思想家的经典语录、事迹、写过的文字放入译文中，直接用西方经典语句对原文内容进行诠释。在当时，用这种方法翻译儒家经典的确令人耳目一新。这也是辜鸿铭的有意行为，他在译《论语》序中称："为了使读者能彻底到家地理解文本内容，我们还加了一些注释，引用了非常著名的欧洲作家的话。通过征召这些欧洲读者熟悉的思想系列，对于他们或许会有所帮助。"①

英汉两种语言分属不同语系，在字、词、句、结构等方面差异巨大，再加上中西文化的隔阂，如果生搬硬套，仅靠逐字逐句地对等机械翻译，很难译出中国经典的文化内涵和精髓。鉴于此，辜鸿铭为真正译出书中的精神实质，在翻译《论语》《中庸》时没有再逐字逐句地死译，而是根据外国读者的受众语境、接受习惯、思维模式，采用意译法，即在本着忠实内容原貌的前提下，巧妙地对原文进行合理增删，略去原文中一些次要意象，有意增加了部分内容。目的在于译出中国经典的精、气、神，再现儒家文化的博大精深。这种译法与其说是意译法，不如说是释译法，更多的是站在受众者的角度，对经典原文进行全新的翻译、注释甚至是解说评论。让书中充满异国情调的内容变为外国读者熟悉的语境，读起来自然顺畅爽口，理解起来也不再那么困难。自然辜鸿铭在翻译方面的这一改进，赢得了西方人的广泛欢迎，1898年其《论语》译本、1906年其《中庸》译本先后于欧洲面世，立刻产生轰动效应。"西人见之，始叹中国学理之精，争起传译"②，销量大增。刘成禺称《论语》英译本"泰西购者近百万部"③。后来《中庸》译本被收入英国的《东方智慧丛书》，也多次重印。中国学者对辜鸿铭的译本也是极为称赞，林语堂说："他了不起的功绩是翻译了儒家'四书'的三部，不只是忠实的翻译，而且是一种创作性的翻译……"④甚至称辜鸿铭为东方观念与西方观念的"电镀匠"。胡适的老师姚康侯评价辜鸿铭译本《论语》为翻译的模范。

与此同时，持否定态度的也是大有人在，其中王国维的批评最有代表性，他指责辜鸿铭译本大病有二：其一为"求统一"，即指责辜鸿铭译儒

① 辜鸿铭.辜鸿铭文集：下［M］.黄兴涛，等译.海口：海南出版社，1996：346.
② 高令印，陈其芳.福建朱子学［M］.福州：福建人民出版社，1986：566.
③ 刘成禺.洪宪纪事诗本事簿注［M］.宁志荣，点校.太原：山西古籍出版社，1997：285.
④ 林语堂.感性·人生［M］.成都：四川文艺出版社，1996：90.

学，频用空虚、语义丰富的名词来求得经义贯穿统一的译法。其二为"以西洋之形而上学释此书"①，即译文中广泛采用西方作家思想家名言，外加中西概念对换，犯了解释过度之错。"前病失之于减古书之意义，而后者失之于增古书之意义。吾人之译古书如其量而止则可矣，或失之减，或失之增，虽为病不同，同一不忠于古人而已矣。"②王国维等人之所以对辜鸿铭的译法持不同意见，归根到底还是翻译界对翻译标准"忠""信"的纠结。他们认为翻译应持忠实观，忠于原作为绝对标准，准确传达作者之言，即为恰当之翻译。当然我们不能否认这种忠于历史文献原貌，还原历史的翻译观。那么辜鸿铭的这种释译法又如何解释呢。让我们先了解一下翻译学的缘起，在人类社会发展中，由于不同的地理历史环境，不同的生活习俗、生产环境，为相互交流于是产生不同的语言。为使不同语言的文本信息得以交换，进而诞生翻译这一行业。可见翻译是两种文本信息的语言转换，转换的最终目的是交流。那么如何交流成功，这就需要译者能翻译出有意义的，能够为读者理解的译文。假如译者译出的作品，虽忠于原作，但大多数人看后不为接受，不为理解，那么这个译本也就失去了交流的价值。从辜鸿铭译本来看，他把大部分精力放在了受众者的身上，由于他学贯中西，他作出的释译连西方人也颔首称赞，德国奈尔逊教授称"这个人，他熟悉歌德就像一名德国人，熟悉卡莱尔、爱默生和别的盎格鲁-撒克逊作家就像一名盎格鲁-撒克逊人；这个人，他通晓《圣经》就像一位最好的基督徒"③。在外国人眼里，辜鸿铭的释译不是多此一举，而是恰如其分，阅后感觉是那样熟悉亲切，对书中经典要义的理解清晰明了、感同身受。不知不觉中让西方人在辜鸿铭的帮助下与中国经典作者完成了成功互动。

阅读域外经典更重要的是要发现其中的丰富内涵、核心要义、精神实质，找出生活工作中的源头活水为我所用，这也是翻译工作的重要目的和意义。怎样才能达到这一翻译目的呢，辜鸿铭的"释"译方法，无疑具有借鉴意义。

① 文明国.王国维自述［M］.合肥：安徽文艺出版社，2014：151.

② 文明国.王国维自述［M］.合肥：安徽文艺出版社，2014：151-152.

③ 辜鸿铭.辜鸿铭文集：上［M］.黄兴涛，等译.海口：海南出版社，1996：487.

蔡元培 //

蔡元培（1868—1940），字鹤卿，号子民，浙江绍兴人，中国近代著名民主革命家、思想家、教育家。

读书志在报国

谈到读书治学的目的，蔡元培说："读书从浅近方面说，是要增加个人的知识和能力，预备在社会上做一个有用的人才；从远大的方面说，是要精研学理，对于社会国家和人类作最有价值的贡献。"[①]

正如蔡元培所说，人一生不可浑浑噩噩，应当不负此生、有所作为，应当对国家的发展贡献力量，对社会进步举力担责。唯此，才可实现自己的人生价值、体现个人的人生意义，人生才得以厚重。若要实现人生价值，仅有理想和决心远远不够。理想是靶心，是用来瞄准的；决心是方向，是确定走向的。有了方向和目标就要有行动，去做事去学习，在事上磨炼，到书本中遨游，摘取广博的知识，探索精深的学问，让知识和学问武装起自己。将有字知识和无字知识切合一体，贯通混融，方为大用。俗语讲，知识是成就人事的基本。人事之种种，名类繁多，无不依赖于知识解决。有了知识便可以明

---

① 张昌华.蔡元培文录［M］.北京：商务印书馆，2019：213.

辨是非、识别真伪；有了知识便可使人心灵高尚，言行自然且温雅如玉；有了知识，可使人胸怀宽广、目标远大；有了知识，能清晰认识世界、应对困境；有了知识，才能具备征服自然、战胜自然的能力。

古人说，要学以致用。作为读书人，怎样才能运用所学知识，实现自己的远大理想、践行报国之志呢？

蔡元培认为，读书人要做到以下几点：

第一，要有学术的责任。他指出，中国古代科技成就可谓辉煌灿烂，以造纸术、指南针、印刷术、火药为代表的四大发明，不仅对中国政治经济等产生重大影响，助推了民族文化的进步。传至西方后，对西方文明也有不可小觑的意义，为其各方面发展作出了不可替代的贡献。然而时光荏苒、斗转星移，虽已进入20世纪，但中国的科技实力已远远落后于西方发达国家。西方的火车、轮船、飞机、大炮、无线电等新发明层出不穷、源源不断，反观历经两千年封建专制统治的中国，人们思想麻木、思维固化、开拓创新能力孱弱，以致人心涣散，科技发展缓慢，新发明、新发现特别是影响世界历史的大发明、大发现少之又少。"无怪人家渐渐的看不起我们了。"[1]落后就要挨打，就要受欺负。要改变这种局面，就要从学术上下功夫，提高我们的科技实力，为国家的学术发展多做贡献，进而提高国家的综合实力，这一重任的承担非读书之青年人莫属。

正如蔡元培所说，国家民族的强盛来自雄厚的科技实力。科技实力来自大量高科技人才的储备。一个国家要想独立自主，不被外来势力干扰欺负；一个民族要想得到尊重，使其民族的文化持续发展，稳立于世界各民族之林，而且光荣自豪地挺立站稳，那么就必须以学术为基础。学术是国家发展的根基，引领着科技发展的未来走向，决定着国家科技发展的质量与速度。学术昌明的国家，各领域发展蒸蒸日上，国家愈是强盛；反之，学术幼稚、滞后、缓慢，知识蒙昧又匮乏的民族，一定是贫弱、没有生气的民族。因此，国民知识水平的高低多少与国家贫富强弱紧密相连、不可分割。

第二，要有对国家的责任。国家建设任重道远，青年人要有担当精神。读书不能两耳不闻窗外事，事不关己高高挂起，要有范仲淹"先天下之忧而

---

[1] 张昌华.蔡元培文录［M］.北京：商务印书馆，2019：214.

忧，后天下之乐而乐"的责任担当。蔡元培时的中国，由于西方列强的野蛮入侵，封建统治的昏庸腐败、愚昧无能，百姓意识麻木任人蹂躏，中国进入了前所未有的至暗时期。"天下兴亡，匹夫有责。"若要实现国家独立，民族振兴，非彻底取缔不平等条约，摆脱列强的控制，同时对腐朽体制予以彻底改革不可。故蔡元培说："昔范仲淹为秀才时，便以天下为己任，果然有志竟成。现在的学生们，又安可不以国家为己任咧！"①

第三，要有对社会的责任。青年人要积极参与社会事务，才能推动社会的进步。亚里士多德指出人是一种社会性动物。社会是以单个人为元素组成的群体，那么人自然就是社会的主体，人与人之间的活动也成了社会活动，人的存在形式即是社会形式。若离开了人，也就没有了社会；同样社会不存在，人也无法正常活动与生活，人的一切活动也失去了价值和意义。实践证明，人的个体或群体的发展与社会之间的关系如同鱼与水一样息息相关、密不可分。

人的社会性参与，彰显了人的活动对推动社会变化的重要作用，同时社会成员各方面素质的变化，影响着社会发展的变化。所以提高每个人的素质，是社会进步发展的重要基础。人只有在推动社会全面前进的前提下，才能实现自我的发展，实现个人的人生价值。青年人在处理人与社会的关系时，须时刻把小我与大我统一起来，把个人理想的实现和价值的体现与社会的进步全面有机地结合起来，才能实现全社会的共同进步与发展。故蔡元培说："广公益，开世务，建立功业，不顾一己之利害，而图社会之幸福，则可谓能尽其社会一员之本务者矣。盖公而忘私之心，于道德最为高尚，而社会之进步，实由于是。"②

第四，要有健壮体魄。正如蔡元培所说，青年人要有"狮子样的体力"。他认为今日中国青年学生之体格令人担忧。古代读书人除讲究礼、乐、书、数外，还须学习射、御两方面的技艺，旨在寓武于文。但民国时期青年学生的身体状况可谓每况愈下，虽说废科举、办新式学堂已有二十余年，但一些学校连必备的操场、球场也不具备，更谈不上什么游泳馆、健身房之类体育设施。缺乏体育运动的青年学生之身体状况可想而知。难怪有从国外留学归来的人说，走在马路上，但见中国男女毫无生气，孱弱至极，与外国青年

---

① 张昌华.蔡元培文录［M］.北京：商务印书馆，2019：214.
② 蔡元培.中国人的修养［M］.上海：上海教育出版社，2018：43.

学生生机勃勃、健壮活泼的样子，相去不可以道里计。体育与智育相关，两者有紧密的联系。身体好，精力旺盛，情绪稳定，其智力发育也就健全，心理发育亦相应健康。若遇到困难，才能有精力主动去观察、思考、探索和研究，寻出完善的方法去解决问题。"苟非狂易，未有学焉而不能知，习焉而不能熟者。其能否成立，视体魄如何耳。"①意思是说，一个人只要不是狂妄轻薄之人，就没有学了而不知道的，通过学习一定能获得新知，练习了也一定会熟练。能否做到这些，就看他体力、精力是否允许。想来，从古至今的岁月长河里，不知世间有多少胸罗星宿、博学高标、身怀八斗才气之人，却因身体羸弱、力绌不支，心怀志向而无可奈何，结果落得与庸碌之人没有什么两样。更有不乏因身体之故盛年废学、中道夭折的学人，令人无比遗憾与惋惜。蔡元培称青年为国家将来之"社会中坚、国家柱石，这样病夫式或准病夫式的学生，焉能担得起异日社会国家的重责！又焉能与外国赳赳武夫的学生争长比短！"②因此说，学习的同时也不要忘记强身健体，才能不误报国之志。

第五，要有立竿见影的行动速度。也就是蔡元培所说的，学习工作起来要像猴子一样敏捷。他指出，中国文化与两千年前并没有多大程度的发展与进步，而如今"欧洲文化的灿烂，吾人既已瞠乎其后，而美洲则更发展迅速"③，要知道两千年前，欧洲大陆还是蛮人横行、强盗频出，没有文明可言的野蛮时代，而美洲也不例外，同样是荒野未辟、原始落后的地区。今昔比照，欧美国家发展速度之快，由此可见一斑。蔡元培称中国人做事有个习惯，就是行动迟缓。即使学校的学生也是如此，所以大部分初中毕业生，作起国文仍不能畅所欲言；就是大学毕业生，也有很多不能看外文书籍的。这并不是学生们的智力有问题，而是由于做什么事都是"从容不迫"去做，紧张不起来的缘故。这样习惯成自然，到了工作岗位，仍是做事行动迟缓，外国人一天做完的事，中国人需两三天才能完成。效率相差如此之大，自然各自事业的发展就不可同日而语了。这并不是说中国的青年人天生智力差、动作慢，而是日久天长养成的习惯。如中国留学生初到国外，无论是读书、做

---

① 蔡元培.中国人的修养［M］.上海：上海教育出版社，2018：8.
② 张昌华.蔡元培文录［M］.北京：商务印书馆，2019：209-210.
③ 张昌华.蔡元培文录［M］.北京：商务印书馆，2019：211.

笔记还是做事，感觉处处比别人慢半拍，吃得苦头多了，自然慢慢改变自己的节奏，渐渐地快起来。而回到中国后，刚养成的快速度，在国内百事迟缓的环境中反而变得鹤立鸡群、不合时宜了，于是很快又犯起了办事迟缓的老毛病。

蔡元培说，时光已进入20世纪，这个时代的特点就是快。无论是火车、轮船、飞机，还是看不见的无线电；无论是雨后春笋般诞生的工厂、农场、公事房，还是家中新出现的一件件机器，哪一事物的诞生不是要求达到快的目的？而且科技发展日新月异，一个个新发明层出不穷、应接不暇，中国纵然不能有新发明，但也要奋起直追，迎头赶上。要赶上就要改掉行事缓慢的习惯，以后做事就得非快不可，他特别强调："要想对于求学、做事两方面，力振颓风，则非学'猴子样的敏捷'，急起直追不可！"①

蔡元培作为近代著名教育家，学贯中西古今，一生多次到欧洲学习考察，深谙西方教育的特点与方法，也对中国自古至今几千年来传统教育的优缺点谙熟于心、了如指掌。他主张教育救国，以教育改造社会，以美育培养滋润青年的心灵，使其心灵开化，眼界开阔，敢于创新，勇于参与社会实践。他提出了"军国民教育、实利主义教育、公民道德教育、世界观教育、美感教育"②五项教育方针，并强调五者缺一不可、全面发展的思路。这在其读书治学系列论述中体现得淋漓尽致。这一理论既体现了蔡元培高瞻远瞩、高屋建瓴的前瞻性视野，也是其数十年来坚持不懈、孜孜以求的努力方向。其实，蔡元培自己的读书成长之路何尝不是如此。

1868年1月11日，蔡元培诞生于浙江绍兴一个世代经商的小康之家。父亲虽说是一个钱庄的经理，但为人长厚，性复慷慨，日常"有贷必应，欠者不忍索"。然而天有不测风云，在蔡元培11岁时父亲溘然而逝，家庭骤然陷入困境。母亲带着三个儿子，婉拒世交提供的经济援助，仅靠变卖首饰度日。坚强的母亲不以为苦，克勤克俭，常以"自立""不依赖"勉励儿子们。儿时的耳濡目染，对蔡元培的成长影响极大。他在回忆这段经历时说："孑民之宽厚，为其父之遗传性。其不苟取，不妄言，则得诸母教焉。"③

---

① 张昌华.蔡元培文录［M］.北京：商务印书馆，2019：213.

② 孙培青.中国教育管理史［M］.北京：人民教育出版社，1997：425.

③ 张昌华.蔡元培文录［M］.北京：商务印书馆，2019：2.

寒门出孝子，逆境育英才。火炉可以炼成钢铁，苦涩一样可以酿出甘甜。困苦的环境反而磨炼了蔡元培的意志，锤炼了本领。为了不让母亲失望，蔡元培读书更加刻苦。父亲去世后，因经济拮据，家里不能常点灯，蔡元培就常借助母亲烧饭时的灶光读书。一日他在楼上如醉如痴地看《史记》，正当他陶醉于书中精彩章节时，家中突然起火。家人们呼喊着打水的打水，搬东西的搬东西，各种声音混作一团，火终于在大家齐心协力下被扑灭。这时家人想起蔡元培还在楼上读书，于是飞奔楼上。打开门一看，原来蔡元培仍在那里专心阅读，着火的事一点也不知情，反问大家为什么着急砸门。

蔡元培14岁时师从名师王懋修。王懋修，字子庄，会稽县学增广生员。因其善于精心研究八股文而闻名乡里。他对蔡元培厚爱有加，对其"策励尤挚"。王懋修崇尚宋明理学，推崇明代大儒王阳明，对信守气节的刘宗周更是崇拜备至。因此在授课之余常讲些明季掌故，每讲到吕留良、曾静一案时不平之情溢于言表。王懋修的言行对蔡元培的思想发展、品德修养影响极大，蔡元培行为仿行古训、推行孝道，以及后来满怀爱国热情，由翰林学士蜕变为反清革命志士，加入同盟会等，都与王懋修的影响不无关系。

徐树兰是对蔡元培思想变迁产生重要影响的另一重要人物。徐树兰，浙江绍兴人，举人出身，曾出任清朝兵部郎中等官职，著名藏书家。徐树兰曾借鉴西方国家"藏书楼与学堂相辅而行"的教育教学经验，于清朝光绪二十三年（1897）在绍兴创办了新式学堂——绍郡中西学堂，开当地新式教育之先河，后创古越藏书楼，声名远播，被图书馆界誉为中国近代第一个公共图书馆。蔡元培曾在徐树兰处校勘书籍，同时任伴读四年。徐树兰作为藏书家，又致力于公益事业，思想观念之新超出常人。他认为，往者士大夫之弊，在详古略今，现在士大夫之弊，渐趋于尚今蔑古。其实不谈古籍，无从考政治学术之沿革，不得今籍，无以启借鉴变通之途径。并主张"存古"与"开新"同举并重，古新互补，方能让人学古而通今、博求中外。这些观点可谓远见卓识，对蔡元培日后教育强国理念的建立及学术方面古今相融、兼收并蓄观点的形成，起到了重要的潜移默化的作用。

通过刻苦学习，蔡元培不负众望，17岁考取秀才，随后于1889年考中举人，1892年考中进士，并授翰林院庶吉士，两年后再授翰林院编修。至此，他完成了由一个破落商家少年到京城翰林的华丽转身。然而不久，中日甲午战争爆发，此战的失败使得中国半殖民地半封建化加深。面对清政府的腐败无能，中国的有识之士开始了救亡图存的思考与努力。读新书吸收新知识，成了当时知识分子寻求救国真理的重要方式。在当时，蔡元培也深受这一风气的影响。他在其自述中回忆说："自甲午以后，朝士竞言西学，孑民始涉猎译本书。戊戌，与友人合设一东文学社，学读和文书。"①

为了激励自己，蔡元培一边于书斋中挂上"都无作官意，唯有读书声"的对联，一边开始大量阅读日文书籍、西学书籍及其他介绍西学西政的著作。所读书籍内容不管是自然科学，还是社会科学方面的，他都如饥似渴地仔细研读，可见其探求新知识、新观念之急切心情。当时他读的书有《日本新政考》《日本史略》《电学纲目》《电学入门》《盛世危言》《适可斋记言》《采风记》等。其读书的目的在于经世致用，变革现实，为民富国强找出真正的灵丹妙药。从其读后写下的书评可见其阅读之用心、思考之深入。如在读郑观应《盛世危言》后，他评论该书："以西制为质，而集古籍及近世利病发挥之。时之言变法者，条目略具矣。"②又如，在读宋育仁《采风记》后指出："记事有条理，文亦渊雅。其宗旨，以西政善者，皆暗合中国古制，遂欲以古制补其未备，以附于一变主道之谊。真通人之论。"③

宋育仁的观点暗示西政的优点大多与中国古制暗合，这是当时由旧学过来的知识分子在阅读西学后的普遍看法。他们承认中西之间的差距，但又不从根本上找原因、找差异，一味以西方之今比附中国之古，进而宣扬中国古制之优，旨在以西方之新复中国之旧，结果导致引进中国的西学也变了样。在当时，同大多数人一样，蔡元培也经历了这个思想过程，但通过多次出国学习和考察，其观念慢慢改变，逐渐走向融合中西、择善而从的治学研究之路。

1907年在德国留学时的蔡元培

1906年，蔡元培听说清政府拟派一批翰林编检人员出国留学。对西学西

---

① 张昌华.蔡元培文录 [M].北京：商务印书馆，2019：4.

② 高平叔.蔡元培年谱长编：第1卷 [M].北京：人民教育出版社，1999：83.

③ 高平叔.蔡元培年谱长编：第1卷 [M].北京：人民教育出版社，1999：110.

法求之若渴的蔡元培立即报名并积极准备，终于在1907年6月获批准赴欧洲学习。在德国的四年，蔡元培如海绵吸水一样，尽情吸收着各种知识，仅在莱比锡大学学习期间，就学习了哲学、心理学、美学、人类学、文明史等40多门课程，用他的话说，"凡时间不冲突者，皆听之。"①

蔡元培自幼学习国学，有着深厚的国学基础和学术素养，长期的学术训练让他对新知识、新思想具备了极强的领悟鉴别能力。在欧洲留学期间，由于他广泛涉猎、泛学众家，不仅领会了西方学术理论知识和研究方法，而且通过不断探索、比校、分析，使自己对东方文明和西方文明的共同性与差异性有了全新的认识。不知不觉中，一个东西结合的治学理念在他心中悄然形成。这为他日后领导全国性的教育与科学研究工作，打下了坚实的基础。

他在德国留学期间编撰的伦理学著作《中学修身教科书》，即体现出中西结合的思想，让国人为之一振。在西学东渐的大潮下，清政府于1904年颁布《奏定学堂章程》，章程中规定的科目，除了经学、算学、物理、化学、体操等，修身也名列其中。于是各类修身课本接踵而至，但都不甚理想。它们有的照搬日本、欧美的修身、伦理书籍，将其直接译为中译本，由于脱离中国国情，不接地气，致使内容难以被中国师生接受。有的由国人自编的课本，教条地以传统经学为根，死守忠孝仁义，缺少现代科学民主思想，同样难受欢迎。而蔡元培编撰的《中学修身教科书》，由于他学贯中西，对西学西法及中国传统文化的优劣皆了如指掌，因此该书内容既对中国传统伦理予以批判继承，又对西方的科学民主思想进行辩证吸收。正如蔡元培在该书例言中所说："本书悉本我国古圣贤道德之原理，旁及东西伦理学大家之说，斟酌取舍，以求适合于今日之社会……"②

这一融合中西、兼容并包的著书思想，体现了中国现代化进程中人们的思想需求，在某种程度上对国民文化起到了启蒙作用，促进了民众的思想解放。1912年5月，该书由商务印书馆正式出版发行，在不到10年时间里竟发行了16版，影响很大。

在历史进程中，人民群众是历史的创造者，是推动历史发展的决定力量。做什么事情都离不开人才，蔡元培在分析总结戊戌变法失败原因时说：

①蔡元培.蔡元培自述［M］.北京：中国言实出版社，2015：65.
②蔡元培.中国人的修养［M］.上海：上海教育出版社，2018：3.

"康党所以失败，由于不先培养革新之人才，而欲以少数人弋取政权，排斥顽旧，不能不情见势绌。"[①]

蔡元培一生的最大贡献，莫过于其从事的教育工作。蔡元培指出，只要人才兴，后继有人，国家就有希望。他在数十年的教育生涯中始终不忘"救亡图存"这个主题，以他中西结合的教育理念，兢兢业业的工作精神，谦逊包容的人格魅力，持之以恒、坚持不懈的毅力，为国家培养了大批爱国的有识之士。同时他深研细磨、审时度势，为中国的新式教育指出了发展方向。

在绍兴中西学堂任职期间，他力倡新思想、新观念，创新学堂章程，改革教学课程，购新仪器、新标本等举措，开办学之新风气，受到学生广泛欢迎。尽管他在此学堂任期短暂，但很多学生均感到受益匪浅。当时这个学堂的学生中除了后任北大教授的王季烈、中央研究院秘书马祀光，还有赫赫有名的北京大学校长蒋梦麟等。据蒋梦麟回忆，正是在绍兴中西学堂读书期间，他接触了学堂开设的一些西学课程，知道了大地地圆说、自然界雨的形成以及燃烧原理等，自称这是他了解一点科学的开端。

在担任北洋政府教育总长期间，蔡元培任人唯贤，察纳雅言，从善如流，很快制定并推行了一系列教育改革措施。在短时间内颁布的教育法令、规章制度如《普通教育暂行课程标准》《普通教育暂行办法》等三十多种。1912年2月，蔡元培在《临时政府公报》发表《对于教育方针之意见》，提出了军国民教育、实利主义教育、公民道德教育、世界观教育、美感教育，[②]五育并举的新教育方针。这一方针充分体现了西方价值观念与中国社会文化相融合的思想，对除旧布新、开展新式教育起到了重要的推动作用。

蔡元培任北京大学校长的六年，是其教育成果最大、人生最辉煌的时期。当时的北大受旧式学堂歪风邪气的影响，学风极差。学校不但无多少学术气氛，反而衙门作风盛行。教师不搞学术，一心想当官，学生不重视学习，只想攀附权贵，拉关系、走后门，找靠山，以为将来做官发财作准备。对这些科举时代延续下来的劣根性，蔡元培深恶痛绝。为打破这些恶习流弊，他在到校后的一次演说中大声疾呼："大学学生当以研究学术为天职，不

---

① 蔡元培.蔡元培自述［M］.北京：中国言实出版社，2015：34.

② 孙培青.中国教育管理史［M］.北京：人民教育出版社，1997：425.

当以大学为升官发财之阶梯。"①提出"抱定宗旨，砥砺德行，敬爱师友"三项要求。他指出："今诸君苟不于此时植其基，勤其学，则将来万一因生计所迫，出而任事，担任讲席，则必贻误学生；置身政界，则必贻误国家。"②其系列重磅讲话指明了读书治学的宗旨和方向，令师生耳目一新、精神振奋。随后，蔡元培又推出了著名的"学术至上，兼容并包"的办学宗旨，让乌烟瘴气的北大顿时焕然一新，一个老派沉闷、萎缩消靡的官衙式学堂从此逐渐变成了一个生机勃勃、活力四射的新式学府。

晚年时期，蔡元培的主要精力放在主持中央研究院的工作上。他将五四运动以来宣扬的"科学"口号落实到学术实体上。作为学术通人，他深知科学研究的规律和特点以及当时中国科研人才的状况，因此很快组织起了一个囊括各方面人才的科研队伍。功到自然成，这支科研队伍不久便在天文、气象、地质、考古等方面取得重要成果。如南京紫金山天文台的建立、安阳小屯殷墟遗址考古发掘等，皆在现代科学史上产生重大影响。更值得一书的是，在他的号召和影响下，当时积贫积弱的中国开始建立起自己独立可行的科学研究体系，同时造就了一个弥足珍贵的科技精英群体。

王阳明说："种树者必培其根，种德者必养其心。"③提高人们的修养素质，必须从推行美德教育、陶冶情操和滋润心灵开始。几十年来，蔡元培自己最推崇的教育理论莫过于美育，这一教育思想早在德国留学时已在其心中开始萌发。那时他不仅听了音乐、美术、美术史等美学课程，还对冯德教授讲授的康德关于美学的见解尤为关注。多年后仍对此记忆犹新，他称："美育者，孑民在德国受有极深之印象，而愿出全力以提倡之者也。"④

在蔡元培看来，科学救国拯救的是物质和实体方面的中国，而他的美育救国，救的是精神文化层面的中国。因此，他对美育教育的宣传与推行可谓不遗余力。在北京大学主政时，蔡元培对美育教育尤其重视。由于没有美学老师教课，他便亲自为学生讲授美学。并在北京大学主导兴办了书法研究会、画法研究会、音乐研究会等。此外，他于1917年在北京神州学会发表《以美育代宗教说》演说，1919年在《晨报副刊》发表《文化运动不要忘了

---

① 张昌华.蔡元培文录［M］.北京：商务印书馆，2019：70-71.

② 张昌华.蔡元培文录［M］.北京：商务印书馆，2019：119.

③ 王阳明.传习录［M］.张怀承，注译.长沙：岳麓书社，2004：101.

④ 蔡元培.蔡孑民先生言行录［M］.济南：山东人民出版社，1998：10.

美育》，1921年在《北京大学日刊》发表《美术的进化》《美学的进化》，1931年前后发表《美育与人生》等文章，旨在为发展美育教育摇旗呐喊。直至生命的最后时刻，蔡元培仍数次高呼科学救国、美育救国。尽管其美育教育并未引起人们的高度重视与实施，但其在美育理论和美育实践方面所做的大量启蒙与实践活动，直至今日仍具有重要的借鉴与指导意义。

作为教育家，蔡元培没有留下多少振聋发聩、彪炳史册的著作，但其呕心沥血、披荆斩棘的精神和为我国近代教育和科学事业的发展所做的大量开拓与奠基性工作可谓罕有其匹。其中西结合教育理念的推行、教育与科研措施的制定、英才的培养、兼容并包学术风气的开通等，都为教育救国、科学救国、开启民智作出了贡献。这一切可谓其读书报国思想的具体实践。

读书要诀"宏、约、深、美"

1912年，刘海粟等在上海创办上海图画美术院，这就是后来赫赫有名的上海美术专科学校。该校开办学新风，引进西方素描，开设人体课，男女同校等，有关消息一经传开，社会舆论哗然，争议之声不绝于耳。一向对美育教育极为推崇的时任教育总长蔡元培，亲笔题下"宏、约、深、美"四字赠予刘海粟。其中，"宏"即知识面宽广；"约"就是在广博的基础上要慎重选择治学重点，即博观约取、厚积薄发；"深"就是要有锲而不舍、百折不回的刻苦学习的精神和毅力；"美"即在读书治学的基础上，追求思想上、艺术上、心灵上的提升，以达到治学的最高境界。

"宏、约、深、美"，也是蔡元培恪守的读书座右铭。世界万物运作，大气周流，一切动静相宜，物化相对，它们各自按照自己的规律运行、变化和发展，看似毫无关系，实则没有一个事物是孤立存在于世界，而且在运动中都有着千丝万缕的联系。只有多读多看，掌握的知识多，才能触类旁通、举一反三，找到其中的关联，在相互的关联中发现物质的守恒和运动的规律。杜甫诗句"读书破万卷，下笔如有神"就是这个道理。古往今来，任何一个成功者莫不是博览群书、学富五车，蔡元培也是如此。他在近60岁花甲之年曾写下《我的读书经验》一文，称他自6虚岁开蒙读书，数十年几乎没有一日不读点书。

1886年，在亲戚介绍下，蔡元培来到近代著名藏书家徐树兰处，一边校勘书籍，一边任伴读。当时徐家藏书处铸学斋，有藏书4万余卷。在这里，蔡元培利用近水楼台之利，边工作边读书达4年之久，并因此打下了坚实深厚的国学基础。不惑之年，蔡元培又多次赴欧洲学习，仅在莱比锡大学期间，所学习课程就达40多门。

多年的大量阅读，不仅让蔡元培成为博古通今、学贯中西的硕儒，也让他对读书治学有了更高层次的眼光与认识，学问逐渐由博到约，并转移集中到教育救国的征程上来。无论是做教育总长还是北大校长，他都以百折不挠的精神，究本穷源，勇于突破，敢于创新，用秋风扫落叶之势，推行教育改革，如一声声春雷，为沉寂多年的中国教育界带来巨大变革。

在他主政北京大学时，他的"思想自由，兼容并包"主张的提出，更凸显他宽阔恢宏的气度和磊落光明的胸怀。他指出："大学者，'囊括大典，网罗众家'之学府也。《礼记·中庸》曰：'万物并育而不相害，道并行而不相悖。'足以形容之。"①

正是在此办学方针的引领下，使得大批人才云集北大。这其中既有陈独秀、李大钊等倡导新文化的领军人物，也有如辜鸿铭、刘师培、黄侃等反对新文化、捍卫旧文化，却在学术上有很深造诣的学者，还有像胡适、鲁迅、钱玄同等知识渊博的"海归"学者，更有蔡元培慧眼识珠、不拘一格选拔任用的自学成才的梁漱溟等。总之，蔡元培先进的教育思想和大胆任用人才的做法，使每一位学者在北大都有了展示才华的舞台，同时使各种不同的思想，甚至是相互对立的观点能够平等存在。良好的学风很快让北大成了当之无愧的中国第一学府。梁漱溟称赞蔡元培："因其器局大，识见远，所以对于主张不同、才品不同的种种人物，都能兼容并包，右援左引，盛极一时。而后来其一种风气的开出，一大潮流的酿成，亦正孕育在此了。"②

治学不能一家独大，一个学科之所以能诞生，自有它天然的优势，当然也有不足。学校在学科设置及教师引进方面，不能带有主观因素，只有百花齐放、百家争鸣，才能让各个学科、各个流派在竞争中不断发展状大，才能

① 张昌华.蔡元培文录［M］.北京：商务印书馆，2019：351.
② 李渊庭，阎秉华.梁漱溟年谱［M］.北京：商务印书馆，2018：173.

让学生学泛众家，各有所长。蔡元培的成功，首先在于心中有个"宏"字，能够延揽天下各种饱学之士，同时做到尊重各种不同见解，让不同的人才和学问相互促进。此外，他无与伦比的人格魅力，源源不断的改革措施以及坚持不懈的努力，无疑对他的事业起到了重要的助推作用。

对于蔡元培的"宏、约、深、美"四字读书治学法，刘海粟不但受益匪浅，而且终生难忘。几十年后刘海粟回忆此事称，搞艺术的不能只研究艺术，还应有渊博的知识，有的人虽说画得好，但他不懂得美学，不知道艺术鉴赏，其画必然庸俗无味。有文学修养及丰富多彩的生活知识的人，其作品必有韵味。所以说王维、苏轼、达·芬奇、米开朗基罗等都是学问家。

众所周知，刘海粟是中国现代著名的绘画大师，他在国外也享有很高的声誉，他的很多画作被日本、法国、德国等购藏，而且他还多才多艺，在艺术教育和美术研究方面也有很深的造诣，出版有《中国绘画上的六法论》《日本新美术的新印象》《海粟丛刊》等著作。

一分耕耘一分收获，积跬步方能至千里，任何进步都来自点点滴滴、日积月累的辛勤付出。刘海粟学画非常用功，在画界人人皆知。为了学习西洋美术，1929年他在旅欧期间，几乎天天都要去巴黎罗浮宫观看、临摹世界名作，仔细研究揣摩各个画作的创作背景、构图思路、色彩层次以及相关评论。为研究壁画，他多次与傅雷一起来到罗马梵蒂冈的壁画下，一看就是半天。站着看累了，就躺着看，眼睛看模糊了，就用镜子反照着看。两人还边看边交流，生怕拉下任何一个细节。锲而不舍，金石可镂，后来他临摹的世界名作几乎逼真到了乱真的程度。

即使功成名就，刘海粟依然"要入虎穴，得虎子，锲而不舍，百折不回"[1]，继续深钻细究他钟爱的绘画事业。他曾八次去黄山写生，终于将黄山的云、松、石、瀑以及黄山的性格脾气摸得一清二楚，进而把黄山的自然之美融入自己的画作之中。他曾在一枚印章上刻下"昔日黄山是我师，今日我是黄山友"字样，寓意通过反复观察学习，黄山变化多端的自然之美与其绘画，由师生关系上升到天作之合的境界。

刘海粟的画不仅古到极点、新到极点，而且意境深远、韵味悠长。从他治学回忆录得知，刘海粟自幼饱读诗书，有很深的文化功底。他的母亲是清

---

① 浙江日报编辑部. 学人谈治学［M］. 杭州：浙江人民出版社，1982：216.

代著名经学家、文学家洪亮吉的小孙女。受家学的影响，母亲精通诗文，为人豪爽，对孩子管教非常严格。在刘海粟6岁时，母亲便把他送到书屋"静远堂"读书习字。10岁时，刘海粟白天读"四书""五经"，晚上母亲便教他与姐姐一起背唐诗宋词，其中也背洪亮吉的诗。在母亲的影响下，后来刘海粟读了大量中外名著，并因此打下了深厚的文学功底。丰厚的文学修养，不但提高了他的审美情趣，而且让他能够借景赋诗、抒发感情，使诗与画相得益彰，呈现出特殊的神韵。

刘海粟感慨地说，艺术创作的天赋固然重要，但离开了勤学苦练，天赋便难以彰显，所以说天才来自勤奋。为了提高自己的艺术创作能力，无论是绘画、雕塑、书法，还是篆刻、印章，他都认真钻研过。为了临摹董源、巨然、范宽等人的作品，他几乎是"寝食俱忘，完全陶醉在前人的画境里"[1]。

刘海粟不仅在绘画上技艺精湛，在上海美专的管理上也深受蔡元培"兼容并包"治校方略的影响，秉承百家争鸣、百花齐放的办学理念，以海纳百川的胸怀广纳天下贤才，很快使一大批中国最优秀的艺术家云集上海美专，从而为国家培养了大批优秀的美术人才。可以说，刘海粟个人读书治学的成功是蔡元培"宏、约、深、美"四字办学方针的最好写照。

读书重方法

法国生理学家贝尔纳说过："良好的方法能使我们更好地发挥运用天赋的才能，而拙劣的方法则可能阻碍才能的发挥。"[2]读书也是如此，不能死读书，用蛮力，要讲究方法，巧妙运用方法，这样读书才可收到事半功倍之效。

蔡元培对读书方法非常重视。1935年，商务印书馆出版了李伯嘉编辑的《读书指导》一书，该书是一本关于读书方法的著作，内容涉及语文、音韵、文学、历史、考古等20多个学科的读书方法，由资深学者张资平、罗常培、吕思勉等撰写，共有文章33篇。向来重视读书方法的蔡元培亲自为此书

① 浙江日报编辑部.学人谈治学［M］.杭州：浙江人民出版社，1982：219.

② 徐舸，吴先逵，唐凌.社会科学研究大思路［M］.北京：蓝天出版社，1990：17.

作序。开篇即以点石成金的典故阐明读书方法之重要。说吕洞宾路遇穷人求助，随即用手指点石成金送给穷人，出人意料的是那个穷人没有收金子，反而要吕洞宾的点石成金的手指。蔡元培认为，授人以财，不如授人以技，穷人的行为在"为道日损"的道家理论上，固然让人失望，但在"为学日益"的科学上，却是不能少的。有了点石成金的读书方法，读书做学问自然会容易许多。他指出《读书指导》便是专讲吕洞宾那点石成金手指头的书，并特别强调"其中有几许指头，的确可以点石成金，而且有几许指头，尽可以点出许多金子所买不到的东西，这岂不是希世之宝吗？"①

蔡元培指出该书收录的读书方法有三大功用：首先是便于自修；其次是便于参考；再次是便于增加常识。他还分别就这三点作出简明扼要的介绍。1936年，《读书指导》又出第二辑，蔡元培再次欣然为该书作序，并对第二辑在内容上增加了第一辑未涉及学科的做法予以高度评价。他还希望该书编者将前两书未涉及的学科再度征稿。

蔡元培作为中国近代首屈一指的教育家，不但专注教育改革，亦不失时机地宣传推介读书方法。他在1929年商务印书馆出版的章独（张竞生）译卢梭《忏悔录》序言中指出，一般读书有两种方法：其一是取材式读书法，即读书就是在书中找出自己研究或喜欢的材料，至于作者本人的品性与行为或作者的其他著述等均不再深入研究；其二是尚友式读书法，即读作者的作品之后，深受其影响，感觉是其人格的再现。为了研究作者之人格，再对作者的其他作品以及作者传记生平、年谱等做细致深入的研究。第一种读书法，读者止步于书中自己所需的材料，缺乏对作者及其作品的深度研究。第二种读书法，强调的研究更加深入，也就是在第一种方法的基础上，由点到面、由表及里、由此及彼、由浅到深，对作者及其作品作出全方位的研究。他还特意告诫读者，要考证作者生平，他人所作的年谱传记较作者自己的自述，在真实性、准确度上是有区别的。此种读书法正如夏丏尊所指出的，以精读的文章或书籍作为出发点，然后向四面八方发展开来，由精读一篇文章带读许多书，有效地扩大自己的知识面。视野开阔了，掌握作者的资料多了，自然对其人格品性的研究大有益处，然后再研究其作品也就容易得多。

蔡元培称张竞生翻译《忏悔录》即为尚友卢梭的好方法。不但字斟句

---

① 高平叔.蔡元培教育论著选［M］.北京：人民教育出版社，2011：714.

酌，翻译严谨，而且对书中的固有名词也作了出处说明，这对喜欢深度研究《忏悔录》的其他读者无疑也有很大的帮助。

作为教育大家，蔡元培认为他虽读书几十年，但在读书方法上仍有欠缺之处。为此，他特在1935年4月发表的《我的读书经验》一文中，对自己读书的不得法作剖析，作为读书人的"前车之鉴"。

第一个不得法，是"不能专心"。他称自己自开蒙以来，本着"以一物不知为耻，种种都读"①，以几乎无一日不读书的信念发奋读书。然而仍感觉效果不甚理想，本计划编说文声系义证和公羊春秋大义两部书，但都半途而废，无功而返。他40岁时留学欧洲，虽好学不倦，勤学苦读，广泛涉猎，然而没有及时由博返精，以博促专，以致翻译美学书和编著比较民族学著作的计划也最终搁浅。后来他虽然收缩兴趣，专注于美学、美术史以及民族学，仍感未能做出什么成绩。

第二个不得法，是不能动笔。他指出胡适读书，常边读边记，遇到有用的地方便将书折角并标记下来，或直接以笔作记号，以备将来摘录寻检之用。王渔洋读书，通常将新看到的佳句秀语、经典掌故抄在纸上，然后贴在书房的墙上，日夜研读，读熟一个便揭去一个，从而终生受用。蔡元培称自己读书便缺少这样的好习惯，除德文书外，读其他书往往本着一种利己主义，为了追求速读效果，只关注自己认为有用或可爱的资料，没有动手记些笔记或留下某些有价值的材料，以致在读书方面也没有什么成就。

蔡元培作此文时已年近七旬，回顾自己的一生，他严于律己，现身说法，从高处着眼，大胆找出自己的短处，以自己活生生的案例为读者提供借鉴，期望读者少走弯路，进而取得成功。其中虽有自谦的成分，但体现了他鉴短知长、虚怀若谷的人格魅力，而这种坦诚的教育方式，往往显现出更强大的策励力量，让读者引以为鉴，避开不足。从另一方面说，这也彰显了他对读书治学方法的高度重视。

---

① 王怡心.蔡元培论人生［M］.南昌：江西高校出版社，2010：131.

梁 启 超

梁启超（1873—1929），字卓如，号任公，广东新会人，中国近代著名政治家、思想家、史学家、教育家，戊戌变法领袖之一。

为学首先为立身做人

为什么要读书，古往今来读书人的目的有很多。有人坚信"书中自有黄金屋，书中自有颜如玉"，旨在将来能够金榜题名带来荣华富贵。有人信奉"十年窗下无人问，一举成名天下知"，以待科举及第、功名远扬、光宗耀祖。也有人如宋代张载所云"为天地立心，为生民立命，为往圣继绝学，为万世开太平"，做一个有知识、有抱负、胸怀天下、心系百姓，危难时刻能够为国效力勇挑重担之人。"修身齐家治国平天下"是每个读书人的社会使命，好男儿志在四方，要实现远大理想，展鸿鹄之大志，修身做人当为第一要务。

梁启超也是时刻以此为座右铭的近代著名学者。1922年12月27日，梁启超在为苏州学生作的讲演报告《为学与做人》中说："你为什么要求学问……为的是学做人。"①他认为学校开设的各门课程，不过是做人的手段，修身育人才是学校办学的根本目的。只有知育、情育、意育三方面兼备，全面发

---

① 梁启超. 为学与做人［M］. 苏州：古吴轩出版社，2016：3.

展，才能达到智、仁、勇三达德，成为真正的有用之才。

关于立身做人梁启超幼时也是深有体会。1873年，梁启超出生于广东新会县熊子乡一个书香家庭。梁启超幼年时祖父梁维清正做教谕，父亲梁宝瑛忙于科考。作为梁家将来的顶门立户人，全家人对他寄予厚望，四岁时即让他读书。身为教谕的祖父对长孙梁启超的教育尤为上心，在启蒙教育上也是颇有心法。他非常重视对梁启超的德育教育，经常因地制宜讲些脍炙人口的爱国故事、传统美德故事以感染启发小孙子。在明末清初，广东、广西、福建、云南等省是明末民族英雄何腾蛟、李定国等名将抗清的重要根据地，至梁启超时，关于他们的抗清故事仍传诵乡里。祖父每与梁启超说起此事总是娓娓道来、乐此不疲。离家乡不远的崖山是南宋与元进行崖山海战的发生地，抗元英雄陆秀夫等即在此壮烈殉国。南宋虽就此灭亡，但抗元英雄的壮烈之举仍为人们所推崇和景仰，因此这里又成为后人凭吊、追怀、抒发爱国情怀的重要纪念地。祖父梁维清也是如此，不仅自己对英雄们的爱国精神推崇备至，而且还经常带梁启超来此做些户外教育。村中有一古庙，陈列着48幅古画，画中内容有二十四忠臣和二十四孝子的故事，每入庙祖父总是不失时机地说，这是岳武穆北伐的故事，这是朱寿昌弃官寻母的故事。由于梁家高祖之墓在崖门，所以每经过崖山，梁维清必说起南宋往事……祖父的家国情怀可以说为梁启超在幼年时期就埋下了一粒忠孝爱国的种子，并悄悄生根发芽潜移默化影响了他一生。

梁启超对祖父的教育也是终生难忘，多年后为激发自己孩子的爱国精神，表达对祖父的怀念，梁启超也如法炮制常常在茶余饭后讲述这些荡气回肠的爱国故事。孩子们也是不负其所望，人人成才，九子皆才俊，为社会作出了很大贡献。这与梁启超早年的德育教育有很大关系。

梁启超虽生活于新旧交替，中西文化碰撞的过渡年代。他始终怀着强烈的爱国精神在拯救国家危亡，唤醒民众，发展学术文化等方面进行了大胆的、艰苦卓绝的努力与尝试，奉献了毕生的精力与心血。尽管他的努力与尝试有成功，有失败，有顺利，有曲折，有可颂扬的方面，也有被批判之处，但他仍为推动中华文明前进作出了许多努力与贡献。

梁启超后期主要从事教育与学术研究工作，由于他深知立身做人的重要性，因此对做人的教育总是不遗余力、乐此不疲。

这期间，他除了利用作演讲报告向学生宣传为学与做人的重要性外，还多次在其著述中阐明立身做人在读书治学与人生发展中的重要地位。

20世纪20年代，在西学东渐的大背影下，中国传统文化受到猛烈冲击，大有走向衰微之势。这时，为了保护拯救中国传统文化，一些有识之士开始倡导国学，发出了著名的"整理国故"运动。然而中华古籍浩如烟海、不计其数，何为经典，怎样分层阅读？这时《清华周刊》记者来到国学大师梁启超处向其约稿。于是梁启超结合日常自己读书所得写出《国学入门书要目及其读法》。全书内容分甲、乙、丙、丁、戊五部分，而开篇甲部分便是修养应用及思想史书籍，在这部分书籍中梁启超最先提到的便是《论语》《孟子》，并指出"《论语》为两千年来国人思想之总源泉，《孟子》自宋以后势力亦与相埒。此二书可谓国人内的外的生活之支配者，故吾希望学者熟读成诵……以资修养"[①]。后来，梁启超又作《要籍解题及其读法》一书，再将《论语》《孟子》列全书之首，他指出《论语》最大价值即教人以人格修养，如何扩大人格魅力；《孟子》教人自动扩大人格，在哲学、教育学上也具有永久价值。读《论语》《孟子》的目的有两种，首先就是修养受用。从修养受用角度说，"《论语》如饭，最宜滋养；《孟子》如药，最宜袪除及兴奋。"[②]并反复强调二书是修身做人的根本原则，为青年人格修养的必读书，一定要熟读成诵，强化于心，外化于行。此外，梁启超还在《读书分月课程》《德育鉴》《东籍月旦》中多次提到读书与做人的关系，由此看出他对人格锤炼的重视程度。

梁启超不仅自己在修身做人方面身体力行，以身作则，对自己孩子的要求更为严格。正是在他的率先垂范下，其九个孩子皆出类拔萃，个个成才，其中梁思成、梁思永、梁思礼因贡献突出先后被评为院士。

实际上孩子们成绩的取得与梁启超的做人教育密不可分。虽说梁启超一生忙于政治与学术研究，对孩子们的吃穿极少过问，但对教育学习和成长极为关注，尤其是在做人教育上。

爱国主义思想是首先要给孩子们灌输的。这方面梁启超自身便起到了很好示范作用。众所周知，梁启超一生多次改变政治观点，但他矢志不渝的爱国之心，坚定热烈的爱国精神却是一成不变的。其所有人生举动的最终目的

① 梁启超.要籍解题及其读法［M］.长沙：岳麓书社，2010：101.

② 梁启超.要籍解题及其读法［M］.长沙：岳麓书社，2010：11.

皆在让国家更加富强美好。家庭是孩子成长的起点与摇篮，其中父母的引领作用至关重要，父母可说是孩子的第一任老师，最好的榜样。梁启超日常的爱国之举，人格魅力对与其朝夕相处的孩子们的影响肯定是不言而喻的。梁启超非常关心孩子们的成长，他常对孩子们说："人生在世，常要思报社会之恩"①。"天下事业无所谓大小……只要在自己责任内，尽自己力量做去，便是第一等人物。"②1926年他又专门致信在美留学的梁思成："只有努力把自己学问学够了回来，创造世界才是"③。

仅有美好志向与愿望只是成功的前提，不经过"苦其心志，劳其筋骨，饿其体肤"便很难实现质的飞跃。因此梁启超很注意孩子们意志上的磨炼。他鼓励大女儿梁思顺说："生当乱世，要吃得苦，才能站得住……能在困苦中求出快活，才真是会打算盘哩。"④他引导思忠道："我又很相信我的孩子们，个个都会受到我这种遗传和教训，不会因为环境的困苦或舒服而堕落的……"⑤

生于忧患，死于安乐。人遭受艰难困苦绝非坏事，反而能使人磨炼意志，处险不惊，绝地而生。梁启超深以为然，他说："处忧患最是人生幸事，能使人精神振奋，志气强立。……今复还我忧患生涯，而心境之愉快视前此乃不啻天壤，此亦天之所以玉成汝辈也。"⑥

凡事预则立，不预则废。无论身处盛世还是在乱世，都要有危机感，有忧患意识，才能未雨绸缪，永立潮头。从孩子们日后的表现看，梁启超的汗水没有白流。

一分付出一分收获，正是由于梁启超细雨润新苗，春风拂弱柳式的教诲，使得梁家九个孩子皆顺利长大成才。值得称道的是，梁启超先后有七个孩子留学国外，但学成之后没有一个滞留国外，更没有留恋国外舒适生活和优厚待遇，均义无反顾地回到祖国，参与国家的各项建设。全面抗战时期，梁思成、林徽因夫妇同中国营造社的同仁们一起历尽千辛万苦、辗转迁移至四川李庄，在李庄梁思成夫妇的任务就是进行《中国建筑史》的写作。李庄

---

① 梁启超.梁启超家书［M］.北京：中国青年出版社，2013：36.
② 梁启超.梁启超家书［M］.西安：陕西师范大学出版总社，2011：71.
③ 梁启超.梁启超家书［M］.西安：陕西师范大学出版总社，2011：118.
④ 梁启超.梁启超家书［M］.西安：陕西师范大学出版总社，2011：218.
⑤ 夏晓虹.追忆梁启超［M］.北京：中国广播电视出版社，1997：460.
⑥ 梁启超.梁启超家书［M］.西安：陕西师范大学出版总社，2011：25.

虽是抗战的大后方，但生活条件之差，令人难以想象，而此时的林徽因又重病缠身。为了生存，梁思成不得不边劳动边工作，由于生活拮据，有时甚至靠典当衣物来补贴家用。即使如此，夫妇俩依然保持着顽强的意志、乐观的心态和旺盛的精力。美国著名学者费正清评价说："二次大战中，我们又在中国的西部重逢，他们（梁思成夫妇）都已成了半残的病人，却仍在不顾一切地，在极端艰苦的条件下致力于学术。"[①]

同在全面抗战时期，身处沦陷区北京的梁思顺，不怕危险，坚拒为日本人做事，保持了中国人的高尚品德。梁启超最小的孩子是中国火箭控制专家梁思礼，他说父亲给他最大的馈赠就是父亲所说的"人必真有爱国心，然后可以用大事"[②]，这句话支撑了他一生的追求。

治学必先大量占有材料

自1917年梁启超退出政坛后，他开始专心教育、潜心著述。梁启超一生著述文字有1400多万字，内容涉及哲学、新史学、教育、文学、目录学、图书馆学、佛学等，被世人誉为"百科全书式的人物"。据载，梁启超的著述多在进入青年后所作，前后约36年。这期间他平均每年著述约39万字。

正在写作的梁启超

1920年蒋百里的《欧洲文艺复兴时代史》完稿，于是请梁启超为之作序，梁启超欣然应允，岂料思如泉涌，一发而不可收，几天内竟写了篇6万字的长序，篇幅比蒋百里的正文还大，只好单独出版。该书就是著名的《清代学术概论》。后来，梁启超又在此基础上扩充25万字，撰成了《中国近三百年学术史》。以上足见其写作之勤，著述之快捷，这在中国近代学者中极为少见。

---

① 费正清. 献给梁思成和林徽因 [M] // 《梁思成先生诞辰八十五周年纪念文集》编辑委员会. 梁思成先生诞辰八十五周年纪念文集. 北京：清华大学出版社，1986：7-8.

② 夏晓虹. 追忆梁启超 [M]. 北京：中国广播电视出版社，1997：474.

"问渠那得清如许，为有源头活水来"，梁启超何以做到知识渊博、著作等身的呢？美术创作离不开生活体验，文学创作离不开丰富多彩的生命体验素材，同样学术研究离不开丰富的学术资料，只有大量占有资料，才能通过分析、甄别、判断资料内容，发现已有论点的相同与区别、优点与不足、正确与错误，然后结合自己的研究得出真知灼见，使自己永远站在学术最前沿。梁启超的治学观点亦是如此，其《中国历史研究法》《治国学杂话》《治国学的两条大路》等著作中便有很多关于治学材料的论述，足见其对资料工作的重视。

针对治学材料问题，梁启超举例道，当我们打开某人的一部学术著作，看到作者分析细密、议论精当、广征博引、征引繁复，感觉此人必有极高天赋或超人记忆力，其能力非常人所能及。其实，真实情况则不然，他指出学者的秘诀在于"大抵凡一个大学者平日用功，总是有无数小册子或单纸片。读书看见一段资料，觉其有用者，即刻钞下（短的钞全文，长的摘要，记书名卷数页数）。资料渐渐积得丰富，再用眼光来整理分析他，便成一篇名著。"[1]虽然，这样做，"笨是笨极了，苦是苦极了，但真正做学问的人总离不了这条路。做动植物的人，懒得采集标本，说他会有新发明，天下怕没有这种便宜事。"[2]

梁启超称赵翼《廿二史札记》即属此治学方法的典范。《廿二史札记》，实则赵翼读《二十四史》的心得笔记，因赵翼将《旧唐书》《新唐书》与《旧五代史》《新五代史》均合二为一，故称《廿二史札记》。每种书的笔记分两部分，一是关于该史书撰写情况与点评；二是作者对该史书重要史料的笔录及考述。该书不仅为赵翼自己读史治史提供了重要资料依据，而且还为学史者提供了重要导读。吕思勉曾说："少时读史，最爱《日知录》《廿二史札记》"。[3]更为重要的是书中列举的史料为后人在读史治史中如何就发现问题、提出问题、解决问题起到重要引领和启发作用。可见赵翼之举是真正从史书中淘金，找到相关史料为自己所用的好方法。古往今来，注重读书札记的学者不乏其人，陈兰甫《东塾读书记》、俞正燮《癸巳类稿》也都是在资料

---

① 梁启超. 读书指南［M］. 合肥：安徽人民出版社，2013：208.

② 梁启超. 读书指南［M］. 合肥：安徽人民出版社，2013：208.

③ 吕思勉. 吕思勉谈读书治学［M］. 武汉：华中科技大学出版社，2015：282.

上下功夫的著名著作。

那么提前做搜集资料工作的益处是什么？梁启超称：第一，读者欲抄写资料时，必对所看资料有较深印象，当遇到其他与此相关资料时，再抄写下来，必定印象更加深刻。这样日积月累，当治学用到此资料时，必定很快跃然纸上，省去费心劳神查阅资料之苦。第二，通过获取资料的过程，读者可以养成读书治学的良好读书素养。其一是养成读书心细的习惯，因为读书心细才能有收获，否则对好资料视而不见，以致一无所获。其二是眼快，找资料也是个锻炼眼力的活，如雄鹰捕猎一样，在空中盘旋时的重要任务就是用那双锐利的眼睛扫视一切，一旦发现猎物，随即闪电般行动。这样，时间长了自然抄录的资料越积越多，用时才有信手拈来的能力。

怎样才能获取材料呢？梁启超最注重的是"注意读书法"。这个方法来自老师康有为的启示。自梁启超拜师康有为后，康有为看着这个每日手不释卷一目十行的年轻学生可谓喜笑颜开甚是高兴。因此，对这个未来之才的成长进步更是尤为关心。

曾有一段时间，康有为发现尽管梁启超读得快，但收益一般。为让梁启超提高读书效果，防止盲目读书，康有为主动举例提醒梁启超。康有为问梁启超最近读什么书，梁启超说在读《红楼梦》，康有为又问梁启超《红楼梦》里的一些建筑问题，结果梁启超一字也未答出。于是梁启超回去复读《红楼梦》，并对书中建筑部分作重点浏览。看后梁启超惊叹没想到曹雪芹还是一位精通园林建筑的建筑学家，书中对大观园内建筑的描写真是让人叹为观止。于是梁启超反思，自己读了那么多书，记住得很少，收获也不大，原因是看书过于盲目，没有带着问题去读，读书缺乏目的性，因此读书也就成了过眼烟云，收获自然不多。

自此之后，梁启超读书一改以前的风格，注重在阅读中发现问题，然后再围绕自己关心的问题用心去读，与之相关者精读，不相关者泛读，果然读后印象深刻，收获不菲。梁启超的这种读法符合科学研究的特点。从研究的角度看，任何学术研究皆是以解决问题为最终目的的。从文章的组成来看这类文章必有论点、论据、论证组成。如果要解决和研究问题，文章中必有大量的已经证明是正确的资料，也就是论据资料。假如你在读书中带着注意点或问题去读，搜集相关资料也就成了简单易行之事。这样相关研究资料积累得多了，再进行自己的研究，也就变得容易多了。梁启超称此读书法为"注意读书法"，由于自己应用此法读书受益连连，因此其对此读书法极为推崇。并在《中国历史研究法补编》中对此做专门论述，"昔人常说，好打灯谜的人，无论看什么书，看见的都是灯谜材料。会作诗词的人，无论打开什么书，看见的都是文学句子。可见注意那一项，那一项便自然会浮凸出来。"①事实正如梁启超所论，读书若不围绕问题去读，资料如平铺纸上，往往熟视无睹，所获无几。假如自始至终带着问题去读，水滴石穿，绳锯木断，这时由于目标明确，精力集中，自然有用的资料往往尽收眼底，进入自己的思维中，新的文章也就很快跃然纸上。这就如苏东坡用"八面受敌读书法"读《汉书》一样，每遍专求一事一问，结果很快将《汉书》了然于胸。

治学最忌没有资料，但有了资料也不能不加辨别盲目去用，一旦用错，不仅自己的研究出现错误，得出谬论，自然会被人贻笑大方，更危险的是误人子弟。真可谓误人又误己。中国古代典籍浩如烟海，但伪书假书也为数不少，据载有1100部之多。其中有全部伪的，部分伪的；有本无其书而伪的等。因此治学首先懂点古书辨伪学，对正确选取材料至关重要。

梁启超极力倡导古书辨伪，这与他的学习经历、成长过程有很大关系。首先，自拜师康有为后他开始接受改良主义思想，其间他又参与了康有为的《新学伪经考》《孔子改制考》的撰写，可以说这一过程让梁启超对康有为的今文经学有了全新认识。后来看了阎若璩《古文尚书疏证》后更是振臂急呼"传家宝"里头，也有些靠不住，非研究一研究不可。②百日维新后，流亡日本的梁启超开始接触西学，使他对现代科学的求真思想和实证方法又有了深刻认识。

先前的丰富治学经历让梁启超意识到对待已有历史资料不能拿来就用，还应用头脑去辨别。在获取资料时首先辨别资料的真伪，然后为己所用。为此，1927年梁启超在燕京大学作"古书真伪及其年代"专题演讲，从伪书出现的成因、伪书的种类、作伪的动机、辨伪的方法、客观看待伪书等方面，深入浅出地娓娓道来。梁启超的这一讲稿对青年人如何阅读古书，如何看待古书，如何选取资料治学等方面产生了深远影响。虽然梁启超的辨伪思想、辨别方法等还有牵强之处。但瑕不掩瑜，单就梁启超中西结合的辨伪思想来说便很值得一书，其不但为古书辨伪带来新方法、新理念，更重要的是为后人在

① 梁启超.中国历史研究法［M］.北京：东方出版社，1996：171.
② 梁启超.中国近三百年学术史［M］.北京：东方出版社，1996：80.

文献辨伪方面提供了重要借鉴和方向。该讲稿也因此被誉为中国文献辨伪学的里程碑式著作。其后的张心澂在《伪书通考》、张舜徽在《中国历史要籍介绍》、杜泽逊在《文献学概要》中皆对梁启超的文献辨伪思想予以肯定。

在判定资料的真假对错时梁启超也是颇有心得，他指出一定要用谦谨的态度去判断。大胆地怀疑，小心地求证，得出来的结论才能保证准确无误。为了判定资料真假，他把司法审判的理念引入到学术资料的鉴定中。他说可将自己日常认为成熟的资料假定为被告，而自己先作原告律师，千方百计找出它的破绽，哪怕是一丝一缕的反证也不放过。然后再反过来作被告律师，为自己的假定辩论，完全辩得通，假定即是正确的，辩不通，就毅然将假定放弃，不可拖泥带水，更不可留恋，因为有疑问讲不通的地方，说明资料有不可靠的地方，如用作引证材料，必然影响自己的结论。他认为余下的这点疑问也是有用的：假如自己的假定十之八九为正确，余下的模棱两可或根本站不住脚。那就把这一二分不正确的部分列出来，当作新课题，让别人去研究。他称这是学术分工问题，一个人不可能是全才，不能解决全部问题。否则别人就没事做了，即使后人解决了你先前列出的问题，也有你一两分发现问题的功劳。

梁启超不光这么讲，也是身体力行这么做的。1922年3月4日，梁启超在北大礼堂作《老子》成书年代专题学术报告，并对在座的说《老子》一书有战国作品之嫌，愿将这个问题提起公诉，让大家审判。

不料几天后真收到一份作者为张煦的判决书。文中称梁启超为原告，《老子》为被告，自称为审判官兼书记官，判决内容为梁启超所提供的资料不足为据，原诉驳回。同时指出梁启超所列依据："或则不明旧制，或则不察故书，或则不知训诂……"①全文引经据典、层层深入、一一辩驳，竟达数万言。实际上判决书的作者张煦就是后来著名学者张怡荪先生，当时年仅二十余岁。梁启超看到这些尖锐的评语后，不但没有不高兴，反而暗赞作者的才华，尽管对作者观点并不认可，仍写下题识，称"张君寄示此稿，考证精核，极见学者态度……鄙人对于此案虽未撤回原诉，然深喜老子得此辩才无碍之律师也"②。

梁启超的绝妙回复，不但大家风范彰显无遗，同时也显现出他治学的严

① 夏晓虹.追忆梁启超［M］.北京：中国广播电视出版社，1997：307-308.
② 夏晓虹.追忆梁启超［M］.北京：中国广播电视出版社，1997：308.

谨性。

　　资料来了，还要会整理。治学是个漫长过程，经过辛辛苦苦甄别判断得来的资料，不可能立即用上，须把它们放置一个地方备用。然而，时间长了，积年累月，资料会越来越多，如不提前采用一定方法将资料整理存放好，到用时面对犹如一团乱麻的资料，肯定会无从下手，干着急。因此，梁启超认为，资料来了还须用致密性技术去整理，并提出三个整理方法：一是要提挈出资料的特点，同时对各个资料的不同特点做到心中有数。二是要善于分类，即将不同性质、用途的资料分门别类并加以比较研究。三是要熟悉资料的相互关系，实际上这些资料不是孤立存在的，都有着或多或少的联系。将资料间的因果关系、主从关系、姊妹关系用一定线索贯穿起来，到用时方能信手拈来，得心应手。梁启超称只要会整理资料，资料越多自然越有用，否则，定会被杂乱的资料弄得头昏脑涨、毫无头绪。整理资料是一个学者必须要做的一项学术工作。学者不但需要掌握专业方法，还要有耐心。这就像图书馆工作一样，一个中型图书馆有几十万册藏书，大型图书馆藏书更是多达上千万册。这么多图书毫无头绪地堆在那里肯定是不成的，必须按照一定分类编目方法对图书进行分类编目加工整理后，才能方便使用。否则，不但读者难以检索利用馆藏图书，而且连图书馆工作人员也搞不清自己的家底。这样的图书馆即使藏书再宏富也没有存在的价值。由此可见资料整理的重要性。

　　深厚的学术功底，加上对治学资料的重视，让梁启超以大量学术资料为依托，辅以科学严谨的治学方法，勇于探索创新的治学精神，把整个学术研究工作做得风生水起，并因此成为著作等身的一代文豪。直到现在其经世致用的学风，有一分资料说一分话的治学风尚，仍为学者治学的典范。

有价值的作品要熟读成诵

　　熟读成诵是古往今来读书人最为常用的读书方法之一。尤其是在记忆力最为旺盛的青少年时期，将经典名篇大声朗读直至可以背诵，甚至是达到若出己口的程度，对于积累材料，培养语感，锻炼语言表达能力，都大有益处。虽然反对此方法者大有人在，但梁启超建议，一些最有价值的文学作品，以及一些有益身心的格言还是要熟读成诵的。他认为这样做的好处是，经典文学作品可以涵养人的情趣，作为本民族的一分子，将本民族的经典熟读成诵，才能"得着根柢，不知不觉会'发酵'"①；对于流传至今的圣哲格言，可以说已被社会所认可，并形成共识，彻底掌握它才不至于与社会共同意识有隔阂，另外这些至理名言可以说为人生指明了方向，背得熟才能到时用得上。实际上古往今来的成功者都是记忆高手，他们都在记忆方面下过苦功夫。梁启超亦是如此，作为近代罕见的高产学者，不能不说他没有天赋，但他的治学成就与早期的积累是不可分割的。当梁启超的学生谢国桢看他边背诵边讲解贾谊的《治安策》深感吃惊时，他解释说我如不能背诵《治安策》，又怎么能上《万言书》呢？熊佛西称梁启超用宋词名句集成的对联有300多幅，而且这些对联全靠背诵所得。由此可见梁启超早年用功之深。

以著述促读书

好方法胜过好老师，若要读书取益方法也至关重要。那么采用什么样的读书方法，读书才能受益呢。梁启超在《治国学杂话》中推荐的以著述促读书的方法很有实践意义。他指出倘若读书者泛泛读《文献通考》中的《钱币考》以及各史书《食货志》中的钱币部分，可能没有什么大的收获。假如读者换个读书方式，一边读一边考虑作篇"中国货币沿革考"，这篇考作得好与不好先放一边，所读的东西定会让读者有几倍的收获。古人往往教读书人不可轻言著述，即读书人必须将所读的书了然于胸、内化于心，有了自己的真知灼见，方可著述。否则所著之书必是害人害己。故国学家黄侃有五十之前不著书的美谈，足见黄侃对自己著述要求之严格。那么梁启超为什么要反其道而行鼓励著述呢？其实他是在用著述来鞭策学问，目的在于掌握书中的要义。既然著述的要求那么严格，那么读者必要看书认真，只有掌握的资料越多，著述才能有价值。这样等著述大功告成了，学问自然大有长进。这就如

---

① 梁启超.读书指南［M］.合肥：安徽人民出版社，2013：210.

我们要写一部"梁启超评传"一样，不事先把梁启超的自述、著述、年谱、传记以及晚清民国时期的政治、历史、外交、文化、教育等搞清楚，弄明白，是不可能完成写作任务的。恐怕重要的资料仅泛泛而读是肯定不行的，要反复研读才敢下笔。试想这种读书法收获怎能不大呢！

崇尚趣味主义

无论是做事还是学习，有兴高采烈地去做的，也有情绪低落地去做的；有主动自觉去做的，也有被动勉强而为之者；有当作苦差事去做的，也有以此为乐，乐此不疲之人。最终的成功与失败决定于做事与学习的态度与动力。实践证明，趣味是做一切事物的原动力，是学问之始。自觉自愿热情高涨地去学习的人，其效果肯定优于持被动勉强态度的人。子曰："知之者不如好之者，好之者不如乐之者。"就是这个道理。

梁启超称其一生都浸泡在趣味之中，是个彻头彻尾的趣味主义者。他在《学问之趣味》中称"倘若用化学化分'梁启超'这件东西，把里头所含一种原素名叫'趣味'的抽出来，只怕所剩下仅有个〇了"[1]。

他认为任何职业均有趣味在其中。凡不同职业，做好必有曲折的过程，如深入其中一步一个脚印做下去，然后感觉其中的进展变化，一定觉得亲切有味；凡事业离不开奋斗，成功离不开付出和汗水，从刻苦和汗水中得到快乐趣味，快乐的程度自然会更深。做任何职业犹如比赛一样，一旦获胜，自然快乐无比，同时增加对此事业的热爱程度。当专心致志做某一行时，这时你会发现，什么忧愁烦恼已不知不觉抛之脑后，全身轻松。

梁启超说读书治学也是如此。他认为治学过程中无不充满趣味，只有有了这种兴趣，才能保证读书治学的成功。那么如何才能品尝到这些治学趣味呢，他指出以下几方面是必经之路：一是要"无所为而为"，即要因趣味而治学，不能以治学为手段。只有将治学作为自己的乐趣，以此为乐，才能心无旁骛、乐在其中。二是要有日雕月琢、持之以恒、坚持不懈的精神。梁启超

---

① 梁启超.梁启超清华大学演讲录：为学与做人［M］.北京：东方出版社，2015：52.

说，这如抽烟打牌一样，天天抽，日日打，不知不觉便上瘾。如能天天抽出一点时间用于读书治学，学习的习惯一旦养成，自然也会对治学产生兴趣并上瘾，感觉是无比快乐之事。三是要能够层层深入。学问之精髓往往在事物的最深处、最底层，治学不能朝三暮四、浅尝辄止，要有韧劲和干劲，才能吹尽黄沙始见金，得出真知灼见。实际上，学问越深，难度越大，获得的兴趣也越大。这是因为只要持之以恒研究下去，每前进一步，便有一些收获，同时有一分获得感，这些经过艰苦努力得来的感觉与浅尝辄止式的研究相比，其往往给研究者带来更大的兴奋与兴趣，激励研究者继续深入下去，直到研究成功。所以梁启超认为，要获得研究兴趣，就要深入研究，研究得越深越有兴趣。四是要有良友相伴。在治学过程，如有同嗜好的志同道合的几个好友相伴，定会在治学过程中相互砥砺、相互切磋，碰撞出火花和激情，不仅对治学研究大为有利，而且能相互激发出治学上的乐趣。"独学无友，则孤陋而难成"就是这个道理。

总之读书治学只要定下研究方向，持之以恒、坚持不懈，同时相互交流、相互切磋，定会深入其中，趣味无穷。

梁启超之所以著作等身，并在新史学、文学、图书馆学等多个学科收获连连，与他一直保持趣味主义性格，始终在治学道路上充满丰富多彩的趣味是分不开的。正如他所说，人类生活若失去趣味，便变得枯燥无味，犹如机器缺乏燃料，终将停摆。而生活一旦有了趣味，马上又变得生机盎然，动力十足。在梁启超生活的年代，百日维新有他，保皇与革命有他，保路运动有他，反袁护国也有他，当时中国社会发生的每件大事几乎都与他有直接或相关的联系，这其中梁启超有成功，也有失败，但梁启超不仅于成功中得到快乐，也能于失败中找出快乐，无论做任何事始终保持兴致盎然、意犹未尽的心态，并乐享其中。也正是这些源源不断的兴趣，让他保持了用之不竭的动力，助推他完成了一项项工作与著述。

梁启超也很注意对孩子们治学兴趣的培养。他认为即使在专业学习中也不能忽略读书兴趣的培养，文科、理科、工科只是在学术上的分工不同而已，广义上说知识是相通的，学文科的不妨学些理科知识，学理科的也应该再接触些文科知识，这不但可以丰富自己的知识面，让形象思维与抽象思维相结合，以达到举一反三、触类旁通之效。更重要的是爱好广泛，知识广博可以让人在学习和生活中始终充满兴趣，同时保持旺盛的创造力，这对于治学至关重要。

在得知远在美国的女儿梁思庄只埋头于所学专业时，担心其用力过猛，反而事倍功半影响学业，丧失学习动力。于是梁启超致信启发道，专业课之外，不妨学些文学、音乐、美术等娱乐学问，切忌一味困于专业学习，丧失了学习兴趣。当他听说女儿梁思庄常抽空看文学书时，又禁不住连声称赞。1927年8月29日，梁启超又以自己的治学经历为例致信在美国醉心于建筑学学习的长子梁思成，不要因专业学习，将生活弄得单调，以致影响到对知识的兴趣，进而感觉生活无味，甚至日趋堕落。可适当学些文学等人文学科，以改变这种局面。他说："我是学问趣味方面极多的人，我之所以不能专积有成者在此。然而我的生活内容异常丰富，能够永久保持不厌不倦的精神，亦未始不在此……"①

为活跃家庭气氛，让家庭成为充满生活情趣的乐园，梁启超为每个孩子都起了个风趣的小名。他称女儿梁思顺为"大宝贝"，梁思庄为"小宝贝"，管梁思懿为"司马懿"，又称最小的儿子梁思礼为"老baby（婴儿）"。在梁启超的带领下，梁家儿女都性格开朗，风趣幽默，处处充满欢声笑语。同时九个孩子不但各有所长，而且爱好广泛，其中梁思成不仅在建筑学方面闻名中外，在音乐、美术方面也有很深造诣。

倡导新文体，文风焕然一新

在中国近代社会，梁启超不仅在政坛、思想界影响极大，著述也是影响深远，其文章擅用浅显流畅的文字并杂以俚语、外来语等来反映社会现象，同时晓之国民深刻道理，融会中西，贯通今古，笔锋犀利，气势磅礴，情感丰富，感召力强，犹如暴风骤雨席卷整个中华大地，让"国民阅读的程度，一日千里"②。

黄遵宪评论梁启超的文章"惊心动魄，一字千金"③。严复称"任公文笔

① 梁启超.梁启超家书［M］.西安：陕西师范大学出版总社，2011：234.
② 吴其昌.梁启超传［M］.天津：百花文艺出版社，2009：26.
③ 孟祥才.梁启超评传［M］.北京：中华书局，2012：73.

原是畅达，其自甲午以后，于报章文字，成绩为多，一纸风行，海内观听为之一耸"①。

那个时代的年轻知识分子，如鲁迅、胡适、梁漱溟等几乎无一不受梁启超思想和文字的影响。胡适称梁启超的文章，明白晓畅又夹带情感，让读的人不能不跟着他走，不能不跟着他想。大儒梁漱溟做学生时期曾沉浸于梁启超的著述达三四年之久，那时他买的最多的读物就是梁启超的作品，他称这比他读5年中学更有实践意义。梁实秋称那时的青年学子之所以推崇梁启超，全在他的文章对青年确有引领作用。梁启超自己也称"二十年来学子之思想，颇蒙其影响"②。

梁启超的文章之所以风行全国，一是得益于先进的改良主义思想，二是他所倡导的新文体也是时代所需的。所谓新文体，也称"报章体""新民体""时务体"。

新文体散文的出现是中国社会历史发展的必然。自1840年起随着民族危机、社会危机、社会矛盾的加剧，以及在西学东渐大潮的冲击下，改良主义思想开始酝酿发展，其中文言文改良，倡导白话文，改良文风的呼声一浪高过一浪。梁启超不但是新文体散文的积极试验者、推行者之一，而且是运用得最为成熟、最成功的人。戊戌变法失败后，梁启超开始转向思想启蒙和倡导"文界革命"工作，他认为昔日风行的桐城派古文等已不能适应社会发展，写文章应当打破旧思想笼罩下的藩篱，引进新事物、新方法、新知识，要以"觉世之文"而非"传世之文"以传播新思想，唤醒民众，培育新民，最终达到改良社会，拯救国家的目的。梁启超不仅这样说而且亲自付诸实践，这期间无论是在其主笔的《时务报》《清议报》，还是在自己创办的《新民丛报》中，无不充满了其用新文体撰写的大量文章，那焕然一新的文风，独具一格的文体，很快赢得了民众的喜欢。这也让梁启超直达巅峰时期。其中《新民丛报》这个海外出版物，最高时发行量竟达到14000份，足以说明民众对梁启超文章的喜爱程度。可以说梁启超的新文体正逢其时。

梁启超新文体最重要的特征是"笔锋常带情感，对于读者，别有一种魔力焉"。如何让文章富有情感魔力呢，其在《〈晚清两大家诗钞〉题辞》中称：

① 孟祥才.梁启超评传［M］.北京：中华书局，2012：27.
② 梁启超.清代学术概论［M］.北京：东方出版社，1996：77.

"因为文学是一种'技术'，语言文字是一种'工具'。要善用这工具，才能有精良的技术；要有精良的技术，才能将高尚的情感和理想传达出来。"①为达到这一效果，梁启超的文章注重对比喻、对偶、排比、设问、反问、夸张等修辞手法的穿插使用，又勇于革新，大胆引用经典古文、辞赋、佛典、语录、骈文甚至是日文的字法、句式等，这一革新不但突显出文章酣畅淋漓、荡气回肠之气势，给人以强大感染力、煽动力，而且使文章别具一格，大有耳目一新之感。

"感人心者，莫先乎情"，用大量修辞方法为文章造势，激发读者的内心情感是梁启超常用的手法。如今仍家喻户晓的散文《少年中国说》即是梁启超新文体散文的典范之一。在该篇末段，为表达对青年们寄予的厚望，梁启超一口气用"红日初升""河出伏流""潜龙腾渊"等七个比喻来展示青年人血气方刚、风华正茂的朝气与潜力，展望少年中国的美好未来、壮丽前景。又在"少年智则国智……少年雄于地球则国雄于地球"一段文字中用八个排比句从"智""富""强"等八个方面强调青年人在国家富强、民族振兴方面所处的地位和所起的作用。瞬间将全文再起高潮，读之无不有热血沸腾、催人奋进之感。

又如梁启超在《论中国之将强》一文之"西人之侮我甚矣……其惨酷至于如此其极也"段中为揭露列强的野蛮行径，表达对此行为的强烈愤慨，连用六个"无端"："无端而逐工，无端而拒使，无端而索岛岸，无端而揽铁路，无端而涎矿产，无端而干狱讼"。五个"……我"，即"人之轻我贱我，野蛮我，奴隶我，禽兽我，尸居我"的排比用法迅速将愤恨之情升温到极点，同时传染给读者，并产生强烈共鸣。

此外，梁启超在新文体中常加以俚语、韵语、外来语，更加增强了文章的活泼性与跌宕起伏性，给读者以焕然一新之感觉，同时产生强大阅读动力。更为重要的是梁启超新文体具平易畅达之风，大多使用浅近文言，表达方式简单清晰，其目的在于写民众喜欢而又看得懂的文章，以"觉世之文"而非"传世之文"传之公众，以此达到传播新知，启蒙民众之效。上述因素共同造就了风靡一时而又别有一番魔力的新文体，虽然该文体也有不足之处，但依然在中国散文发展史上留下光辉的一页。

---

① 夏晓虹.阅读梁启超［M］.北京：生活·读书·新知三联书店，2006：135.

王国维

//

王国维（1877—1927），字静安，号观堂，浙江海宁人。中国近代著名学者，其在哲学、文学、戏曲、美学、史学、考古学、教育学等方面均有很深造诣。

读书治学 "三境界"

在中国近代历史上，有一批有识之士，他们心怀家国、眼界高远、思维敏捷、好学上进，不仅精通中学，而且努力学习西方先进知识、先进思想，祈求改变国家积贫积弱的状态，王国维就是其中之一。王国维可谓近代中国最著名的学者之一，其一生读书有恒、手不释卷、善于思考，在文学、戏曲、美学、史学等方面都有很深的造诣。另外，其读书治学理念、方法也是独树一帜、颇有心法，著名的读书治学 "三境界" 便来自王国维的笔下。

古今之成大事业、大学问者，必经过 "三境界"，"昨夜西风凋碧树。独上西楼，望尽天涯路"，此第一境也；"衣带渐宽终不悔，为伊消得人憔悴"，此第二境也；"众里寻他千百度，蓦然回首，那人却在，灯火阑珊处"，此第三境也。这三境界皆出自宋代三位著名词人的作品。第一境引自晏殊的《鹊踏枝》，是说做学问做事业，先确定目标找准方向。但方向确定之后的过程是摸索、探索的未知过程，这一过程尤为重要，因为它是决定人生方向正确与否的关键节点。第二境引自柳永的《蝶恋花》，是说正确的方向确定后，就开始了漫漫求索的征程，在这一过程中会有千万次的失败，但终不放弃。第三境引自辛弃疾的《青玉案·元夕》，是讲吹尽黄沙始到金，成功是量变到质变的过程，辛苦的付出后，便有水到渠成时，最终结果往往是不经意的恍然发现。王国维的"三境界"来自其多年的治学实践，真正道出了读书治学的艰难历程，既贴切准确，又生动形象，一直被学界津津乐道、推崇备至。那么王国维是怎样在读书做学问过程中悟出这三境界的呢？让我们寻着他的读书治学之路，探究一下他的治学理念、方法，以促吾辈在以后的治学中能有所借鉴与帮助。

博览群书，不放过任何读书机会

1877年，王国维出生在浙江海宁一个书香世家。其父王乃誉曾是县衙一位幕僚，爱好广泛，书画、篆刻、诗文等样样皆通。他非常重视对王国维的教育引导，盼望他有朝一日科举高中、仕途平步青云，以光耀门楣。王国维七岁时便入私塾读书，这期间他跟着塾师读《神童诗》《三字经》《幼学琼林》等，由于教授的内容很快能熟读成诵，因此深得塾师喜爱。后来，王国维的父亲借丁忧之故，辞去幕僚职务，回家"口授指划，每深夜不辍"，亲自指导王国维读书。在父亲及塾师的共同引导下，王国维读书进步极大。其弟王国华称"时先兄才十一耳，诗文时艺早洛洛成诵"[①]。更为重要的是，知识的无穷魅力让王国维产生了浓厚的读书兴趣。可以说，在王国维一生中，他无时无刻不在读书。

少年时的王国维已读书成癖。正如他在《自序（一）》中所说："家有书五六箧，除《十三经注疏》为儿时所不喜外，其余晚自塾归，每泛览焉。"[②]

十六岁时，王国维看见朋友读《汉书》，该书是继《史记》之后又一部重要史书，被誉为正史编纂的典范之作，其与《史记》《后汉书》《三国志》并

① 孙敦恒.王国维年谱新编［M］.北京：中国文史出版社，1991：3.
② 文明国.王国维自述［M］.合肥：安徽文艺出版社，2014：4.

称"前四史"。当他看到班固那朴实无华的语言、精到的笔法，顿时为之倾倒，随后用幼时积攒下的压岁钱买了"前四史"来读。大量的阅读，不仅让王国维对中国传统文化有了深刻认识，而且为日后的国学研究打下了初步基础。

甲午战争后，为学得西学西法，王国维来到罗振玉等创办的东文学社边工作边学习。这期间他主修了日语、英语。就在学习外语的同时，他读了康德、叔本华、柏拉图、培根、休谟、卢梭等人的大量哲学著作。

后他将治学方向转向文学，为此他阅读了大量文学、戏曲著作。据载，日本东洋书库就藏有王国维批校的词曲书达25种，其手写的藏书目录《静安藏书目》中关于词曲的书籍也达50种。

辛亥革命后他与罗振玉来到日本，这期间他几乎天天扎在大云书屋。据载，此书屋有藏书50万卷，古器物千余件，各种名拓本数千件。王国维就像蜜蜂来到花海一样，自由穿梭于各书架中，尽情地采着他需要的"蜜"。功到自然成，铁杵磨成针，其著名的《宋元戏曲史》《简牍检署考》及与罗振玉合撰的《流沙坠简》等著作便是在此完成的。

为从事其钟爱的治学事业，王国维总是想方设法利用一切机会寻书读。1919年，他在任《浙江通志》分纂时，利用近水楼台之利，几乎将浙江宋以来的珍本、善本、稀见本一网打尽。1923年，王国维任南书房行走，在清代南书房是侍候皇帝读书的重地。嗜书如命的王国维又利用便利条件将皇家藏书尽情浏览一番。

通过对古今中外图书的大量阅读，王国维不但提高了自身知识素养，开阔了眼界，了解了各相关学科的进展情况，学得了中西学人的治学方法，更为重要的是为下一步的治学研究提供了重要素材。

苦读勤学，不言放弃

古往今来，虽然科学技术在飞速发展，一个个新发明、新发现层出不穷，进而推动了整个人类文明的阔步向前。但每一个进步、每一个发明，背后无不凝聚了科研人员的多年心血和艰难付出。可以说，任何伟大事业绝非轻易可成。读书治学也是如此，不管是天赋高的，能力强的，还是客观读书条件如何优越，必须要有攻坚克难的苦学精神和永不言弃的毅力，才能攻克一个个学术堡垒，始终走在治学的前沿。

王国维可谓勤学苦读、永不放弃的典范。1898年，22岁的王国维来到上海求学发展，初到上海经朋友介绍在《时务报》谋得一差事，《时务报》是由梁启超主笔的维新派重要刊物之一。王国维在《时务报》的工作是书记员兼校对，还兼代收发打杂等事务。工作细碎繁忙，闲暇时间很少，待遇极低，收入甚微。但丝毫没有减少王国维求知若渴的学习欲望。不久，东文学社成立，东文学社是罗振玉等人私资创办的一所语言学校，以日语学习为主，兼学英语。王国维听说后立即报名，以半工半读方式成为东文学社第一批学生。边工作边学习，虽说是个很理想的选择，但问题也是接踵而至。由于工作占去了大部分时间，所剩余的时间是少之又少，这很快让王国维的学习感觉到异常吃力，不但课程不能及时跟进，而且距离老师的要求也是越来越大。为了不丢掉这个学习的机会，王国维只好咬牙硬啃、加倍用功。当时他在致许家惺的书信中曾谈及此事：1898年3月24日书云："读东文后颇觉不易，苦无记性，不能从事他学，又不能半途而废，殊闷。"①约4月20日又书云"弟学东文苦不能读熟，恐致半途而废"②。其学习的异常艰辛由此可见一斑。

尽管学习时间严重不足，王国维还是凭借超越常人的毅力一点点坚持下来，遗憾的是最终考试没能及格，按学社规定成绩不及格者责令退学。但王国维坚持不懈、拼搏上进、不甘半途而废的劲头感动了他的日籍老师藤田丰八，藤田丰八不仅允许他继续留在学社学习，还亲自与报馆负责人汪康年沟通，减少王国维的工作时间，以便有更多的时间用于学业。汪康年深知王国维勤奋好学，是个可造之才，遂允。有了学习时间的保证，王国维的学习成绩自然是突飞猛进，数月后，他便可翻译日文书籍。学不厌倦的王国维在学社又同时自学了英语，同样是进步神速。有人说，多懂一门外语，就是多了一双看世界的眼睛。精通两种外语的王国维犹如水中之鲲化为空中之鹏，从此，有了俯瞰世界的能力，向新学迈出了一大步。

---

① 房鑫亮. 王国维书信日记［M］. 杭州：浙江教育出版社，2015：4.
② 房鑫亮. 王国维书信日记［M］. 杭州：浙江教育出版社，2015：6.

然而事情总不是一帆风顺的。不久，东文学社因八国联军的入侵宣布解散，学制本来三年，王国维不得不只学了两年半课程便结束。而当时英语已经学完三本，还有第四本和第五本未学完，王国维便买回书来回家自学，每天学习一两课，自己能理解的就自己记住，自己不能弄懂的，就先暂时搁置。如此慢慢把第四本和第五本学完。学完之后，王国维并没有就此停止，而是想一试"牛刀"检验一下自学的学习效果。一直以来，把西方先进思想介绍到自己国家是王国维学习外语的理想。因此他便有了一个打算，就是试着翻译赫尔姆霍茨的《势力不灭论》，这是一本关于"能量守恒和转换定律"的专业性极强的科学性书籍，里面有许多人名、地名和书名，译起来有一定难度。王国维为了完成译著，查阅了大量相关资料，比对的读书法是他惯用的，其中以英文版为主，结合日文版，遇到有些不好翻译的地方就直接用日译本并且做好详细标注。当时正值六月酷暑时节，但酷热没有阻挡住王国维努力的劲头，经过近一个月的伏案钻研，译著完成。这是王国维学习西学途中迈出的重要一步，同时也是对他勤奋好学，永不言弃精神的最好嘉奖，正是这永不言败的苦读精神助推他攻克了一个个治学高地，终成为近代著名学者。

研究文献高识远见

王国维之所以在读书治学过程中，屡发别人未发之覆，撰写了那么多精美高深、令人叹为观止的著作与文章，与他自身具备的读书治学能力有很大关系。

远见卓识的能力非朝夕可成，它是人在读书治学过程中各个方面共同努力而促成的结果。要实现这一结果，第一，要有谦虚谨慎的读书态度。王国维一生勤学笃行，读书治学认真严谨、实事求是。有一次在清华园中，王国维在课堂上给学生们讲《尚书》，开讲第一句话就告诉同学们，他对《尚书》只读懂了一半。另外，他在自己的文章中也谈到过《诗》《书》是六艺中最难读的。他之所以这样说有他的道理，《诗经》是中国第一部诗歌总集，成书早，相传是孔子整理，后人的注解版本很多，皆是各自站在自家视角阐发对经义的理解，众说纷纭，足以说明《诗经》的难以理解。而《尚书》也是历来被公认为最难读懂的经书，韩愈曾指出："周诰、殷盘，佶屈聱牙。"其文字难懂，注疏烦琐由此可见，这也许是让王国维感到只读懂一半的原因。事实上王国维的意思一是表明《尚书》《诗经》等经典的博大精深，要学懂弄通非朝夕可成，必须终生多学、多看、深钻细研才能理解领会其中的要义；二是带有自谦的成分在其中。王国维就是这样，做学问从来都是实事求是，治学谨严，有一说一，从不妄加评论。据徐中舒回忆："先生谈话雅尚质朴，毫无华饰。非有所问，不轻发言……"①

第二，要有一丝不苟的治学精神和直透纸背的眼光。王国维读书做学问不仅用心，而且严肃认真、一丝不苟，凡事喜欢探本求真，弄个究竟，从不放过任何蛛丝马迹。有一次，他在考证匈奴族的变迁和入侵中原的历史时，看到各时期古籍中用了鬼方、昆夷、狒狁等不同的名称，为弄清楚，他排列比较了匈奴族流动的地域、迁徙的时间，查阅了中原抗击匈奴的历史记载，又从文字的古音分析，最后确定三个不同的名字是指同一个民族。王国维读书从不敢有丝毫马虎与粗心。每次读书都本着如履薄冰、如临深渊的原则，以做到字斟句酌，心领神会为止。即使在校注已经名家校注多遍的《水经注》时，也依然小心翼翼地用他独特的、直透纸背的眼光，进行重新校勘，直到满意为止。据载仅国家图书馆收藏的经王国维亲手批校写有跋语的古籍就有190多种。

第三，要有质疑精神。孟子说：尽信书则不如无书。意思是说人非圣贤，即使是名家著作，也不可能全部都正确，因此在读书时对于书中所讲不可全信，也不可全盘否定，要有自己的看法、独立的思考，同时学会质疑、发现问题，才能真正于书中受益。

王国维亦是如此，对感兴趣的学问，总是忘我地沉下心去研究，同时敢于质疑，提出自己的问题。在他科举考试失败后，对考据学产生了极大的好奇心，于是潜心研究起考据学来。当时阅读的有俞樾的《群经平议》一书。说起俞樾，可谓是鼎鼎大名，他不仅是清代著名经学家，而且还是当时赫赫有名的章太炎的老师。《群经平议》正是俞樾用五年时间撰成的重要学术著作。王国维发现这部名著虽然名气大、学术性强，但也并非尽善尽美。于是

① 陈平原，王枫. 追忆王国维［M］. 北京：中国广播电视出版社，1997：201.

他也不管是什么权威不权威，一边细心研读、用心思考、大胆质疑，一边也学着俞樾"条驳"郑玄《注》文的样子，逐条对《群经平议》认真评议批驳。后来，王国维父亲看到这些批驳后，并不赞同王国维的这一做法。他认为王国维的所作所为太过轻率，随意评判有些不自量力。即使有些想法和思路也应是含蓄谦虚地记下，否则，若有错误的言语，自留笑柄给人。即使观点有道理，见解新颖独到，也会树敌结怨。总之，这是一个很不好的学习习气。虽然"条驳"《群经平议》没有得到父亲的认可，但在友人中间引起很大反响，大家都对其卓尔不群的学风及大胆勇敢的挑战精神赞不绝口，认为这应是每个读书治学人所必备的重要素养。

第四，要能够解决问题。有质疑精神，能够提出问题固然是好事，更重要的是要能够解决问题。王国维搜集材料，作学术研究，并非仅是为了提出问题，引起学人的重视，来宣传自己，让自己扬名显世。他真正的关注点在于从材料中得到启发，从而研究解决问题。他不论研究金文、甲骨文，还是流沙坠简、敦煌经卷等，均由此精研细读，解决了很多悬而未决的问题。

如1915年王国维撰写的《鬼方昆夷猃狁考》，该文通过参考各青铜器铭文及古老文献资料得出，鬼方、昆夷、猃狁以及后来的匈奴、胡，皆为同一民族名称在不同历史时期的译音。此文一出立即得到史学界好评，并同时启发了以青铜器与经典文献互证，来研究考证古代少数民族历史的考证新思路。他也因此成为探明匈奴族源的著名学者。

同年，王国维通过考证西周金文撰写的《生霸死霸考》一文，提出了"一月四分"之说，也受到学界好评。

再如，王国维在《殷卜辞中所见先公先王考》中用卜辞考证历史，不仅证实了《史记》所载殷世系确为实录，还以此探索到了许多未知的史实，令学界大开眼界。

大胆利用治学材料

读书治学离不开大量的治学材料，材料的运用对治学成败起着至关重要的作用。世人皆知王国维在甲骨文研究方面的成绩十分显赫，他充分利用新出土的甲骨文材料考证了很多历史史实，取得了许多成就，并因此成为著名的甲骨四堂之一。

甲骨文的发现说来很偶然，河南安阳小屯村农民在田间劳作时发现的殷墟甲骨，最初作为药引被各大药店收集销售，时任国子监祭酒的王懿荣因病抓药，其中就有龙骨，精通金石学的王懿荣看到这与众不同的龙骨上的刻画后，断定是甲骨文，于是大量收购。遗憾的是，还没来得及细心研究，王懿荣便因八国联军侵占北京而投水自尽。

甲骨文的发现对中国近代学术史影响极大，但由于个人研究的局限性等原因，在发现之初很多人对此提出异议，甚至连文字学家、经学家章太炎也一度认为甲骨文不可信。王国维、罗振玉等则持截然不同态度，认为这是不可多得的治学材料，二人在甲骨文方面的研究均有很深造诣。早在1906年，罗振玉便开始关注甲骨文研究，并用文字比较法结合许慎《说文解字》摸索到了考释甲骨文的一些方法，1914年，在王国维的协助下，罗振玉完成了《殷墟书契考释》一书。王国维在《最近二三十年中中国新发见之学问》中指出："审释文字自以罗氏为第一。其考定小屯之为故殷虚及审释殷帝王名号，皆由罗氏发之。"[1]

其实王国维对甲骨文研究的贡献同样光芒万丈。他考释甲骨文有独到的方法。首先王国维掌握英、德、日三种语言，阅读过大量西学书籍，因此谙习西方的考古治学方法。其次王国维精通文字、音韵、训诂学，可自如地通过读音通假来识读考证，同时他又注意字形的变化，从文字的演变来找出规律。更为重要的是，他考释甲骨文，并非纯粹为考释而考释，而是结合古代的社会环境、制度、文化、历史、地理、习俗等作比较分析、相互印证来考证历史史实。正是凭借自身具备的高识远见以及精准的考证方法，让王国维的甲骨文研究很快就有了重大突破，发表了《殷卜辞中所见先公先王考》《殷周制度论》《殷都八迁考》等系列让世人震惊的研究成果。其中《殷卜辞中所见先公先王考》一文，被誉为甲骨文发现后第一篇具有重大学术价值的科学论文。郭沫若曾评价说："卜辞的研究，要感谢王国维。是他，首先由卜辞中把殷代的先公先王剔发了出来……王国维的业绩，是新史学的开山，

---

① 方麟.王国维文存［M］.南京：江苏人民出版社，2014：745.

那是丝毫也不算过分的。"①

　　鲁迅说："当假的国学家正在打牌喝酒，真的国学家正在稳坐高斋读古书的时候，莎士比亚的同乡斯坦因博士却已经在甘肃、新疆这些地方的沙碛里，将汉、晋简牍掘去了；不但掘去，而且做出书来了……"②流沙坠简与敦煌写经是近代以来除甲骨文外的另一重要发现。王国维称敦煌文献为汉代以来中国学问上的三大发现之一。遗憾的是这些文物被外国考古学者先后劫走，其中被斯坦因、伯希和劫取的最多。得知这消息后，王国维、罗振玉积极与伯希和等联系，对这些材料进行了全新的考证，均取得重大研究成果。其中王国维在简牍方面的研究有《流沙坠简考释》《简牍检署考》等，在敦煌学方面有《唐写本残职官书跋》《灵棋经残卷跋》等。后来他又将这些史料延伸到历史研究中，又有《西胡考》《西域井渠考》等问世。

　　王国维作为注重治学新材料的倡导者，并非将新材料不加考证就一概录用。他认为重要的是要用已有文献与新材料相互比较，如此，就能发现新材料的正误，同时，新材料新发现又可对已有文献的不足之处作出比较鉴别。正如他在《古史新政》中所说："幸于纸上之材料外，更得地下之新材料。由此种材料，我辈固得据以补正纸上之材料，亦得证明古书之某部分全为实录，即百家不雅训之言亦不无表示一面之事实。此二重证据法，惟在今日始得为之。虽古书之未得证明者，不能加以否定，而其已得证明者，不能不加以肯定：可断言也。"③这就是王国维提出的"二重证据法"，意思是说在作治学研究时，须已有文献与新材料两者兼备，相互证实，才可使用。否则材料单一，产生的孤证，往往得不出经得起检验的结论，发挥不出效益，更解决不了问题。当时重视新出土材料的学者被称为新派学者，他们往往对旧文献持怀疑态度。而旧文献派又拘泥于古代经典对新派学者持否定态度。王国维"不屈旧以就新，亦不绌新以从旧"④的二重证据法的提出，无疑为新旧两派的治学争论指出了正确方向。这也是王国维很多治学成果至今仍经得起检验，熠熠生辉的原因所在。

　　王国维是近代难得的学术人才，他一生嗜书如命、勤学奋进，对待学问

① 中国社会科学院考古研究所.殷墟的发现与研究［M］.北京：方志出版社，2007：6.

② 鲁迅.鲁迅全集：第2卷［M］.南京：江苏凤凰文艺出版社，2020：66-67.

③ 王国维.王国维讲考古学［M］.北京：团结出版社，2019：31.

④ 王国维.观堂集林：外二种［M］.2版.石家庄：河北教育出版社，2003：697.

一丝不苟、知行合一。他认为，学问没有新旧、中西、有用无用之分，只要去学总有新的发现和收获。他说："余毕生惟与书册为伴，故最爱而最难舍去者，亦惟此耳。"①他一生独创的读书方法和独有的读书经历，更是让后人敬佩有加。

---

① 叶嘉莹. 王国维及其文学批评［M］. 石家庄：河北教育出版社，1997：434.

鲁　迅 ///

　　鲁　迅（1881—1936），原名周树人，浙江绍兴人，中国现代著名文学家、思想家、革命家、教育家，新文化运动的重要参与者，中国现代文学的奠基者之一。

鲜明的目的性

　　鲁迅一生忘我读书，与书为伍。书籍不仅在他读书求知，构建宏伟文化思想体系过程中发挥了重要作用，也使其人生观、价值观、世界观得以改变，同时思想境界的提高又反过来引领了鲁迅的读书方向，让他的读书治学更有自主性、目的性、方向性，终成为世人瞩目的一代文豪。

　　古往今来，读书的目的有很多。学而优则仕，万般皆下品，唯有读书高，可谓中国封建社会数千年来普遍的信条。在古代，人们普遍认为读书是进入官场打开仕途的唯一路径。他们认为书中自有颜如玉，书中自有黄金屋，只要皓首穷经，发奋读书，便能有朝一日金榜高中、衣锦还乡、光宗耀祖、扬名显亲，进而实现自己梦寐以求的梦想。

　　荀子云："君子博学而日参省乎己，则知明而行无过矣。"韩愈也称："人之能为人，由腹有诗书。"在古人心目中，人当饱读诗书、认真做学问，自然能提升气质、摆脱愚昧，开智明思，以致胸罗星宿、才华卓绝，德厚行远。

他们认为读书做学问不可以只为丰厚的利禄，更重要的是学知识、求见识、长学问，修炼身心，涵养德行，建功立业，使自己成长为一个顶天立地、才华横溢、气场强大的真正的大人。

也有世外雅士读书不为功名利禄，也不为求知问学所拘牵，单纯以追求个人的情趣而读书。两耳不闻窗外事，兴致到了，即尽性读书、自享其乐、乐在其中。这类读书人往往以清高雅士自居，实际上他们是把求知与怡情当成兴趣，当成其读书的目的，当成修身养性的途径与方式。古代流传甚广的劝学诗《四时读书乐》可谓读书人为情趣而读的真实写照。

"山光照槛水绕廊，舞雩归咏春风香。

好鸟枝头亦朋友，落花水面皆文章。

蹉跎莫遣韶光老，人生唯有读书好。

……"①

春去冬来，寒来暑往，在读书人眼里，无论是春回大地、柳绿花红，还是骄阳似火、烈日炎炎，无论是秋高气爽、金桂飘香，还是千里冰封、万里雪飘，一年四季万物生息皆有无与伦比的乐趣与意境，同时每个季节的不同美景，也带给人非凡的读书雅趣。只要你心中有书，热爱读书，万物的变化都会与读书相映成趣、妙趣横生，读书成了人间第一等好事。因情趣而读书，可谓读书人所向往的精神家园，正是这些读书人的坚守与执着，才使得中华文化薪火相传，生生不息。

读书追求雅趣首先要有安定的社会环境作保障。在充满苦难与不幸的旧时代，这样理想的读书环境几乎难以找到。特别是近代以来，由于外国列强的侵略，政府的腐败无能，清政府已是苟延残喘、朝不保夕，老百姓更是民不聊生、苦不堪言。天下兴亡，匹夫有责。男儿当自强，热血男儿当"风声雨声读书声，声声入耳；家事国事天下事，事事关心"；为国分忧，为民解难，"能辅世长民，能经天纬地"方为中国读书人真正之读书方向，更是读书治学之终极目标。正如蔡元培所说："读书从浅近方面说，是要增加个人的知识和能力，预备在社会上做一个有用的人才；从远大的方面说，是要精研学理，对于社会、国家和人类作最有价值的贡献。"②

---

① 张岍.翁森集校注［M］.北京：现代出版社，2015：9.

② 张昌华.蔡元培文录［M］.北京：商务印书馆，2019：213.

与国家同呼吸共命运，心系天下，"我以我血荐轩辕"的鲁迅正是这样的读书人。鲁迅出生于1881年，其青少年时代，清王朝已是苟延残喘、日暮西山。1894年，日本挑起侵略中国的甲午战争，最终以清政府的惨败结束。随后，清政府被迫签定丧权辱国的《马关条约》。接着帝国主义又掀起了瓜分中国的狂潮。1900年，八国联军入侵中国，在列强的威逼下，清政府于1901年再签丧权辱国的《辛丑条约》。这时清政府已完全沦为帝国主义统治中国的工具，中国人民在帝国主义、封建主义的压迫下，处于水深火热之中。与此同时鲁迅的家庭也在社会动荡下突遭变故。昔日丰衣足食的家庭已是今非昔比，骤然沦落为贫困人家，这让鲁迅从小就对劳动人民有了深入了解。动荡的社会和残酷的现实，让善于观察、勤于思考的鲁迅对社会问题、人生问题，有了新的思索，对读书的目的也逐渐一步一步发生改变。他通过博览群书明白了很多道理，认识也不断提高，同时新思想又反过来引导鲁迅的读书方向，让鲁迅最终走向了读书救国的道路。

在南京读书时，鲁迅的读书观已逐渐与救国联系起来。1898年，满怀人生新希望的鲁迅离开家乡，考入了南京江南水师学堂。次年，因不满学校乌七八糟的校风，退学后又改入江南陆师学堂附设的矿路学堂。这期间，鲁迅回乡省亲，在母亲及叔辈们的"撺掇"下，参加了县考。考试结果，名列三图三十七。虽说县考顺利过关，但他还是毅然放弃了科举之路，来到矿路学堂。因为他事先了解到这个学堂不仅设置了很多自然和社会科学课程，而且办学宗旨带有鲜明的维新进步倾向。

那时，严复、林纾的译作如《天演论》《社会通诠》《群学肄言》《茶花女遗事》等风行一时，对于这些西学名作，嗜书如命的鲁迅几乎每本都看。鲁迅首次知道"赫胥黎""苏格拉底"，接触"物竞天择"等就是在矿路学堂学习时期。

这时期，鲁迅还通过梁启超任主笔的《时务报》阅读了大量改良维新文章，每当读到梁启超那笔锋常带情感的文字时，这个青年学子无不是热血沸腾、心潮澎湃。

在矿路学堂，鲁迅可以说是学习最刻苦的一个，学习成绩也是名列前茅。据张协和回忆，学堂为鼓励学生刻苦学习，以金银牌来激励学生。按规定四个三等银牌可换一个二等银牌，以此类推，四个二等银牌换一个三等金牌。勤奋好学的鲁迅是同学中唯一换得金牌的。

1902年1月，鲁迅在矿路学堂毕业。回顾三年多的学习生活，他觉得学到的知识还很浅显，虽说爬了几次桅，听了几年讲，下了几回矿洞，也学到些基础知识，但这些实在与他的理想还相距甚远，更谈不上用来救国救民、治国安邦了。他认为"所余的还只有一条路：到外国去"①。

1902年，鲁迅以优异的成绩考取了官费赴日留学，他的学习生活由此进入崭新的一页。这时，随着中国的资产阶级革命形势不断高涨，在日本东京云集了大批反清革命志士，其中大量留学生也参入其中。不久，章太炎、孙中山的到来更使革命形势空前高涨，留日学生为宣传反清革命思想先后创办《国民报》《江苏》等报刊，其间鲁迅也深受启发、备受鼓舞。

在日本弘文学院时，鲁迅除了孜孜不倦地学习语言等课内知识外，还开始大量接触介绍维新思想与革命思想的书刊。据周作人回忆，1903年鲁迅曾托南京的同学谢西园将一个装满书刊的皮箱带回故乡，其中有《西力东侵史》《朝鲜名家小说集》《译书汇编》《新民丛报》《清议报》《新小说》等。此外，鲁迅还常常写信给家人推荐严复译的西方政治、思想、法律等方面的著作以及其他先进书籍。其中1902年8月，鲁迅专门致信弟弟周作人向其推荐约翰·穆勒的《名学》一书。

另外，鲁迅还常穿梭于各会馆、书店及演讲场所等，参加当地留学生的聚会及一些革命活动。为表示革命决心，鲁迅毅然将发辫剪下，特拍断发照送与同乡好友许寿裳，并在相片背后写下著名的《自题小像》诗：

"灵台无计逃神矢，风雨如磐暗故园。

寄意寒星荃不察，我以我血荐轩辕。"②

誓把自己的鲜血奉献给祖国，为中华民族的解放而牺牲。这可以说是《呐喊》和《彷徨》的先声，也是鲁迅毕生奋斗的目标。随着知识量的剧增，以及大量革命理论的灌输，使他认识到清政府的愚昧和落后，要改变这一局面就要革命，反清就要首先唤醒沉睡的大众，可是以什么方法让民众警醒呢？他开始研究中国的"国民性"问题。经过反复思索，他的思想最终集中在三个相关联的问题：

一是怎样才是最理想的人性？二是中国国民性中最缺乏的是什么？三是

---

① 鲁迅.朝花夕拾［M］.成都：四川人民出版社，2017：58.

② 许寿裳.鲁迅传［M］.北京：东方出版社，2009：107.

它的病根何在？[①]

把祖国的前途命运同广大人民的思想觉悟联系起来考察，这些问题在当时已大大超出了学生的学习范畴。这让同为学生的许寿裳听后钦佩不已。

从弘文学院毕业后，1904年8月鲁迅赴仙台医学专门学校（以下简称"仙台医专"）学习。关于鲁迅学医的原因，他曾这样解释："我的梦很美满，预备卒业回来，救治像我父亲似的被误的病人的疾苦，战争时候便去当军医，一面又促进了国人对于维新的信仰。"[②]鲁迅曾建议同学厉绥之一起学医，他说："做医生不是为了赚钱，而是为劳苦同胞治病出力，清政府以民脂民膏给我们出国留学，我们应报答劳苦大众。"[③]

可见鲁迅学医的目的，旨在以新医学为民治病，从科学入手解决国民的顽疾，使之强身健体。就这样，鲁迅怀着学医救国的理想，于1904年9月来到仙台医专，开始了他的新一轮学习。在仙台医专，鲁迅依然努力、勤奋学习，并在此结识了令他终生难忘的老师藤野先生。藤野老师也对这个学校唯一的中国留学生多有关照。鲁迅对藤野老师印象极深，他说在他的老师中藤野先生是最让他感激和给他鼓励的一位。

出人意料的是，第二年鲁迅再次作出了换"专业"的决定。原因是在学医期间按课程安排需看一些幻灯片。其中一部幻灯片说的是中国人被日本军人当作俄国奸细斩首示众的事。当鲁迅看到同胞被斩时，周围不仅围满了中国人，而且全是麻木不仁无动于衷的样子，气愤至极的鲁迅彻底警醒了。

在事实面前，鲁迅认识到要治好同胞"呆子，坏呆子"的病，不是医学能解决问题的。他认为，当时中国的首要问题是人，物还在其次。要立国先立人，而立人的首要问题是精神上的觉醒与振奋。因此，必须给国民灌以思想之"猛药"，才能医治思想上的顽疾，才能使中华民族自强不息，使国家立于不败之地。

自此鲁迅毅然弃医从文，选择了文学艺术，以笔作为自己的战斗武器，以救国救民为己任，终生不懈。

---

① 许寿裳.亡友鲁迅印象记［M］.北京：当代世界出版社，2015：25.

② 鲍昌，邱文治.鲁迅年谱：上卷［M］.天津：天津人民出版社，1979：46.

③ 厉绥之.五十年前的学友——鲁迅先生［M］// 薛绥之.鲁迅生平史料汇编：第2辑.天津：天津人民出版社，1982：52-53.

众所周知，鲁迅在诗歌、散文、小说、杂文等方面样样精通，可为什么把大量时间与精力放在杂文创作上呢？这主要还是来自他的革命实践，他说杂文虽短，却如矛似箭、掷地有声、反击有力，非常适合当时革命斗争的需要。鲁迅亦有写长篇大作的规划设想，他曾有编写《中国文学史》的夙愿，也曾想以中国四代知识分子的发展构思一部长篇小说，可惜因时间的关系及革命斗争形势的紧迫，最终不得不放弃了这些设想。他说："我一个人不能样样都做到；在文化的意义上，长篇巨制自然重要的，但还有别人在；我是斩除荆棘的人，我还要杂感杂感下去……"①他认为社会批评的工作比制作鸿篇巨制更为急需，在短兵相接的斗争中，用灵活、迅速、如矛似箭的杂文等形式的文章去完成任务，远比用笨重的、费时间的长篇小说产生的效果要好得多。

杂文虽篇幅短小，但内容丰富、旗帜鲜明，话锋尖刻犀利。特别是鲁迅的杂文非简单的政论性文章，不但内容丰富，而且通过敏锐的观察、甄别、分析各种社会现象，由表及里、由此及彼、剔肤见骨、发微显隐，往往从习以为常的事情中，发现不平常的问题，总结出发人深思的道理；或以传神之笔描绘出人生百态、众生万象，论争性、艺术性、战斗性兼备，从而让读者耳目一新、大饱眼福。故鲁迅说："人家说这些短文就值得如许花边，殊不知我这些文章虽然短，是绞了许多脑汁，把他锻炼成极精锐的一击……是并不随便的。"②

---

① 冯雪峰. 鲁迅先生计划而未完成的著作——片断回忆［M］// 张新颖. 鲁迅印象. 上海：学林出版社，1997：152-157.

② 许广平. 我与鲁迅［M］. 南京：江苏凤凰文艺出版社，2019：110.

　　知彼知己，才能百战不殆。为了及时了解斗争形势，写好杂文，鲁迅每天要阅读大量报刊，遇到有用的材料便将其剪下来。在上海鲁迅博物馆珍藏着鲁迅一本剪报集，资料主要是由1928年至1938年上海出版的《申报》《时势新报》《新闻报》《大晚报》等报纸剪贴而成，内容多集中于国民党反动派诋毁、打击、迫害文化进步人士的报道文章以及攻击鲁迅本人的文章。由于鲁迅博览群书，对于古今中外图书特别是哲学、政治、历史、文学等皆有广泛涉猎。丰富的知识，为鲁迅的杂文创作提供了源源不断的素材。鲁迅通常以报纸中的材料为信息，作为刺激灵感突现的导火索；以古今中外的知识为反击证据，通过其犀利的眼光，敏锐的观察力，很快找出对方薄弱环节与弱点，抓住时机，当机立断，将对方搏得体无完肤、落荒而逃。如1933年出版的《准风月谈》和《伪自由书》的后记，文章以其人之道，还治其人之身，数万言的文章，其中引用报纸上的文章就占了很大篇幅，然后用只言片语就直戳对方痛处，将其老底戳穿。故郁达夫称赞鲁迅的文体简练得像一把匕首，"能以寸铁杀人，一刀见血"[①]。由此来看，鲁迅杂文的成功反映了其深厚的文学功底，更是与鲁迅以此为目的的大量阅读分不开的。

　　俄国十月革命一声炮响为中国送来了马克思列宁主义（以下简称马列主义），特别是五四运动爆发后，揭开了新民主主义革命的序幕，中国无产阶级登上历史舞台。这时鲁迅开始接触马列主义著作，通过学习马列主义理论，其心中的许多疑团逐渐消失，思想中的纠葛也很快迎刃而解，他看到了进化论的偏颇，感觉到了尼采的渺茫，明白了中国资产阶级的软弱性和妥协性。从此鲁迅坚定地站到了共产主义立场上。为了不断充实自己的理论水平，提高自己的实际斗争经验，鲁迅开始主动阅读马列主义著作。据《鲁迅日记·书帐》记载，1927年前鲁迅阅读的马列著作有《艺术与无产阶级》《苏联革命后的文学》《托尔斯泰和马克思》等。1927年，他又通过刊物阅读摘译摘引了马克思的《法兰西内战》，恩格斯的《共产主义原理》，斯大林的《论列宁》，毛泽东的《中国社会各阶级的分析》《湖南农民运动考察报告》等。在1928年的鲁迅书帐中该类图书更是突然激增，在224笔书帐中，其中马列类及苏联建设著作达到60多笔，占总数的1/4多。难能可贵的是，鲁迅通过研究马列著作中的立场、观点、经验、做法，并结合自己的革命斗争实

---

　　① 陈子善，王自立.郁达夫忆鲁迅［M］.广州：花城出版社，1982：9.

际，很快让他对革命的理解一下子提升到了一个新境界。他说："马克思主义是最明快的哲学，许多以前认为很纠缠不清的问题，用马克思主义的观点一看，就明白了。"①把马克思主义同中国革命相结合，也让鲁迅真正成为一名共产主义战士。

鲁迅一生的读书都具有鲜明的目的性，无论是学医还是弃医学文，无论是创作杂文还是晚年学习马列主义等革命著作，都是以民族的振兴为最终目的。也正是围绕这一目的，鲁迅发奋读书，不断提高自我，成为人人景仰的中国文化革命的主将，成为伟大的文学家、思想家、革命家，为中国革命做出了突出贡献。

人生的发展首先要有理想和目标。人生失去了理想和目标就像船失去了舵，在大海中迷失了方向，时刻都有翻船触礁的危险。读书也要有目的，自古以来，读书目的有很多，到底哪个目的才是最重要的，鲁迅读书救国的鲜明目的可谓我们学习的榜样。这样的读书才最有价值，最有意义，最值得学习借鉴。

读书既要有"狠劲"，还要把书读"活"

读书学习既容易也难。社会上读书学习的人很多，但真正取得成功，出类拔萃的人却很少。这是因为读书学习并非像柳荫下话家常，江堤上闲庭信步那样轻松自在。有的人或怨板凳太硬，或觉得灯光太暗，或因为蚊子太多，或怪外面噪声大，不读书的理由总是无处不在。与古人的四时读书乐不同的是，他们认为春天不是读书天，夏日炎炎最好眠，等到秋来冬又至，不如等待到来年。最终结果是到老一场空，一无所获。

世上无难事，只要肯登攀；铁杵磨成针，功到自然成。鲁迅认为读书学习只摆花架子，许心愿，说豪言壮语，而无狠劲，怕下死功夫，要么一无所获，颗粒无收，要么只得些肤浅的皮毛知识，更不能对社会有所贡献。"无论

---

① 童炽昌.鲁迅勤奋录［M］.银川：宁夏人民出版社，1981：89.

什么事，如果继续收集材料，积之十年，总可成一学者。"①只有具备脚踏实地，攻坚克难的精神，才能攻无不克，战无不胜，最终成为于社会有用之才。

"书山有路勤为径，学海无涯苦作舟"，可谓读书人最好的座右铭，鲁迅便是这样身体力行的。1920年5月4日，鲁迅在给学生宋崇义的信中讲到苦学与爱国的关系，他说："仆以为一无根柢学问，爱国之类，俱是空谈；现在要图，实只在熬苦求学，惜此又非今之学者所乐闻也。"②鲁迅的话旨在告之天下读书人，若要求得爱国的"根柢学问"，非勤学苦读，别无它法。

鲁迅的童年和大多数孩童一样充满了无限趣味。他爱听故事、看社戏，也喜欢捉虫子、逮麻雀、爬树等游戏，上课时，他也有走神的时候，而且喜欢看"闲书"、描图像。接下来发生的一件事对他触动很深，让他从此立志专心于读书学习，直至终身。

鲁迅在三味书屋读书时，家境已是每况愈下。尤其是在父亲生病后，作为家中的长子，鲁迅为了给母亲分忧，便主动承担了很多家务活。一天，鲁迅因干家务活，上学迟到了，受到了老师寿镜吾的批评。虽然鲁迅心里冤屈，但他一句解释的话也没说。为了警醒自己，他在书桌右下角刻下一个"早"字。此后，鲁迅学习更加刻苦，无论多忙，再没有迟到过。

绍兴鲁迅读书处三味书屋

鲁迅读书刻苦勤奋的事例不止如此。他在南京江南陆师学堂学习时，由于他勤奋好学成绩优异，荣获一枚学校颁发的金质奖章。鲁迅并未将此金质奖章视若至宝而珍藏起来，反而立刻将其卖掉后买了几本书和红辣椒。为什么要买红辣椒呢，原来鲁迅由于家境贫寒，以致仅穿夹衣过冬，虽有件棉袍，但棉袍中的棉絮也少得可怜，两肩部更是几乎没有一点棉絮了。于是他就想了一个御寒的办法，每当夜读寒冷难耐时，他就把辣椒放在嘴里嚼，等辣椒把他辣得满头冒汗，身体发热时，再接着读书。

世人皆知，鲁迅是一位天才的思想家、文学家，可是鲁迅从不承认自己是天才。他称，哪里有天才，我是把别人喝咖啡的工夫都用在工作上的。

---

① 许广平.我与鲁迅［M］.南京：江苏凤凰文艺出版社，2019：203.

② 何锡章.鲁迅读书生涯［M］.修订版.武汉：长江文艺出版社，2000：192.

鲁迅对时间抓得很紧，即使再忙也要挤出时间去看书写作，从不放过一分一秒的时间。他就像一台机器从年头到年尾飞转不停，即使逢年过节也不例外。鲁迅说："什么是休息，我是不懂得的，怎样娱乐，我也全不会的。"①许寿裳说，鲁迅在日本学习时，很少出去游玩，其中有一次去看樱花，还是因为顺便到南江堂去购书鲁迅才答应一起前行的。鲁迅曾在杭州工作过一年，据载，这期间他也仅仅游览过一次西湖，还是应许寿裳之邀而去的。他仿佛对西湖的美景没什么感觉，什么美如图画的"平湖秋月""三潭印月"，在他看来，平平而已；世人誉为美人的"保俶塔"，如醉汉的"雷峰塔"，在他眼中，也同样是平平而已、不过如此。鲁迅在上海时，萧红见他工作起来常常是通宵达旦，担心其身体吃不消，便劝他到公园休息一下。尽管萧红想方设法百般启发，也没有使鲁迅成行，哪怕是离家很近的虹口公园鲁迅也没去过。

其实鲁迅并不缺乏审美能力，他认为时间宝贵，需要做的工作都忙不过来，哪能再花费时间去游山玩水呢。鲁迅也休息，他的休息，可谓别具一格，既不是听音乐到公园散步，也不是在床上睡觉，他觉得坐在椅子上浏览下书就是最好的休息。

鲁迅经常熬夜。他白天除了要参加各种社会活动外，还要忙于各种书刊的编辑，帮助来访的文学青年等，一天忙得不可开交。通常每天闲暇时，已是夜深人静了，这时鲁迅才开始静下心来忙自己的写作。据夏丏尊回忆，鲁迅在杭州教书时，几乎每夜都看书写作，是同事中晚上最忙的一个。为了能熬夜读书，鲁迅有两样必备的"粮"：一是强盗牌香烟；二是头条糕。服侍他的斋夫陈福，通常在晚上摇寝铃时，将这两样"粮"送来，周六的晚上备得更足。鲁迅与许寿裳在中山大学任教时，二人同居一室。据许寿裳回忆，晚餐后，来拜访鲁迅的宾客经常是络绎不绝。客散之后，已是近十一时，这时鲁迅才开始写作，通宵夜战是常有的事，经常直到许寿裳第二天起床时，鲁迅还在灯下奋笔疾书。《铸剑》等名篇便是这样写成的。

鲁迅在上海的10年，也就是1927年至1936年间，由于日本帝国主义的不断入侵，国内局势跌宕起伏。同时社会上封建余毒弥漫，反动势力更加猖獗，文坛上也是一片浅薄虚伪、乌烟瘴气。为了整个中华民族的解放和进

① 何锡章.鲁迅读书生涯［M］.修订版.武汉：长江文艺出版社，2000：193.

步，鲁迅义无反顾、身先士卒地拿起手中的笔，投入到轰轰烈烈的文艺战斗中去。战斗的激烈形势使得鲁迅在著译方面的工作更加繁重而艰巨，晚上的创作也是备尝辛苦，通宵达旦是常有的事。

巧合的是，20世纪30年代鲁迅寓居上海时，其居所旁住着我国另一位文学巨匠茅盾，两家隔街对窗而望，卧室两楼相对。当时茅盾正创作《追求》，常深夜失眠，遥望对楼鲁迅，亦深夜灯火通明，不禁喟然叹曰："亦有失眠似鲁迅，不独失眠是茅盾。"[①]鲁迅的学生、日本学者增田涉在上海求学时，曾在凌晨两点路过鲁迅的居所，只见别的窗户里灯都已熄灭了，只有鲁迅房间的灯依然亮着。没想到像鲁迅这样著作等身的大家，都已50多岁的人啦，还是那样勤奋，这让增田涉很是感动。他不禁暗自责道，相比之下，自己年纪轻轻，更不应该有任何懒惰的理由。

鲁迅说："读死书会变成书呆子，甚至于成为书橱。"[②] "读死书是害己，一开口就害人。"[③]读书必要有狠劲，能下死功夫，但不能死读书。所谓读死书，死读书，就是一味不加思索地念本本，以为书中的知识天经地义，绝对正确，没有将书中的知识与现实中的社会、现实中的人、现实中的生产实践活动熔为一炉，化为一体，只是不知对错地机械读书而已。其结果正如叔本华所言，脑中尽给别人来任意跑马，结果把原有的认知体系也打乱了。日久天长，这样的读书人必变成书呆子。所以书一定要读活，才能真正理解其中的要义，为我所用。那么如何才能把书读活，并做到活学活用呢。

书籍虽然记载了人类认识世界、改造世界的知识，但世界万物是不断发展变化的，因此说知识经验是有一定实效性的，更何况著书人的水平参差不齐，人的认识也有高有低，彼时的知识经验，不一定能够适用于此时的社会实践，此时的认识也不一定适用于彼时的实践。这就需要读书时一定要把书中的知识与现实生活紧密相连，多用耳熟能详的、发生在身边的实践活动去检验书中的观点、方法、认识，这样才能认识书中知识的正确与错误，才能去粗取精、去伪存真，把真知识活学活用到自己的生产实践中去，并进一步去指导实践。

① 章衣萍.章衣萍集：随笔三种及其他［M］.上海：汉语大词典出版社，1993：12.
② 鲁迅.拿来主义［M］.成都：四川人民出版社，2017：163.
③ 鲁迅.拿来主义［M］.成都：四川人民出版社，2017：164.

　　鲁迅看书很注意与实践相结合。他非常喜欢大自然，对花草树木方面的书尤其钟爱，不但看得入神，而且还要反复揣摩研究。一天他看到《花镜》一书，这是一本专门介绍种花养花的读物，即刻手不释卷，忘我读起来。他见书中有一段关于映山红的文字：映山红，此花仅适合山中生长，即使移至家中种养，也须用山土来栽培。鲁迅看后有些将信将疑，为了验证书中说法，他从山上挖了几棵映山红栽在家中，经过试验，他发现山土与映山红在家中栽培能否成活没有必然联系，因为映山红对土壤干湿极为讲究，浇水多少对花的成活至关重要。于是，他在《花镜》映山红一节下一丝不苟地写道：花木喜燥，不宜多浇，不用山土亦能成活。一天，读书休息时的鲁迅忽然听到街上喊道："磨镜呵——磨剪刀呵。"鲁迅知道这是街上做磨剪刀生意人的吆喝声，可是仔细一听，心中便打了个问号：本是磨剪刀生意，怎么前面先吆喝磨镜呵？他就出来问吆喝磨剪刀的，磨剪刀的说，他也不知道为什么要这样喊，只是世世代代都是这样喊而已。为了弄明白这个事，鲁迅回到家中苦思冥想，突然他想起以前看过的一本书中曾记有，古时候没有现在的玻璃镜，当时的镜子都是用铜或其他金属所制，时间长了看不清楚了，就需要磨一下，越磨越亮，当时做磨镜子的这一行，也同时磨剪刀。现在虽不用磨镜子了，可依然沿用了过去的吆喝法。

　　古语云："学于思，起于疑"，好学好思好问才能获得真知灼见。书中的知识不可能一读就能领会。生活中也存在着很多疑问，小疑问后面可能透露出一个大道理。思维都是由问题引起的，人的智慧就是在不断发现问题、解决问题中一点一点得来的。鲁迅指出，单纯关在玻璃窗内作文章是不行的。因此说，我们读书时有了疑问就要毅然走出玻璃窗，来到现实生活中，把书本知识与实际生活有机联系起来，找出其中的内在联系，相信这样定会比机械地读书更有意义。

读书要学会思考分析

　　古人云"俯而读，仰而思"，意思是说，读书的同时要思考，又云："学而不思则罔"，意思是只读而不思考就会糊涂。因此，要改变读死书，死读书状态，必须自己的事情自己做主，读书时要用辩证的思维去认真思考、甄别、分析书中内容，学会去粗取精，去伪存真，不能盲从，人云亦云。所以鲁迅主张看书要尽可能看原著，不要盲目看书评。

鲁迅说对待书评，即使是名人撰写的书评，也不要以为批评家对于创作有操生杀之大权，是绝对是之，而要用辩证的眼光去看待。因为书评本是书评人对原书思考后作的评论，主观色彩浓厚，往往"怕自己的立论不周密，便主张主观，有时怕自己的观察别人不看重，又主张客观；有时说自己的作文的根柢全是同情，有时将校对者骂得一文不值"[①]。所以说书评中的内容有好多是靠不住，站不住脚的。这样的书评往往脱离原著内容，让人越看越糊涂。鲁迅为此又特举例说明，说一个老翁与孩子用毛驴拖货去卖，货物售完后，老人便让孩子骑驴上，自己随后跟着走。路人见此情景，责备孩子不懂事，让老人徒步。于是他们连忙换了位置继续前行，这时路人又说老人狠心，不顾孩子自己坐驴上。于是老人又将孩子抱于鞍鞯上，二人共同骑驴而行。后来看见他们的人又说他们对驴太残酷。没办法，二人只好都下来，没成想路人又笑他们有现成的驴不骑，脑子有问题。最后，二人想只有一个办法可行，那就是共同抬驴而行。二人与驴的故事说明，人往往一人一个眼光，看完书评后最好看一下原著。

但看原著也不要尽信书，要有自己的思考，要有辨别好坏、真伪的惯性思维才行。鲁迅说人们一讲到《三国演义》中的曹操，便联想到戏台上那个白脸，凶狠狡诈的奸臣形象。由于《三国演义》是小说，书中人物形象已按罗贯中的安排脸谱化，很多人物形象的描写要服从小说所反映的中心思想，这样小说中的曹操与历史上的真实形象就有很大区别，至少不是像《三国演义》中所说的乱世奸雄的样子，而《三国志》对曹操的描写就客观一些。其实历史上有好多记载与历史事实是有出入的。其真伪的判断与各朝代存在时间长短有很大关系。一般朝代存在时间长点的，记载的好人就多；朝代存在时间短点的，记载的好人就少。原因在于，朝代存在长了，做史的一般为本朝人，碍于人事等原因的影响，大多对本朝人持恭维态度。而存在时间短的朝代则不同，做史的大多为别朝人，他们没有思想顾虑又可毫无顾忌地贬斥前朝人物。所以说，秦朝时间短，记载的好人就不多，曹操所处的三国时期

---

① 鲁迅.热风·而已集［M］.沈阳：万卷出版公司，2015：120.

在历史上也极为短暂，自然容易被人妄言非议。作为读书人一定要对这些常见现象有所了解，对书中的知识要有分析判断，否则极易被书中内容所误导，犯形而上学的错误。倘若只机械地看书，便变成书橱，即使觉得趣味横生，其实那趣味已逐渐老化，没有生命力了。

读书要注意比较和参读

读书求知的过程，就是通过阅读，认知、理解、吸收、消化书中的知识的过程。由于受各时代作者知识水平的局限性，书中记载的知识与思想，不可能是绝对正确的，书中存在知识错误、思想缺陷也是在所难免的。后人读书时就要对书中内容进行分析、甄别、比较、参照后才能分清正误，合理地将别人的知识思想转化为自己的东西。汉代刘向说："书犹药也，善读之可以医愚。"不善读的，不加分析比较，一味多多益善，毒药、恶草也一同收纳，往往会上当受骗，越读越糊涂，越读越迷茫。因此读书时运用已有知识，对书中内容进行比较、参照，然后取舍，至关重要。

鲁迅在读书过程中十分注重比较、参读方法的运用，因此总能轻松找出书中的精髓，从而收获连连。他说只有到广东实地吃过荔枝，才知道过去的干荔枝、荔枝罐头、陈年荔枝的味道与鲜荔枝相差甚远。不怕不识货，就怕货比货，真的假的一比较便真相大白。他指出如何才能识别可能让人上当受骗的书，如何才能识别书中内容的真伪，"治法是多翻，翻来翻去，一多翻，就有比较，比较是医治受骗的好方子"[1]。他又举例说硫化铜与金虽说外表相似，但要鉴别也很容易，只要用手掂掂轻重，事实自然就清楚了。

由于鲁迅深谙比较读书法的益处，因此他极力主张青年学生也要用此方法读书。鲁迅说即使与自己意见相反的书，也有读的必要性。他说："讲扶乩的书，讲婊子的书，倘有机会遇见，不要皱起眉头，显示憎厌之状，也可以翻一翻；明知道和自己意见相反的书，已经过时的书，也用一样的办法。"[2]

---

① 鲁迅.朝花夕拾 [M].北京：中国言实出版社，2016：182.
② 鲁迅.朝花夕拾 [M].北京：中国言实出版社，2016：181-182.

鲁迅曾以清朝初期杨光先的《不得已》举例说明，因为鲁迅当时所处时期复古之风正有死灰复燃之势。而杨氏《不得已》一书所透露出的排外和拒绝科学的思想行为，与当时的复古思想可谓异曲同工。鲁迅强调读《不得已》一书，旨在把该书的思想与当时的复古行为作比较分析，找出二者的渊源，进而梳理出这种落后思潮仍源源不绝的思想基础。复古的原因自然显而易见，彰明较著。青年人也不必为这种思想所迷惑并上当受骗了。

读书的同时参考查阅与此相关的资料，对读书同样受益匪浅。这种参读法是与比较阅读法同等重要的读书方法。如欲研究某作家，除细读该作家的作品外，与该作家相关的传记、书评、年谱，以及作家所处时期的政治、经济、历史、文化等知识也要作一定研究，也就是说，在研究作品的同时还要参考作家及其作品的侧面知识、背景知识等，这样得来的研究成果，定会全面到位，不留遗憾。鲁迅读书时，也很注意相关知识的参考。他说："倘要看看文艺作品呢，则先看几种名家的选本，从中觉得谁的作品自己最爱看，然后再看这一个作者的专集，然后再从文学史上看看他在史上的位置；倘要知道得更详细，就看一两本这人的传记，那便可以大略了解了。"[①]鲁迅尤其喜爱看作者文集中有关他人的文字介绍，他认为这是现成的参读比较，是很重要的参读材料，一定要仔细研读。

读书要博专相济

鲁迅有篇著名的读书文章——《随便翻翻》。他认为青年人要想学好文化知识，必须多读书，凡课本教材以及中外名著都要学深学透。他又说要做对社会有用之人，仅熟习学校规定的教学内容是远远不够的，必须掌握丰富的科学文化知识。读书破万卷，下笔如有神，开卷有益。须要像蜜蜂一样，采过许多花，才能酿出蜜来，如果仅吸一朵，所得的就非常有限。因此鲁迅主张要泛览，才能知识渊博，才能识得百家之长，才能高屋建瓴，求得真知。

他反对青年只将课内的书紧紧抱住，在"应做的功课已完而有余暇，大

---

① 鲁迅.热风·而已集［M］.沈阳：万卷出版公司，2015：119.

可以看看各样的书，即使和本业毫不相干的，也要泛览。譬如学理科的，偏看看文学书，学文学的，偏看看科学书。看看别个在那里研究的，究竟是怎么一回事。这样子，对于别人、别事，可以有更深的了解。"①他认为泛读，往往可以有意外收获，给自己的研究带来启发与帮助作用。在这里泛览带有侦察的作用，通过侦察获悉各学科研究的进展与程度、优势与不足等，从而根据自己的优势确定研究方向。另外，从知识结构的角度来说，各门科学都有或紧或松，或亲或疏，或隐或现的联系。年轻人如果仅局限于某一学科的研究，反而失去了研究上的由此及彼、举一反三、触类旁通的通道，自己的研究兴趣也大大降低，甚至让自己陷于知识的孤岛上。

鲁迅说"先前的文学青年，往往厌恶数学、理化、史地、生物学，以为这些都无足重轻，后来变成连常识也没有，研究文学固然不明白，自己做起文章来也胡涂，所以我希望你们不要放开科学，一味钻在文学里。"②学理科的也是同样道理，不一味钻研数理化，不知马克思，不沾文、史、哲。独蹴一隅，偏啖一食，不会结出硕果，"用秕谷来养青年，是决不会壮大的，将来的成就，且更要渺小。"③都会恶循恶报，由聋而哑。

鲁迅一生勤奋读书，广求博采，涉猎广泛，无论是自然科学、社会科学，还是哲学、宗教等，他都广泛涉猎，大脑记忆之多如知识的海洋。据金纲编著的《鲁迅读过的书》载，鲁迅一生寓目、阅读过的书籍，有国学书籍1552种、现代书籍496种、西学书籍1189种、综合书籍996种，共计4233种。

大量阅读让鲁迅获得了丰富的知识素养，同时锻炼了思想，让眼光更加富有敏锐性，穿透力，一支"铁笔"总是发前人未发之覆，创作了大量人民喜爱的作品。鲁迅不仅是一位高产作家，而且涉及的领域也很广泛。不仅在文学创作、文学批评、文学史研究等方面独树一帜、影响巨大，而且在翻译、艺术创作、古籍校勘等多个方面也作出了重大贡献。另外，他在地质科学方面也多有建树，出版的著作有《中国地质略论》《中国矿产志》，特别是他1906年撰写的《中国矿物志》一书，影响较大，被清政府学部列为中学堂参考书，并多次再版。鲁迅一生作品收入于《鲁迅全集》，全书约700万字，

---

① 鲁迅.鲁迅杂文选读［M］.武汉：长江文艺出版社，2021：97.

② 李新宇，周海婴.鲁迅大全集：10［M］.武汉：长江文艺出版社，2011：112.

③ 李新宇，周海婴.鲁迅大全集：7［M］.武汉：长江文艺出版社，2011：51.

内容宏富、研究广泛，其中小说、散文、杂文、诗歌、校记等就有一千多篇，谈到的中外名著有一万多部（篇），涉及的古今中外人物也有五千多个，政治家、思想家、科学家、文学家、艺术家等应有尽有。难怪他的作品被誉为"当之无愧的中国近代社会的百科全书"①。

日本学者增田涉对读书广博的鲁迅也是佩服得五体投地。他说，一次鲁迅先生来到他的寓所，看到墙壁上挂着的绘有西洋男女街头相会图案的葛布兰式壁毯后说，图案的内容是但丁初次看见比阿特里邱的情景。（按：比阿特里邱是古代意大利诗人但丁的诗集《新生》里歌颂的女性）增田涉听后大吃一惊，他本以为这也就是一幅普通的装饰画，没想到画面里的内容竟出自但丁的作品。

鲁迅不仅自己博览群书，还经常教诲学生也要广收博览，扩大阅读范围。学生李霁野回忆鲁迅说："他曾谆谆的教导我们，读书的范围要比较广，不应该只限于文艺作品，哲学、心理学、社会科学的书籍也要选读，使自己有比较丰富的常识……"②学生俞荻对此也是记忆犹新："他常对我说，不但要读中国的好书，也要读外国的好书，并且科学书籍也要多浏览，不要仅仅抱住目下流行的时髦书。"③

其实鲁迅强调知识广博，并非要忽视专精，而是要由博返约，由杂返精。广泛读书，大量吸收知识，开阔思维，提高眼界，并不是最终目的。目的在于为专精打下基础，以博览促专精，为专精提供源源不断的外围知识，让专精工作深入进行下去。鲁迅说一个人能力有限，不能样样都搞，"若专心搞一门，写小说写十年，做诗做十年，学画学十年，总有成就的"④。

实事求是地说，人非圣贤，人的能力是有限的，过于讲究知识广博性，只会在书海中漫游，蜻蜓点水般学习，几年过后，变得什么都懂点，但什么都不精，就如一"万金油"，尽是些"油滑学问"。而只注重专精，也会造成眼界狭隘，思想片面，走极端的现象。真正的读书应将广博与专精有机结合起来，以博促专，让知识与思想发挥出最大能量。

鲁迅读书治学可谓广博与专精结合的典范。据载鲁迅一生阅读古籍两千

① 李泽厚.中国思想史论三部曲［M］.天津：天津社会科学院出版社，2007：317.
② 上海教育出版社.回忆鲁迅资料辑录［M］.上海：上海教育出版社，1980：101.
③ 何锡章.鲁迅读书生涯［M］.修订版.武汉：长江文艺出版社，2000：220.
④ 李新宇，周海婴.鲁迅大全集：10［M］.武汉：长江文艺出版社，2011：359.

余部，鲁迅读过的古籍版本很多现在已很难见到，但大都留下了阅读心得，其中有的讲内容，有的谈版本，有的说艺术特色，有的是研究考证。正是在这个阅读过程中，让他对古代小说发生研究兴趣，经过精读考证，并最终完成了《古小说钩沉》《唐宋传奇集》《小说旧闻钞》的编纂工作。这也可以说是读书由博到精的经典过程。

世人皆知鲁迅最擅长的文体是杂文，他的杂文通过巧妙运用各种知识，不仅具有丰富的知识性、可读性，而且生动形象，思想深刻，往往带来极强的战斗性与渲染力，给读者以强大的震撼。其中科学知识在鲁迅杂文中有着丰富的表现。

鲁迅非常喜欢自然科学，他学过医学、矿物学，也对生物学、化学、物理学有过研究。鲁迅通常将科学知识植入杂文中，使得政治思想、科学知识、文学有机结合，融为一体，相得益彰，让文章焕发出强大说服力和战斗力。鲁迅虽然学医时间不长，但他的作品对医学术语的借用可谓屡见不鲜。他有句名言"我的确时时解剖别人，然而更多的是更无情面地解剖我自己"。"解剖"一词的巧妙运用，生动形象地说明鲁迅对自己思想要求之严格，"解剖"本是一医学术语，指用特制工具将生命体打开，以了解病情真相。鲁迅文中解剖的运用更加强调了自我反省，挖出病根的力度与深度，体现了鲁迅探求事物原因本质的决心。《狂人日记》是鲁迅向封建礼教吃人本质发出的一声呐喊，是我国现代文学史上第一篇白话小说。小说借被迫害者狂人之口，强烈控诉了封建礼教和封建宗法制度的罪恶。鲁迅将狂人形容患有"迫害狂"病症的知识分子，使作品更是锦上添花。"迫害狂"是人由于长期遭受精神刺激而引起的精神失常的一种病症的医学称谓，也称"被迫害妄想症"。鲁迅将此类病人的病理特征，与自己对社会的理解认识联系在一起，以狂人失常的言行和幻觉表现出来，针针见血地透露出发人深省的深刻意义。物理学知识也是鲁迅杂文中的常客，他在《随便翻翻》一文中针对青年面对复杂事物，易被社会现象蒙蔽，如何识别真相，辨别真假的问题，特用物理学上的比重来鉴别硫化铜与真金的办法举例说明，他说人们常将硫化铜与真金混为一谈，其实鉴别办法很简单，如果遇到一点真的金矿，只要用手掂一掂轻重，他就彻底明白了。鲁迅还在《文学和出汗》一文中运用生物学进化论理论，以人类由猿到人的生物史实痛斥那种超时代的"永久不变的人性"。在《春末闲谈》中以细腰蜂的生活习性，形象揭露了历代统治者"愚民政策"

的本质特征。

　　鲁迅杂文中运用科学知识的事例不胜枚举，鲁迅整个作品中对各科知识的引用更是数不胜数。它们的出现不仅为鲁迅作品起到了充盈血肉、增色添彩的作用，而且让文章更加生动形象，富有艺术感染力，从而使作品成为一读再读的传世名篇。鲁迅作品的成功，更加验证了知识广博与专精的关系，广博并不是读书的最终目的，以广博的知识拓展思路、丰富视野，由广博向专精发展，以广博来促进专精，才是读书治学的最终目的。

黄 侃 ///

黄 侃（1886—1935），字季刚，自号量守居士，湖北蕲春县人，近代著名音韵训诂学家、文学家。

读书刻苦且有恒心

读书离不开勤奋与刻苦，古今中外的大学者莫不如此。学生陆宗达回忆老师黄侃说："人们都说勤能补拙，而季刚先生却是既敏且勤的典范，他在学术上的成就怎能不深呢？"[①]黄侃的妻子黄菊英更是深有感触，她说："季刚勤学苦思的读书精神是惊人的。他每日清晨五时开始看书，从不间断，晚上坚持写日记，作札记，直至十一二点钟……"[②]1915年，黄侃在北京大学讲国学课程时，每当授课完毕，便一头扎进自己的住处继续研究他钟爱的国学。他在吃饭时也不肯出门，认为这是浪费时间，所以只准备了馒头和辣椒、酱油等，摆在书桌上，要是饿了便啃馒头，一边吃一边读书。有一次，

---

① 陆宗达. 季刚先生二三事［M］//程千帆，唐文. 量守庐学记：黄侃的生平和学术. 2版. 北京：生活·读书·新知三联书店，2006：117-121.

② 黄菊英. 我的丈夫——国学大师黄季刚［M］//张晖. 量守庐学记续编：黄侃的生平和学术. 北京：生活·读书·新知三联书店，2006：16-18.

由于看书太入迷，黄侃竟把馒头蘸进了墨汁盒中，吃了多时，也未感觉到什么不同，以至于墨汁将自己涂成了大花脸。这时恰巧一位好友来访，看见这一幕后，禁不住捧腹大笑起来，可黄侃还不知道朋友在笑他什么。

黄侃在南京中央大学和金陵大学执教期间，其寓舍坐落于鸡鸣山下的大石桥四号。他的学生武酉山回忆说，每晚打老师家墙外路过，都可见从绿纱窗里透出来的荧荧灯光，那正是老师夜以继日读书的时候。有一次，他在黄昏时去老师家，屋里已点起高脚美孚灯，见把眼镜移到眉毛上的老师黄侃正在埋头写小楷批注。黄侃虽高度近视，但写的小楷仍大小均匀，工工整整，一种敬佩之情不禁油然而生。

做任何事情都要有自律性，三天打鱼两天晒网终究一事无成。黄侃自幼聪明伶俐，颖悟过人，被乡人称为神童。父亲黄云鹄知道后反而作书诫之曰："尔负圣童之誉，须时时策励自己，古人爱惜分阴，勿谓年少，转瞬即壮老矣。读经之外，或借诗文以活天趣，亦不可忽。"[①]自此，黄云鹄教子更加严格。黄侃的母亲恐黄侃读书吃不了苦，曾问黄侃："汝亦知求生之道乎？"黄侃则慨然答道："读书而已。"

儿时的读书经历，让黄侃一生都保持了良好的读书习惯。在《黄侃日记》中读书治学便占了很大篇幅，从这些记载可以看出黄侃即使到了青年时期，成了知名教授，平日的读书学习仍然都有既定计划，严定日程，条理秩然。日记中既有日课、改定日课的记载，也有因事缺读而写下的荒课、旷课、缺课、妨课等记录，足见其对自己读书要求之严格。平时一旦因事耽误了当天的读书，顿觉得是莫大憾事，后悔不已。这时他便记下："假日，终日有人来。不能读书，甚苦。""客多，无暇看书，此日可惜。""连日酬应，束书不观，为损殊巨，今当竫摄。"[②]

每当悠然自得地读一天书，这时感到浑身神清气爽，快乐无比的黄侃又写下："竟日得读书，最乐。""今日所览特多，可快也。""此日无来客，无来

① 王庆元. 黄季刚先生年表 ［M］// 武汉老龄科学研究院，武汉成才大学. 黄侃纪念文集. 武汉：湖北人民出版社，1989：174-185.

② 卞孝萱. 读《黄侃日记》［M］// 张晖. 量守庐学记续编：黄侃的生平和学术. 北京：生活·读书·新知三联书店，2006：262-289.

书，故得专心诵览。""竟日从容诵读，殊可乐也。"①字里行间充满了愉快和喜悦。

黄侃读书最烦"杀书头"，即读书时在首册只圈点了几页，便停止了。他说这种读书没常性的人，一定读不好书。黄侃的这种读书习惯可谓保持了终生。病重时的黄侃，读书仍孜孜不倦、一丝不苟，当时点阅的《唐文粹补编》，尚余一卷未读，他自叹道："生平笑人'杀书头'，毋令人笑我也。"②于是一面吐着血，一面将剩余部分圈点完毕。

反映黄侃读书用功且有恒心、毅力的事例不胜枚举。这说明治学泰斗与普通人一样，即使有些天赋，也同样离不开坚持不懈的刻苦读书。天上没有白掉馅饼的，读书治学没有捷径，一寸光阴一寸金；一分汗水，一分收获，只有踏踏实实、持之以恒地去努力拼搏，才能达到治学的目标。否则，做什么事总想着投机取巧，使点小聪明，最终都将一事无成。

读书既博又精

黄侃非常赞同扬子云的"多闻则守之以约，多见则守之以卓，寡闻则无约也，寡见则无卓也"③，他认为"读书人当以四海为量，以千载为心"④，要博学多闻，多识多见，才能做到由此及彼，融会贯通。

黄侃读书尤其广博，其丰富的藏书即是很好的证明。读书首先要有书可读，因此买书便成了其重要工作。黄侃一生最大的家私便是书，徐复先生说他最亲近的就是书。章太炎为他所作的墓志铭中说："有余财，必以购

---

① 卞孝萱. 读《黄侃日记》［M］// 张晖. 量守庐学记续编：黄侃的生平和学术. 北京：生活·读书·新知三联书店，2006：262-289.

② 刘赜. 师门忆语［M］// 程千帆，唐文. 量守庐学记：黄侃的生平和学术. 2版. 北京：生活·读书·新知三联书店，2006：103-106.

③ 王青. 扬雄传［M］. 成都：天地出版社，2020：202.

④ 黄侃，黄焯. 黄先生语录［M］// 张晖. 量守庐学记续编：黄侃的生平和学术. 北京：生活·读书·新知三联书店，2006：1-8.

书。"①每当领到薪水，黄侃除必要日常开支外，其余全都用到购书上。每逢购到喜欢的书，便"奉书雀跃"。黄侃购书常常大手笔，"挥金如土"。他曾花430元购得《四部丛刊》2000余册，还曾花1600元巨资将《道藏》购回家。

其他像《字诂义府全案》售价15大洋，《三朝北盟会编》价值40大洋之类图书，更是不在话下。当时一个中学老师每月薪水六七十块大洋，这些足够五口之家生活一个月所需费用，而金陵大学的一个大学生一学期的费用也不过几十块大洋。黄侃购书花费之多由此可见一斑。胡小石因《南史》称刘孝标为"书淫"，遂把此绰号放到黄侃身上。黄侃知道后，不但不生气，反而很认可这个绰号。黄侃的夫人对丈夫的巨额购书颇有微词，但黄侃依然我行我素，执着购书。

随着日积月累，黄侃藏书已是颇具规模。汪辟疆曾在日记中写道："季刚近月购书颇多，经史要籍大略咸备。唐以前类书及丛书较多，至集部则选择颇严。然乾嘉老辈有关于考订及明清掌故者，则在兼收并蓄之列。故邺架所陈，不待展诵，略识标目，即已令人神往矣。"②黄侃在南京的住所名曰"量守庐"，三楼为其藏书室，有藏书三万卷之多。其一生所购之书，全集中于此。但黄侃还觉得自己的藏书不够丰富，并作诗说："十载仅收三万卷，何年方免借书痴？"③

刘勰称，"博闻为馈贫之粮"，又云："将赡才力，务在博见。"④苏轼亦称作文"当且博观而约取，如富人之筑大第，储其材用，既足而后成之，然后为得也。"⑤观千剑而后识器，操千曲而后晓声，黄侃购书不是用来装点门面的。章太炎称黄侃得书后，"必字字读之，未尝跳脱。"⑥那时的黄侃除了教学等必要活动外，其他时间一律是雷打不动地"鸡鸣上楼，暮乃下楼"，在他三楼的藏书室一刻不停地攻读。

① 章太炎.黄季刚墓志铭［M］∥程千帆，唐文.量守庐学记：黄侃的生平和学术.2版.北京：生活·读书·新知三联书店，2006：1-2.

② 汪辟疆.汪辟疆文集［M］.上海：上海古籍出版社，1988：852.

③ 蔡家园.书之书［M］.武汉：长江文艺出版社，2017：172.

④ 黄侃.文心雕龙札记［M］.苏州：古吴轩出版社，2018：194.

⑤ 曹慕樊，徐永年.东坡选集［M］.成都：四川人民出版社，1987：659.

⑥ 章太炎.黄季刚墓志铭［M］∥程千帆，唐文.量守庐学记：黄侃的生平和学术.2版.北京：生活·读书·新知三联书店，2006：1-2.

黄侃读书的范围极其广泛，无论经、史、子、集，还是近人之著述、报纸、期刊等无不阅读。《黄侃日记》中便有很多黄侃日常访书、买书、读书、评书的记载。据孙德贤的《〈黄侃日记〉引"四部文献"考》统计，日记中记录的黄侃引书就有近1000种，其中抄录、点评的书也有182种，分别是经部47种、史部50种、子部43种、集部31种、近人著述7种、报纸及期刊4种。

他一生最爱读的书有《十三经注疏》《通典》《通鉴》《说文》《尔雅》《广韵》《经典释文》《大戴礼记》《庄子》《荀子》《文选》《文心雕龙》等28部。他认为研究国学必须熟读这28部经典图书，否则读书再多，也不能算有学问。黄侃还要求自己的学生在30岁之前一定要读完唐代以前的典籍，他认为唐代以前留传下来的典籍都是非读不可的书。看了这些书，有了这些基础，就等于摸清了中国文化的源头。

书读百遍，其义自见。孔子学易，韦编三绝。读书不仅要涉猎广泛，还要精读。黄侃指出"博精二字最要，不博则师资不广，不精则去取不明，不博不精而好变古，必有陷泞之忧矣"[1]。他认为，博不是最终的目的，读书的过程在于先博后精，由博返约，以博促精，这样做学问，才能如鱼得水、信手拈来。

黄侃读书对于重要的典籍，不仅反复攻读，而且不止一次地作评点批注。只要他读过的书，天头、地脚以及每行夹缝间，无不塞满了他写的各种批语。章太炎在《黄季刚墓志铭》中称黄侃："为学务精习，诵四史及群经义疏皆十余周，有所得，辄笺识其端，朱墨重沓，或涂剟至不可识。"[2]他的学生武酉山曾看到过黄侃手批的郝懿行《尔雅义疏》，这是黄侃平生最喜欢的一部书，连上课也带在身边，只见书上篇篇都有黄侃用朱墨两种颜色写的密密麻麻的批语。

黄侃手注《尔雅》一页

据黄侃日记《阅严辑全文日记》载，黄侃曾

---

① 黄侃. 文心雕龙札记［M］. 苏州：古吴轩出版社，2018：109.

② 章太炎. 黄季刚墓志铭［M］// 程千帆，唐文. 量守庐学记：黄侃的生平和学术. 2版. 北京：生活·读书·新知三联书店，2006：1-2.

批注《文选》过十，《汉书》也批注过三遍以上。阅读《新唐书》更是先朱点，后又墨点，也达三遍。此外，《说文》《尔雅》《广韵》的批注遍数已难以计数。

点书这项工作虽说辛苦异常，但黄侃却乐此不疲，从不厌烦，即使像《清史稿》这样的大部头书，全书100册，700卷，他也从头到尾，一卷不落地认真圈点了一遍。日本学者吉川幸次郎看到黄侃圈点的书后，称赞这是他第一次看到读书如此精细的学者。学生殷孟伦说老师黄侃读书，常常是口不绝吟，手不停批，不论寒暑从未间断，点过的书有百余种，其中《说文》《广韵》更是用力尤勤，无论是天头、地脚，还是字里行间的空隙中，无不朱墨灿然。其熟悉程度甚至能将某文所处的篇、页、行等一一指出，而且常常是八九不离十。学生们都说黄侃的这种读书方式，不独黄侃从中获益，书本也同时受到黄侃之益。

黄侃不仅勤于批书，而且对于批书的要求也是极为严格。他常说中国文化博大精深，研究中国学问，犹如仰山铸铜，煮海为盐，是没有止境的。作为真正的研究者，当日日有所知，也当每天有所不知，才是正常的治学现象。他对自己的点校失误哪怕是一处句读错误也是丝毫不放过，只要发现就立即改正。他的书桌上常备有一把剪刀和一把压尺，意在发现错误，可以随时用压尺压住页内，然后用剪刀刮磨，以改正原来的错误。他的学生龙榆生，曾在南京买到黄侃圈点的《新唐书》一部，见凡断句差错处，皆用纸贴补过，足见黄侃点书要求之严格。

黄侃不仅自己逢书必点还要求他的学生也同样如此，否则便责备学生不会读书。学生陆宗达便是连点了三遍《说文解字》后，黄侃这才正式为其讲起学问。结果，陆宗达成了我国现代训诂学界的泰斗。一天，黄侃看到学生武酉山精心点过的刻本《山中白云词》，连声称赞学生可以读书。

如今在电子图书流行的时代，读书动笔的人仿佛越来越少了。但笔者依然觉得这是一个不能省略的程序。常言说好记性不如烂笔头，读书动笔不仅可以帮助记忆，累积材料，更是领悟书中精髓，实现自我提升的重要方式。

黄侃便是个很好例证，大量的精读经历，可以说为他的教学和学术研究打下了坚实基础。日本学者吉川幸次郎在研究《经典释文》中《穀梁传》时，遇有几处疑问，始终不得其解。于是来到南京向黄侃请教，黄侃听后，连原书也没看，就解释说："此宋时校者之词，非陆本文……"①吉川幸次郎听后顿时恍然大悟。萧子显的《南齐书·张融传》里的《海赋》因多脱误，一向难以读懂。学生殷孟伦读此篇时也是感觉困难重重，于是他去请教黄侃。黄侃彻夜未眠，通宵将全文予以一一校读，将错处一一标出。其中有"使天形寅内情敷外寅者"句，黄侃重新校定为："天，当作夫；两寅字皆当作演，史避梁武嫌名。"②殷孟伦阅后，大有茅塞顿开之感。

黄侃的阅读历程再次明示，学问要精博相济，不可偏废。若只专注于博，其学问则如一张纸网，虽好看，但一捅就破，没有深度与韧劲。而只关注于专精，治学又如井底之蛙，容易犯以偏概全的错误。只有以博览为基础，做到博中有精，才能在读书治学中做到旁征博引，左右逢源，举一反三，融会贯通。

从目录学入手

从事学术研究工作，首先要对所要研究的课题做好资料调查，包括课题的新颖性、相似度，课题的现有资料情况，从事相关课题的研究人员、研究情况、研究进展、最新研究结果等，然后再根据调查情况确立新的课题名称、研究步骤和计划等。这样才能避免重复研究，进而保证研究的质量。现在完成这项工作则比较简单，只要查询一下相关专题数据库即可。过去则不然，不掌握些目录学知识便很难完成。因此，无论是清代的朴学大师还是近代西方学者都很重视目录学知识的运用，黄侃也是目录学的高手。辨章学术，考镜源流，可谓黄侃读书治学的起点与前提。通过阅读《黄侃日记》，可以看出，黄侃在读书、理书、写书、教书过程中都充分利用了目录学知识。这里略举几例。

黄侃注重对书目的收藏，据《黄侃日记》载，1928年6月至9月，他先后

① 吉川幸次郎. 与潘景郑书 [M] // 程千帆，唐文. 量守庐学记：黄侃的生平和学术. 2版. 北京：生活·读书·新知三联书店，2006：91-92.

② 殷孟伦. 忆量守师 [M] // 程千帆，唐文. 量守庐学记：黄侃的生平和学术. 2版. 北京：生活·读书·新知三联书店，2006：126-133.

购下《许学考》《郋园读书志》《经义考》《江刻书目三种》《天禄琳琅书目》《士礼居藏书题跋记》等有关书目的著作。

黄侃还曾认真研究过目录。如在1925年1月4日的日记中说："阅《销毁抽毁书目》《禁书总目》……去年费五旬之力，将《四库提要》《四库简明目录》《四库未收书提要》三种书点完，不若今夕翻此册之快也。"①黄侃所点四库目录著作，合计收书一万余种，基本囊括了清乾隆以前的哲学、历史、文学、科技等方面的重要古籍，目录有内容有评论，是学者研究中国古代政治、经济、文化、科技等方面最为重要的目录学资料。将其全部点完，无疑让黄侃对中国古代文化有了了解，为下一步读书治学打下了坚实基础。同时，也说明了黄侃对目录学的重视程度。

黄侃专注目录学的目的在于读书治学时方便检索利用。如他在1925年2月15日的日记中说："搜集正史参考书目略备，遂治全史。"②由于藏书丰富，为了方便利用，黄侃还认真编写了藏书目录，并在1928年7月30日的日记中写道："架上书整理讫，耀先为编目，甚便检寻。"③

黄侃在指导学生读书时，也非常重视推荐书目的使用。据黄焯回忆，黄侃曾亲自为其开书目二十余种。徐复回忆黄侃讲学时说章太炎指示青年有必读书二十一种，黄侃认为并不完备，又增至二十五种，并指出这些书为治各门学问的根底所在。又谓治小学必读十书……

师古而不为古所役

读书治学讲究师承是我国学人的一项优良传统。黄侃在这方面可谓学人的楷模。

黄侃主张读书治学第一当恪守师承。他一共有三位老师，分别是江叔海、章太炎、刘师培。黄侃三岁师从江叔海学习，对江叔海的谆谆教导永生

① 徐有富.南大往事［M］.南京：江苏人民出版社，2018：100.
② 徐有富.南大往事［M］.南京：江苏人民出版社，2018：100.
③ 徐有富.南大往事［M］.南京：江苏人民出版社，2018：101.

不忘。即使黄侃后来声震北大，仍对江叔海师礼事之。黄侃最崇敬的老师是章太炎。《黄侃日记》中提到最多的也是章太炎。他自1907年从学于章，长期执礼，直至去世，始终对老师尊崇备至，无限敬仰，自称"垂老无成，辜奉明恩"①。在章太炎的学生中，黄侃与他的师生之谊最笃，章太炎曾因革命活动被软禁在北平的钱粮胡同，黄侃听说后不顾危险，毅然也搬了进去，与章太炎同吃同住，日夜读书论学，传为佳话。章太炎对黄侃的才学和为人也是极为看重。他晚年曾戏封最有成就的弟子黄侃、钱玄同、汪东、吴承仕、朱希祖五人为"章门五王"，而黄侃更是以天王雄踞五人之首，有"章太炎第一高足"之美誉。黄侃也确实不负所望，不但继承了章太炎的小学传家本领，而且在经学研究上也是熠熠生辉。后人因此将他俩并称"章黄"，成为民国学术界一道靓丽的风景线。黄侃后期又师从刘师培学习经学，虽时间短暂，也言必称先生，刘师培去世后，仍将老师墓志铭拓片装裱悬挂于书房中，称这样朝夕相对，才能表达对老师的怀念之情。他还常说："侃六七年前，每事好为新说，自事仪征而后，乃恍然于所尚之非，而已驷不及舌矣。"②可见其对刘师培的敬重之意。

黄侃虽对老师推崇无比，但他并不墨守师说。刘师培曾附"洪宪"，黄侃知悉后，不但不认可，而且极力反对，并瞋目说："如是，请刘先生一身任之。"③章太炎知道此事后连声称赞黄侃胸存大义，节守刚直。章太炎的《文始》虽是在学生黄侃的建议下所作，连章太炎也承认说黄侃"虽以师礼事余，转相启发者多矣"④。但黄侃仍对《文始》中的十分之四观点表示有不同意见，并从声或义上进行反驳，另对《新方言》也有不同看法。

章太炎曾对金文、甲骨文提出不信任的看法，并撰文《理惑篇》阐述其观点。黄侃却说"吾爱吾师，吾更爱真理"，不但不赞同章太炎的观点，而

① 殷孟伦. 谈黄侃先生的治学态度和方法 [M] // 程千帆，唐文. 量守庐学记：黄侃的生平和学术. 2版. 北京：生活·读书·新知三联书店，2006：38-44.

② 许嘉璐. 黄侃先生的小学成就及治学精神 [M] // 程千帆，唐文. 量守庐学记：黄侃的生平和学术. 2版. 北京：生活·读书·新知三联书店，2006：45-82.

③ 章太炎. 黄季刚墓志铭 [M] // 程千帆，唐文. 量守庐学记：黄侃的生平和学术. 2版. 北京：生活·读书·新知三联书店，2006：1-2.

④ 潘重规. 黄季刚师和苏曼殊的文字因缘 [M] // 张晖. 量守庐学记续编：黄侃的生平和学术. 北京：生活·读书·新知三联书店，2006：168-176.

且还建议以《说文》为纽带来推动金文、甲骨文研究，同时主张以甲骨文、钟鼎文来驳正《说文》。1932年6月，他在给学生陆宗达的信中谈到研究文字学的方法时又专门提到金文、甲骨文。他说："所言治文字学，私意宜分三期：一即古籀文，下至唐世所云文字学；二则宋世薛、吕、欧、赵、洪、三王、张之书；三乃近代钟鼎、甲骨之学耳。"①

黄侃经常将金文和甲骨文应用到实际治学和教学过程中。在他批注过的《说文》中，就有很多用金文、甲骨文对照《说文》之处。这一治学方法让他对《说文》之学研究有很多创新之处，自然也有了前人所不及的成就。

五十之前不著书

"观天下书未遍，不得妄下雌黄"，黄侃深以为然，他认为学问之道有五：一是不人欺；二是不知者不道；三是不背所本；四是为后民所负责；五是不窃。他告诫自己的学生殷孟伦，不要轻易在书刊上发表文字，"一则学力不充分，一则意见不成熟，徒然灾梨祸枣，遗人笑柄，于己无益，于世有损"②。黄侃反对妄说之辞和空泛之作，他自己虽在小学、经学方面有很深造诣，仍主张五十岁之前述而不作。然而事与愿违，就在他四十九岁时，连他的老师章太炎也劝他应该尽快动笔著书的时候，他却倏然而世。现在我们见到的几部黄侃著作，多是其学生根据他的讲义或日常批注材料整理而成，这不得不说是学术上的一大损失。

读到这里，读者可能感觉黄侃不轻易著书与梁启超的鼓励青年著书似有矛盾，实际上是二者所说的角度不同而已。梁启超所说的著书，是以著书来鞭考学问。青年人如想要著书，心中必带着问题去读书，自然会对书中自己所需要的部分尤其关注，这对于吸收理解书中的内容会大有益处，而且新著的图书无论成熟与否，都将使自己对新知识体系的架构良处多多。正如梁启

---

① 陆宗达. 季刚先生二三事［M］// 程千帆，唐文. 量守庐学记：黄侃的生平和学术. 2版. 北京：生活・读书・新知三联书店，2006：117-121.

② 殷孟伦. 忆量守师［M］// 程千帆，唐文. 量守庐学记：黄侃的生平和学术. 2版. 北京：生活・读书・新知三联书店，2006：126-133.

超所云："譬如同读一部《荀子》，某甲泛泛读去，某乙一面读，一面打主意做部荀子学案，读过之后，两个人的印象深浅，自然不同。"[①]可见，梁启超旨在让青年通过著书来鞭策自己对学问的进一步吸收。

黄侃则不然，他极力反对青年火候未到便急于出成绩，急于著书。其心中的著书，在于立不朽之言，著藏之名山、传之后人的传世著作。因此，为实现这一宏愿，黄侃更是身体力行，虽已潜心研究几十年，仍时刻以高标准、高起点，严格要求自己，一如既往地深耕细作、勤奋耕耘、积蓄力量以待厚积薄发。事实上他的准备工作已经足够充分了。众所周知，研究小学一定要有深厚的文献语言功底做保障，要保证材料精准、完整，才能让得出的结论准确无误。为此他博览群书，对近一百种中国古代文献进行逐一探求，反复研究。大家都知道，他读书必动笔，几乎每本书都充满了其圈点、刊正、批注、评点的文字和符号。其中在眉批或夹注中的许多观点和意见都很有价值。这些研究观点虽然在当时未得到证明，但随着语言文字学的发展，实践证明这些科学结论或设想非常可靠。1928年夏，陆宗达与老师黄侃讨论古韵分部的学术问题。黄侃对陆宗达说："我的古韵二十八部仅仅是综合乾嘉古韵学家之说，不是我的发明。我自己对古韵分部倒有一个设想，就是'覃''添''合''帖'四部应当离析为'覃''谈''添''合''盍''帖'六部。可惜这些部字数太少，用《诗经》押韵无法证明。希望将来能有更新的方法来证明它。"[②]后来，果真不出黄侃所料，几十年后我国语言学家俞敏教授用汉藏比较和梵汉对音的方法，证明闭口韵的确可析为六部。这与黄侃当时的设想可谓完全一致。

以上足见黄侃对治学要求之高。可喜的是，他的学生殷孟伦也恪守黄侃的这一教导，三十岁之前潜心史籍，专注读书治学，万不得已，不轻易发表言论，终成为我国现代赫赫有名的语言学家。黄侃的五十岁之前不著书，告诉青年人读书治学，要耐得住寂寞，要有定力。非淡泊无以明志，非宁静无以致远，要做到心如止水，才能真正沉下心来，潜心读书，脚踏实地做出成绩。否则，急功近利，心浮气躁，三心二意，翻上一部分材料，就忙于下结

---

① 梁启超.梁著国学入门［M］.北京：中国工人出版社，2007：56.

② 陆宗达.我所见到的黄季刚先生［M］//程千帆，唐文.量守庐学记：黄侃的生平和学术.2版.北京：生活·读书·新知三联书店，2006：107-116.

论著书立说。这样的言论定会浅薄粗浅，害人又害己。这样的人终究也不能成为大学问家。

虚怀若谷，谦虚谨慎

民国在学术界有"三疯子"，分别是章太炎、刘师培、黄侃。三人共同的特点是学问深，脾气大，在学术上敢于放"炮"，但三人在读书学习上无不谦虚谨慎，虚怀若谷，黄侃更是如此。

黄侃与刘师培都为北京大学（以下简称北大）的老师，1917年刘师培出任北大中国文学门教授，黄侃来北大时间为1914年，虽说比刘师培要早几年，但对刘师培依然十分尊敬。随后发生的一件事，让黄侃对刘师培敬佩不已。黄侃上课前有备课习惯，每讲之前总要先看看讲义。一天他看到陶渊明的一句诗，一时不知出处，于是来到刘师培处咨询，刘师培对黄侃说，他稍思索一下再告之。黄侃又去请教章太炎，正在刷牙的章太炎问黄侃何故而来，黄侃便将陶诗的事说出，章太炎很快将出处说出。黄侃又来到刘师培处，刘师培说已想起来了，说出来的竟与章太炎所说完全一样。这让他对刘师培更是高看一眼。1919年春天，刘师培肺疾加重。一天黄侃因事来到刘师培家，这时刘师培正与一学生交谈。令人称奇的是对于学生的疑问，刘师培多有保留，不肯说太多。等学生走后，黄侃忙问原因。刘师培说："他不是可教的学生。"随后又不无遗憾地说："四世传经，不意及身而折。"黄侃见状问："你想收什么样的学生呢？"刘师培竟然提出学生非黄侃莫属。结果黄侃果真于第二天拿了拜师贽敬，登门拜师。刘师培起初不敢相信，见黄侃诚心诚意，并非戏言，于是行拜师礼。自此黄侃从刘师培学习经学，直至刘去世。

章太炎听说此事后表示不解。他认为黄侃小学、言辞方面的造诣丝毫不亚于刘师培，何必屈尊拜刘为师。章太炎所说是事实，其实黄侃与刘师培的学术水平本在伯仲之间，或者可以说是旗鼓相当的北大教授，而且黄侃年龄仅比刘师培小一年零三个月，拜刘为师确实让人很难理解。但黄侃却不这样认为，他称《三礼》为刘氏家学，非如此不能继承绝学，此所谓道之所存，师之所存。并在为刘师培写的祭文中称"夙好文字，经术诚疏，自值夫子，始辨津涂"①之语。关于拜刘师培为师的事，黄侃也从未觉得不好意思。每当说起经学，黄侃总是自豪地说他的经学学问是靠磕头得来的，随后再将拜师的事一五一十地说出。他的弟子杨伯峻便是听者之一。

从文献学习的角度来说，小学可谓经学之工具；从小学学习角度来讲，经学可谓小学学习之拓展材料。经过章、刘两师的指点，恰恰让黄侃具备了两者兼备的条件，这一得天独厚的优势，让他在经学、小学学习中互为印证、相得益彰，青出于蓝而胜于蓝，终成为著名国学大师。黄侃说："太炎师的小学胜过我，至于经学，我未必不如太炎师，或者还青出于蓝。"②

以此看出，实际上脾气大，敢于放"炮"的黄侃，在学习上可谓高度理智，对待有真才实学的人，不仅心悦诚服，而且虚心服善。真理存在的地方，也是老师存在的地方。只要是有真才实学，哪怕是同辈也可折节相事。谦虚使人进步，骄傲使人落后。越是成熟的稻穗，越懂得弯腰。黄侃的拜师之事足以证明他在读书治学上的虚怀若谷。

虽然黄侃水平高，学问大，但他没有因此故步自封、孤芳自赏，让自己止步于前，依然从善如流，博采众长，虚心听取别人的意见，让他的学问不断走向新的高度。1927年，由沈阳归来的黄侃当晚兴奋地对学生陆宗达说："我在东北见到曾运乾先生，与他深谈两夜。他考定的古声纽中'喻'纽四等古归'定'纽，'喻'纽三等古归'匣'纽，这是很正确的。我的'十九纽'说应当吸收这一点。"③

在学生面前尚能如此严谨谦虚，黄侃的学术水平怎么能不提高呢？"满招损，谦受益"，如果获取一点知识或稍有成就，便洋洋自得、骄傲自满，那么被人超过被社会所淘汰是早晚的事。发现不足，虚心学习，奋勇直追，定会受益无穷。况且知识无涯，人生有限。一个人的学识即使已达到学富五车、才贯二酉，与人类的整体知识相比不过是沧海一粟、九牛一毛。一个人即使再有天赋，专业研究得再深，也不可能将专业内知识一网打尽。正所谓人外

---

① 陆宗达. 我所见到的黄季刚先生［M］//程千帆，唐文. 量守庐学记：黄侃的生平和学术. 2版. 北京：生活·读书·新知三联书店，2006：107-116.

② 杨伯峻. 黄季刚先生杂忆［M］//程千帆，唐文. 量守庐学记：黄侃的生平和学术. 2版. 北京：生活·读书·新知三联书店，2006：146-150.

③ 陆宗达. 我所见到的黄季刚先生［M］//程千帆，唐文. 量守庐学记：黄侃的生平和学术. 2版. 北京：生活·读书·新知三联书店，2006：107-116.

有人，天外有天，强中自有强中手。学习没有终点，如何才能迎头赶上呢。
海纳百川，有容乃大，有了差距与不足不要紧，重要的是要兼容并蓄、博采
众长，勇攀高峰才能勇立潮头。

陈寅恪

陈寅恪（1890—1969），江西义宁（今修水）人，中国现代著名史学家、语言学家、古典文学研究家。

读书必先识字

陈寅恪是现代赫赫有名的大学者之一。他学贯中西、贯通今古，常发前人未发之覆，解决了一大批悬而未决的学术问题，从而赢得中外学者的尊敬。陈寅恪之所以屡破学术难题，让各国学者同声叹服，一方面与他超强的研究能力有关，另一方面就是他掌握的丰富语言知识为他的学术研究起到了重要的助推作用。

苏联学者曾在蒙古发掘到三个突厥碑文，在当时可谓轰动全世界，遗憾的是，碑文内容竟无人能解读。后陈寅恪对碑文进行了破译，各国学者看后再无异辞。"唐蕃会盟碑"是唐穆宗时期汉、藏两族友谊的历史见证，但碑文内容却难倒了众多学术界学者，无论是沙畹还是伯希和这样的汉学家，都是一筹莫展。这时，又是陈寅恪给出了令人信服的翻译，让学术界震惊。

读书须先识字，是古往今来读书治学的必经之路。韩愈称："凡为文辞，宜略识字。"①顾炎武总结道："读九经自考文始，考文自知音始。以至诸子百家之书，亦莫不然。"②近世小学大师章太炎曰："今欲知国学，则不得不先知语言文字。此语言文字之学，古称小学。"又曰："周秦诸子、《史记》、《汉书》之属，皆多古言古字，非知小学者，必不能读。若欲专求文学，更非小学不可。"③

中国古代文字学旧称小学，是主要研究文字、音韵和训诂方面的学问。中华文明博大精深、源远流长，承载文明的古代典籍更是浩如烟海、不计其数。数千年来，由于中国古今社会结构、社会风俗、典章制度、文化传统等的巨大变化，致使古今文字在字形、字义、语境等方面也产生很大差异。为弄明白这些差异，以方便阅读研究交流，以主要研究文字、音韵、训诂为主的传统学问——小学随之诞生了。

从阅读古代文献的角度讲，小学是研究古代经、史、子、集众多文献的工具；而从语言学、文字学研究的角度说，古代文献又是小学研究的材料。因此说，做好治学研究必先读书，而读书必先识字，字不识义不解，自然学问也难以深入。

学好小学并非易事。王国维可谓博古通今的一代硕儒，他也曾感慨说古书不好读，他自己读《尚书》就有5/10不明白之处，《诗经》也有十分之一二难解之处。王国维作为国学大师，此话虽含有自谦意思，但足以说明学好古代文字并非简单之事。因此，历代学者很注意小学知识的学习，陈寅恪也不例外。陈家世代书香，陈寅恪祖父陈宝箴，博学多识，21岁中举，曾国藩称为海内奇士也④；陈寅恪的父亲陈三立，1886年得中进士，与谭嗣同、丁慧康和吴保初并称"晚清四公子"⑤；陈寅恪的大哥陈衡恪，近代著名画家，民国初年已扬名海内外。陈家历来重视对后人的培养，在陈寅恪6岁时即让其读家塾，并请来王伯沆、柳翼谋等国学大师为其教授国学。受乾嘉学派影响，清代学者治学思想大多带有乾嘉遗风。乾嘉学派本是清朝前期的一个重要学术流派，其集明末清初中国考据学之大成，将考据推向高峰。因乾嘉学

① 韩愈.韩昌黎全集：上［M］.北京：北京燕山出版社，2009：377.

② 陈克明.中国的经学［M］.济南：山东教育出版社，1991：107.

③ 章太炎.国故论衡［M］.北京：商务印书馆，2017：207.

④ 吴定宇.学人魂：陈寅恪传［M］.上海：上海文艺出版社，1996：2.

⑤ 吴定宇.学人魂：陈寅恪传［M］.上海：上海文艺出版社，1996：5.

派精于对中国古代社会的考据而著称于世，治学风格重证据，文风朴实无华，又称为"朴学""考据学"。考证古代历史，离不开典籍整理校勘，整理校勘文献的前提是要有语言文字学功底，因此乾嘉学者对文字、音韵学等均下过很大的功夫。王、柳二位老师自然也不例外，对陈寅恪的教学同样少不了文字音韵之类课程，而且要求严格、用力颇深。陈寅恪对此感受很深，其表弟俞大维回忆说："关于国学方面，他（陈寅恪）常说：'读书须先识字。'因是他幼年对于《说文》与高邮王氏父子训诂之学，曾用过一番苦功。"①

东汉经学家许慎编撰的《说文解字》也称《说文》，它以分析汉字字形，探究字源为主，是研究中国古文字乃至古代文化的最重要的工具书，也是世界上最早的字典之一。俞大维说到的高邮王氏父子，为清代乾嘉学派的杰出代表，著名经学家王念孙、王引之父子。王念孙的老师更是清代大名鼎鼎的乾嘉学派重量级代表人物戴震。在戴震的精心指导下，王念孙不仅擅于训诂，精于校勘，而且对汉字古音古义研究独树一帜，其子王引之在考据学方面也深得其父的真传，成就非凡。清代的阮元，现代语言学家周祖谟、王力等均对王氏父子的语言学研究给予高度评价。可以看出，幼年时的陈寅恪不仅在语言学上多有涉猎，而且下过真功夫。有了语言学功底，字认得快，文章的要义也容易掌握，学习起来自然就信手拈来、得心应手，让他很快成为同时代学子的佼佼者。其表弟俞大维称"我们这一代的普通念书的人，不过能背诵'四书'《诗经》《左传》等书。寅恪先生则不然，他对'十三经'不但大部分能背诵，而且对每字必求正解。因此《皇清经解》及《续皇清经解》，成了他经常看读的书。"②

陈寅恪不仅汉语学得精，学得扎实，而且对外族和外国语言学习也可称为现代中国第一人。与研究中国文化一样，研究域外文化也要先通达其语言。为把语言文字这个学习利器打磨好，自1902年起陈寅恪先后到日本、德国、法国、美国等国家求学，历经十余年，学习和研究了大量域外文字。陈寅恪究竟学习了多少种语言，学界说法不一，但从已掌握的资料来看，其学习种数之多还没有其他任何一位中国学者能达到他的程度。在陈寅恪去世

① 俞大维. 谈陈寅恪先生［M］// 藏东. 民国教授. 北京：中国妇女出版社，2008：190-196.

② 俞大维. 怀念陈寅恪先生［M］// 钱文忠. 陈寅恪印象. 上海：学林出版社，1997：8-16.

后，其家属发现其遗物中有64本学习笔记本，除一本外其余皆为20世纪20年代学习旧物，笔记内容广泛，涉及多种语言，后经季羡林整理方知涉及的语言竟达20余种，其中就工具语言有英、法、德、俄等语言，研究对象语言则更多，有梵文、巴利文、印度古代俗语、藏文、蒙文、西夏文、满文、新疆现代语言、新疆古代语言、伊朗古代语言、古希伯来语等，此外涉猎过或注意到的文字还有印地语、尼泊尔语等。季羡林称老师陈寅恪博学多能、泛滥无涯。笔者以为单就语言学习来说，确实是中国人中的翘楚。

陈寅恪认真学习多种语言，并非好奇，也并非一时心血来潮要作外语老师或语言学家，而是以此为工具研究当地历史文化。1923年他在《与妹书》中说："我今学藏文甚有兴趣，因藏文与中文，系同一系文字。如梵文之与希腊、拉丁及英、俄、德、法等之同属一系。以此之故，音韵训诂上，大有发明。因藏文数千年已用梵音字母拼写，其变迁源流，较中文为明显。如以西洋语言科学之法，为中藏文比较之学，则成效当较乾嘉诸老，更上一层。然此非我所注意也。我所注意者有二：一历史……一佛教……"①

据载，这时的陈寅恪正在德国研习语言及宗教学，从信中看出他研究语言的目的不止单纯研究语言，重要的是通过语言学习进一步介入到对宗教文化、哲学的研究。

陈哲三曾转述陈寅恪的学生兰孟博的一段回忆。兰孟博称当时作为国民政府"中央研究院"理事、历史语言研究所主任的陈寅恪，为研究清史，一有时间便乘车到大高店军机处查阅前清档案资料。他看得很仔细认真，对重要资料即随手译出来。暑假时陈寅恪听说兰孟博要回吉林老家，即将一张写满满文的纸单交与兰孟博，说这些字从字典上找不到，且都是些关键字，并让兰孟博到吉林后向懂满文的人请教。当兰孟博回来时将有八九十字的满文解释交与陈寅恪时，他连称如获至宝。

从以上事例看出，从语言入手再深入到某种历史文化研究是陈寅恪的重要治学手段之一。现实中这种方法往往比一般研究者要付出更多的心血精力，但陈寅恪却孜孜不倦、乐此不疲，因为他认为研究某地某一民族某一时期历史文化或文学，不能只借助别人的已有研究观点、眼光、说法来解决问题，因为人的眼光智力毕竟有限，一旦引用的观点与事实有距离，定会影响

---

① 刘明华.独立寒秋：陈寅恪的读书生活［M］.沈阳：万卷出版公司，2018：41.

到自己的研究。如若得出自己的真知灼见，就须尽可能先掌握相关的语言，然后通过语言一点一点去理解分析，归纳研究不同的地域文化，方能真正实现言必已出。这也是陈寅恪常发别人未发之覆的重要原因。

从现有资料得知，丰富的语言知识的确让陈寅恪如鱼得水，在一些学术领域屡屡实现突破，几乎达到无法企及的境界。

1934年，陈寅恪发表语言学方面重要文章《四声三问》，文中用自问自答的方式对四声的源起及发展作出令人信服的诠释，真正解决了汉语声调与佛经诵读声调的关系这一语言学重大问题。据载，陈寅恪解决这一问题的想法即来自梵文的启发。吴宓对此高度赞扬，他称该文与《与刘文典教授论国文试题书》是"治中国文学者所不可不读者也"。①

1936年，陈寅恪又撰《东晋南朝之吴语》，文中用大量历史资料证明东晋士人、官吏多操北语，而庶人多用吴语，士人阶级为笼络江东百姓，有时也作吴语，但真正风雅之士仍以北音为尚，从而以语言的运用彰显出东晋的政治社会结构。该文独辟蹊径从语言学角度研究东晋历史文化，可谓独树一帜，不仅研究方法让学者瞠目，研究成果也对从事南朝各代历史的研究者起到重要启示意义。

1937年，陈寅恪再发《论狐臭与胡臭》一文，通过掌握的古代医学知识与语言学知识，对"狐臭"与"胡臭"两个名词的源流做深入考察研究，证出二词诞生的先后顺序及相互关系，阐明了古代汉语发展与少数民族文化融合的问题，让民族文化的交流变得清晰。

从陈寅恪的研究范围、治学范式来看，他的研究成就较乾嘉诸老可谓更胜一筹。乾嘉诸老因历史原因，其小学研究仅针对汉语，陈寅恪则不然，不仅谙习中国语言学，还通晓十数种汉语之外的语言，更重要的是通过语言这个工具识得了欧美学者治学范式、治学方法，让他视野更加开阔，思路更加灵活，角度更加独特，方法更加多样，其治学成就超过乾嘉诸老并为同时代人翘楚也就不难理解。这也更加证明了"读书须先识字"这个道理，而且不仅要精熟中国的文字，还要识好外国字。

---

① 吴宓.吴宓诗话［M］.吴学昭，整理.北京：商务印书馆，2005：196.

善读原典、老书

原著原典作品是作者倾尽一生心血，耗费一生精力，就某一专业某一领域最先发表的作品，作品内容往往集原创性、前瞻性、学术性于一身，是学者们最应该通读通记的经典书籍。故学者读书治学首先应该在原文原典上下苦功夫、真功夫，才能在原典中就某一课题某一想法产生共鸣，从中受益。

陈寅恪可谓读原典的典范，自称到了无书可读的境界。最早他对"读书读到无书可读"也是不甚理解。据俞大维回忆，1912年的一天，由瑞士回国的陈寅恪前去拜访史学家夏曾佑。夏曾佑很高兴，他称陈寅恪留洋多年，不仅屡遇名师指点，而且掌握了那么多国家的语言和知识，值得庆贺，而他由于不通晓外国语言，仅能看中国书，不过当时觉得已无书可读了。陈寅恪听后非常不理解，中华文化源远流长，古代书籍更是不计其数、难以胜数，为什么就无书可读了呢？

多年后陈寅恪终于搞明白了夏曾佑说这话的意思。一次在岭南大学他与俞大维又忆起此事，陈寅恪感慨地说，读书多年，阅书无数，也到了无书可读的境界，并解释称中国真正的原籍经典也不过一百余部，其他的书籍大多是对这些书的引证参照而已。实际上夏曾佑、陈寅恪说的"无书可读"的书，应该是指中国古籍经、史、子、集中前三部分中的原典。因为千百年来诞生的集部图书数量庞大，人即使不吃不喝通宵达旦读下去，一生也读不完，且集部图书良莠不齐，也没必要全部通读。而经部、史部、子部中的重要作品，虽数量不多，但却是中国古代文化最具代表性的原籍经典著作，这些著作只要认真读上几十年，则完全能做到通读。从夏曾佑、陈寅恪的无书可读，可知真正的读书人对原籍经典的重视程度。

陈寅恪也很重视阅读老书，毛子水先生对此深有感触。在德国留学时，一天毛子水去拜访陈寅恪，见陈寅恪正全神贯注地读卡鲁扎的一部老书。毛子水很不解地问陈寅恪，关于这方面理论德国已有很多新书，为什么还要费心劳神去读这么一本老书。陈寅恪说正因为这书老的缘故。事后毛子水反思道，陈寅恪的这种读书观是对的，老书虽说老，但都是各时期的经典之作，它之所以流传到现今，依然有其发光发热之处，而且这些老书多是名家历经数年甚至是一生的呕心沥血之作，其理论、观点在当时多为首次提出，具有原创性、基础性，读来依然让人受益。后来老师向毛子水推荐一本老一代物理学家的理论物理学著作，并提到这部老书的益处，这让毛子水更加明白了陈寅恪读老书的用意，从此毛子水也对老书用起功来。

陈寅恪不仅喜欢看原书原典，也主张学生要如此。1932年，他在《晋至唐文化史》课堂上对学生讲："本课程学习方法，就是要看原书，要从原书中的具体史实，经过认真细致而实事求是地研究，得出自己的结论……"①1935年，陈寅恪又与学生谈起读原书之事，他认为当时的大学教科书及一些新作，或是辗转抄来，或是断章取义，或是原引材料不准，或内容空洞，缺乏理论支撑，这样的著作最多只能作为参考或提供线索之用，真正治学还应该读原书，才能保证引证准确。他还以《通鉴》与《通鉴纪事本末》两书的使用作举例说明。众所周知，北宋司马光的《通鉴》是我国政治史上一部非常重要的著作，也是一部为历代备受推崇的经典历史名作。南宋袁枢更是对《通鉴》喜爱有加，为了弥补《通鉴》编年体叙事的不足，他创造性地将《通鉴》内容以事件为中心，将全书统编为二百三十九个事件，另附录六十六事，按事件抄录《通鉴》原文，编撰了以事件为中心的纪事本末体著作《通鉴纪事本末》。该书各个事件独立成篇，故事性强，因此广受欢迎。但陈寅恪认为尽管《通鉴纪事本末》优点很多，但在治学时决不能以此书代替《通鉴》。他指出袁枢以事件问题为中心纪事固然是好，但人的能力智力是有限的，不是人人发现的问题都能尽在袁枢书中，也就是说袁枢不可能发现《通鉴》中的所有问题。学者若只读《通鉴纪事本末》，将受其束缚，以为除了袁枢列举的问题，《通鉴》之中再无其他问题了。更何况袁枢所述一事涉及两题的，一般注于第二题下，然纵观全书也有忘注或因没发现有关系而不注的。这时若只读袁枢《通鉴纪事本末》便发现不了其中的关联。所以《通鉴纪事本末》可作为《通鉴》带全文的索引，供参考可以，但决不能取代《通鉴》。

关于当时学者治学喜用宋末元初马端临的《文献通考》代替唐杜佑《通典》，理由是《文献通考》诞生的晚，在时间上包含了《通典》。陈寅恪认为

---

① 汪荣祖.陈寅恪评传［M］.南昌：百花洲文艺出版社，1997：246.

也不妥，他指出马端临《文献通考》的价值在于对宋朝史事的批评，但也仅一家之言。而书中对宋以前的史实不过照抄《通鉴》《通典》及其他各代史书，现在原书都可以看到，所以说不能只看《通考》，为图省事，反让自己的视野受限制。何况《通典》凝聚了杜佑多年心血，考证精细，非抄辑类书可比。因此，他认为严格来讲治学不能图方便走捷径，不能用《通考》取代《通典》。

陈寅恪治学上重视对原书原典的运用并不是空话，而是身体力行的践行者。王子舟先生曾对陈寅恪的89篇文章、3部著作的参考文献作过统计，结果共计引用907种文献，次数达6144次[①]，其中引用50次以上的书有17种，大部为《通鉴》《通典》《旧唐书》《新唐书》等经典著作，其中引用《新唐书》664次，为各书之最，引用《旧唐书》也达643次[②]。如此众多数量的引用，足以说明陈寅恪对原典的重视。踏踏实实地读原典，学原文，悟原理，也让陈寅恪在治学过程中知史求实，不断有新发现、新观点，乃至新作层出不穷，新发现惊艳学术界，同时赢得了学人的尊重与推崇。

不动笔墨不读书

读书不仅要眼到、心到，还得要手到。因此学者有不动笔墨不读书的说法。著名学者黄侃尤好此做法，他不仅自己逢书就点、逢书就批，还让他的学生也必须按照此方法去做，否则便责备其不会读书。刘文典不光读别人的书爱写眉批，即使是再读自己新出的大作《庄子补正》时，仍本着"一字异同，必求碻诂"的原则，在书的天头、地脚等见缝插针写下新的批注。老一代学者治学之严谨由此可见一斑。

陈寅恪自然也不例外，他在读书中，每有新发现、心得体会及对比校勘等内容，即以文字形式批注于书眉及行间空白处。这些批注字体极细密，笔画细若发丝，从笔墨的着色来看，并非一时写成，前后又有补充及更正。可见也是逢书必批、每看必批。

---

① 王子舟.陈寅恪读书生涯［M］.武汉：长江文艺出版社，1997：167.

② 王子舟.陈寅恪读书生涯［M］.武汉：长江文艺出版社，1997：176-177.

陈寅恪的批注，字数多寡不一，但都是有感而发，点评精辟老到，一针见血。他的讲义、论文、著作大都以这些批注为蓝本整理而成。这些批注对后世也极具研究价值，通过考证批注既可为后人研究陈寅恪如何读经典著作提供借鉴，又可学习到陈寅恪读书治学的方法，还可进一步了解他读书时的思想心境，可谓一举多得。如《陈寅恪读书札记·〈旧唐书〉〈新唐书〉之部》中不仅有文字考证、史实点评、人物评论、相关史料对比等，也有对史学研究相关的财政收入、赋役、经济、盐法、建筑、外贸等重大经济问题发出的见解，这些批注鞭辟入里，精辟独到，并由小到大，由此及彼，巧妙延伸到历史研究，常给人以深刻启发。世界上各种事物并非孤立存在的，总有着千丝万缕的联系，而陈寅恪往往能用历史学家的眼光，由史料记载中的细枝末节，细微变化，举一反三，反复求证，还原出历史真相。读书札记内容正是这些求证和推敲脉络痕迹的全面反映。

可惜的是陈寅恪的这些读书札记并没有全部保存下来。1937年7月7日，全面抗战爆发后，陈寅恪举家南迁，先是南下长沙，所藏图书包括读书札记一并打包寄往长沙，由于日军的封锁，陈寅恪全家历经18天才到长沙，但书还在往长沙的路途中，由于战事吃紧，陈家再迁云南，后又逃难到香港。书到长沙后暂存亲戚家中，不久亲戚逃难，亲戚的房子与暂存图书终毁于长沙大火。1938年，陈寅恪只身一人前往西南联大任教。临行前他把那些批注最多且最重要的书籍，用最好的皮箱装载，交于铁路部门托运，以防破损丢失。不料事与愿违，这沉甸甸的大皮箱反而引起了窃贼的注意，竟被窃贼以砖头调包，箱内物品全部丢失。其中的批注图书不在少数，著名的有《世说新语注》《蒙古源流注》《五代史记注》等。两次损失让陈寅恪二十余年的心血毁于一旦。

据载，保存至今的陈寅恪批注图书尚有《史记》《汉书》《后汉书》等共计二十一种，尚不及全部批校图书的十分之一。由于陈寅恪的批注文字专业性强，且无标点，非专业人士很难读懂这些精点文字。在蒋天枢、王永兴、包敬第等学者的共同努力下，终将这些保存下来的读书札记整理出版，使世人可目睹一代杰出学者的治学风采。

读书不为名利

陈寅恪一生在国外留学达十余年之久，学习成绩人人叹服，但最终回国却没能带回一个博士或学士学位。

是陈寅恪留学的学校不好，没得过名师真传吗？非也。自1902年陈寅恪与长兄陈衡恪赴日本的弘文学院学习起，陈寅恪前后在国外学习达十余年。这期间他游学于各国名校，足迹遍布东西洋。他先于1909年秋在德国柏林大学、瑞士苏黎世大学、法国巴黎高等政治学校学习语言文学、社会经济部课程达5年之久；又于1918年冬在美国哈佛大学学习梵文与巴利文，兼及印度哲学与佛学近3年；1921年9月他再由美国横渡大西洋二赴德国柏林大学学习梵文及其他东方语文达4年零3个月。这期间为他授课的老师也皆名师。其中不乏哈佛大学的语言学大师蓝曼教授；在柏林大学有研究梵文、巴利文方面的语言学泰斗吕德斯教授，还有缪勒、海尼斯、佛兰科三位著名语言学家。为多方学习，兴趣广泛的陈寅恪还与新人文主义大师哈佛大学教授白璧德经常讨论佛理，与法国的伯希和一起研究汉学等。丰富的学习经历不但让陈寅恪掌握了近二十种语言，更为重要的是学习到了西方治现代科学的研究方法、治学范式。这让谙习中国文化的陈寅恪如虎添翼，为下一步的治学研究打下了坚实基础。

著名学者钱文忠曾对此作过评价："寅恪先生在此风云际会之时，禀天纵聪明，又得炙法国伯希和、美国蓝曼、德国吕德斯这样不世出的大师，宜其造诣宏深。"[①]

是陈寅恪学习不刻苦吗？亦非也。

童年时的陈寅恪读书便刻苦异常，那时家里条件差，照明既无电灯也无洋烛，夜里只好以油灯照明。他怕深夜读书家里人"打扰"，便将油灯藏于被中，就这样夜以继日地读书，时间长了，以致眼睛视力受损。

在国外留学期间陈寅恪学习刻苦也是出了名的。在德国学习时，由于国

---

① 钱文忠.陈寅恪印象［M］.上海：学林出版社，1997：编选小序7.

内时局不稳，国内的官费时常停寄，加上家境日衰，更让他的生活费捉襟见肘。这并没影响到他的读书，那时他每天仅食一点最便宜的面包，然后跑到图书馆去读书，一待就是一天，有时读得入迷，整天不进食也是常有之事。当时，赵元任夫妇到德国游玩，陈寅恪、俞大维听说后便请夫妇俩看歌剧，然而他俩将赵氏夫妇带到剧院门口便离开了。赵氏夫妇不解，陈寅恪解释说我们只有这点钱，若一起看歌剧，那么就得啃好几天的干面包。当时在德国留学的学生成千上万，但有很大一批人，其目的只为镀金，开眼界，获得一学位或文凭，回国后成为找工作炫耀的资本而已。陈寅恪对此极为不屑。他称这些人为"欺世盗名"者。他对好友吴宓说："吾留学生中，十之七八，在此所学，盖惟欺世盗名，纵欲攫财之本领而已。"[1]也有志存高远的求学者，他们专心致志、潜心研学，旨在学得真本领将来报效祖国。陈寅恪便是其中佼佼者。他的一举一动也赢得了同学的认可，在德国同学们因他与傅斯年心无旁骛专心求学，称他俩是"宁国府大门前的一对石狮子"[2]。在美国由于他潜心读书成绩优秀，同学们把他与汤用彤、吴宓并称中国留学生之"哈佛三杰"。

俞大维曾对陈寅恪的侄子陈封雄说，陈寅恪语言学成就出色，全在坚韧不拔的毅力。并举例称他与陈寅恪在哈佛大学同时学习梵文，他自己仅学了半年便知难而退，而陈寅恪却潜心学习了二十多年。

从以上陈寅恪刻苦学习的经历来看，以陈寅恪的学习态度、学习能力、学习成绩，获得学位是易如反掌，手到擒来之事，只是他志存高远，学习重实际，轻形式而已。他曾与侄子陈封雄谈及此事："考博士并不难，但两三年内被一具体专题束缚住，就没有时间学其他知识了。"[3]俞大维对此深以为然，他对陈封雄说所以"我在哈佛得了博士学位，但我的学问不如他"[4]。

有意思的是，归国后的陈寅恪其仪表装束也与其他海归迥然不同。当时的海归们，大都西装革履，满口洋文，处处给人以其所谓的留学生形象。每每讲起国外某教授或异国风情时总是眉飞色舞得意忘形的样子，生怕别人不知道其到海外留过学，受过西方教育似的。而陈寅恪却仍是装扮如故，乡

① 吴学昭.吴宓与陈寅恪［M］.北京：清华大学出版社，1992：8.

② 王子舟.陈寅恪读书生涯［M］.武汉：长江文艺出版社，1997：40.

③ 刘克敌.陈寅恪和他的同时代人［M］.北京：文化艺术出版社，2006：5.

④ 刘克敌.陈寅恪和他的同时代人［M］.北京：文化艺术出版社，2006：6.

音未改。常常是着布裤加布长衫，脚蹬一双布鞋。冬季则头顶"三块瓦"皮帽，围长围巾，外加一棉袍或皮袍以及羊皮马褂，里面是棉衣棉裤，脚蹬一双厚棉鞋。再加上一副近视眼镜，俨然一幅"三家村"里的老学究模样。来校授课，通常携一布袋，里面装满了教材、讲义、复习材料等。季羡林称，不认识的人还以为陈寅恪是琉璃厂某一旧书店到清华送书的老板呢。学生李坚称老师的打扮在马路上，往往被误认为乡下郎中。《清华暑期周刊·教授印象记》称陈寅恪这身打扮为"国货式的老先生"。那些把陈寅恪认错的人哪知道眼前的人，竟是学贯中西的学界泰斗。可见什么吃穿打扮，对陈寅恪来说都是次要的，其一生钟爱的是教学与学术研究。

无学位的陈寅恪学问到底如何呢。学者吴宓称："合中西新旧各种学问而统论之，吾必以寅恪为全中国最博学之人。"[①]

大文豪梁启超学问可谓贯通古今，著作等身，但却自称不如陈寅恪寥寥数百字有价值。在其极力举荐下陈寅恪与王国维、梁启超、赵元任成为清华学校国学研究院名动天下的四大国学导师。由于陈寅恪知识渊博、博闻多识，师生们奉他为"活字典""活辞书""教授中的教授"。在陈寅恪的课堂上，不仅有国学研究院的学生，许多外系学生也慕名前来听讲。更有甚者，一些外系的学生听了课后，萌生了转系的念头。清华国文系的王永兴、哲学系的徐高阮便因此转到了陈寅恪教授所教的历史系。在清华国学研究院时，来听陈寅恪讲课的老师也是不乏其人。据载，当时吴宓基本上堂堂必来，有时也可见到朱自清的身影。一些助教更不必说，连外国教授钢和泰也是逢空就来。

陈寅恪的学术研究成果在国际学术界亦享有盛誉。日本学界泰斗白鸟库吉关于一中亚问题，反复研究，不得其解，无奈，他致信向奥国学者求教，复信又推荐柏林大学某教授可解决问题，不久，柏林的教授回复说可向中国的陈寅恪请教。白鸟库吉遂致信陈寅恪，结果问题得以圆满解决。白鸟库吉感慨称，如果没有陈先生，他还不知道为此问题再摸索多少年。

1939年春，英国皇家学会授予陈寅恪研究员的职称，同时，英国牛津大学正式聘请陈寅恪为该校汉学教授，据载这是牛津大学成立三百余年来聘请的首位中国人专职教授。

---

① 吴宓.吴宓诗话［M］.吴学昭，整理.北京：商务印书馆，2005：196.

《隋唐制度渊源略论稿》《唐代政治史述论稿》是陈寅恪的重要学术代表作，其理论观点得到了学界的高度认可。在世界上享有盛誉的汉学名著《剑桥中国史》亦给予高度评价，称其提出的关于唐代政治和制度的观点，远比其他任何观点扎实、严谨和令人信服。

萧公权说："真有学问的人绝不需要硕士、博士头衔去装点门面。不幸是有些留学生过于重视学位而意图取巧。"①萧公权的话道出治学的真正目的与意义。一个人学习的目的如只在装点门面，学习心思只为绞尽脑汁在专业课程上避难就易，投机取巧，旨在最终获取那张梦寐以求的学位证书，那他哪还有精力投入到真正的学习中去。陈寅恪的学习目的则与这些人恰恰相反，他读书不为名，不图利，不在乎耀眼光鲜却华而不实的形式，只专注于学问、知识的学习。即使回国后，他依然治学严谨，坚持真理、坚持原则，从不人云亦云，保持了卓尔不群的治学风范。也正因为他有了正确的治学理念，让他做到心无杂念，摆脱世俗羁绊，潜心钻研，一心向学，终在学术领域突破一个个学术难题，成为世人景仰、万众瞩目的国学大师。

陈寅恪的这一治学观念也非常值得当下学人学习。现今社会为什么在学历普遍提高，博士硕士比比皆是的情况下，在一些学术领域上还是难以实现创新与突破？为什么在知识分子云集的企业生产的产品缺乏科技含量，毫无市场竞争力？为什么一些人号称著作等身，说起来长篇大论头头是道，写的东西也是长篇累牍洋洋洒洒，却没有一点真金白银的东西。根本原因还是治学研究的动机和态度出现了问题。机遇是给有准备的人预备的，同样是一水壶，普通人用它烧出开水，瓦特却据此发明了蒸汽机；常人走路被叶秧拉破皮肤，涂点药了事，而鲁班却依此发明了锯。产生如此巨大反差的原因是什么呢，在于爱虚荣的人，注重外表的人往往日常关注于外面花花世界，留心于象征身份的学历、职称、职务上，把时间精力用在如何想方设法、绞尽脑汁以最快速度获取这些身份上，其他什么工作、科研、研究之类的事都抛在了九霄云外的缘故。

而不为名不为利的人，学习研究不为外界所动的人，始终把治学研究当成生命全部的人，他们无时无刻不把精力与心血放在了其钟爱的治学与研究工作中。水滴石穿，有汗水、有毅力、有恒心，终将收到回报。正是有了持

---

① 汪荣祖.陈寅恪评传［M］.南昌：百花洲文艺出版社，1997：32.

之以恒的定力和一往无前、永不言败的精神，让他们从看似细枝末节的生活小事中产生火花，找出事物运行规律，实现了人类突破。这样的人才是中华民族的脊梁，才是我们应该学习的榜样！

重视目录学研究

目录学是专门研究图书目录工作形成和发展的一般规律的一门科学。中国古代目录学中的目录与现代的目录不尽相同。现代目录通常指图书正文前的目录或目次。古代的目录内容要多于现代目录，包括目和录两部分。目，通常指一部书的篇目，与现代书的目次相近，不同的是古代的目一般列于书末。录又称书录，是一部书的叙录，包括图书成书过程、编校情况、作者情况、全书内容简介与评论得失等，相当于书的提要部分。古书中的录也列于书末。目录始创于西汉刘向，其撰写的《别录》是中国第一部既有书名，又有解题的分类目录。刘向又与其子刘歆合撰《七略》。此后各代学者对目录学均有研究，其中东汉有班固、傅毅，三国时有郑默，两晋时期有荀勖、李充，南北朝有王俭、阮孝绪，隋代有许善心等，唐代有李元寿、释智升等，宋代有晁公武、郑樵、王应麟等，元代有马端临，明代有杨士奇、焦竑，清代有钱曾、黄虞稷、章学诚、纪昀、孙星衍等，他们都在目录学研究方面做出了卓有成效的成绩。众多学者关注于目录学研究的原因在于目录学内容所具有的辨章学术、考镜源流、鉴别旧椠、钩元提要属性，可为读书治学提供重要帮助。

清代历史学家王鸣盛说："目录之学，学中第一紧要事。必从此问途，方能得其门而入。"又有"凡读书最切要者，目录之学。目录明，方可读书；不明，终是乱读。"[1]

现代语言学家、目录学家余嘉锡说："治学之士，无不先窥目录以为津逮，较其他学术，尤为重要。"[2]

---

① 潘树广.古典文学文献及其检索［M］.西安：陕西人民出版社，1984：200.
② 潘树广.古典文学文献及其检索［M］.西安：陕西人民出版社，1984：200.

正如学者所说，读书治学离不开目录学。目录学可谓读书治学的门径。我国古代书籍多如牛毛、难以计数，一本本读完是根本不可能的，也完全没有必要，那就要有选择地去读，这时借用《书目答问》《四库总目》便可知各门类图书数量以及版本优劣、内容梗概等，然后再选择自己要读的书，自然就容易得多。通过查检目录书，不仅可以提高自己的知识视野，也可搞清某一领域内的已有研究成果、最新研究进展、创新程度，哪些问题前人已有定论，哪些问题悬而未决，哪些问题结论单薄肤浅还须再深入研究等，这对下一步的治学研究至关重要。这也是古今大学问家普遍重视目录学的原因所在。

陈寅恪也不例外。在哈佛大学时他对吴宓说："欲治中国学问，当从目录之学入手，则不至茫无津埃，而有洞观全局之益。"①他不仅这样说，也是以目录学治学的践行者。大家知道陈寅恪在魏晋南北朝史、隋唐史、西域各民族史、古代语言学、蒙古史、敦煌学等方面皆作出了突出贡献。他常说要知史求实，学术研究不能道听途说，更不能捕风捉影，须要重事实，有依据，才能史中求实。因此要搞好研究，首先要有资料支撑。陈寅恪的治学材料从何而得？从他的治学记录中便可窥知一二。前文所述陈寅恪遗物中有64本笔记本，通过整理得知，笔记中除有大量语言学习内容外，还有西藏书目200种、蒙古书目265种、中亚书目170种、阿拉伯书目50种、波斯地理及历史书目132种，这些书目中多编有序号，而且整整齐齐。显然这是供其研究之用的。以此看，陈寅恪在国外学习期间，已根据所研究方向，通过大量阅读，做了大量资料调查，并按专题编成书目，以备将来查阅之用。同时也看出他对目录学的重视。当然他的治学书目绝不止这些。

1957年陈寅恪在家中走廊授课

---

① 吴学昭.吴宓与陈寅恪［M］.北京：清华大学出版社，1992：9.

　　课堂上的陈寅恪也很重视目录学知识的运用。到清华后他最先开设的课程中便有"西人之东方学之目录学"，这是他利用自己多年治学书目编写而成的，其目的在于让学生了解到西人对于东方学的研究状况、研究水平。在指导学生时，他常常给学生布置阅读书目，并根据目录学的特性，对所读之书的优缺点、内容特征等作介绍，学生均感受益连连。从杨联陞提供的1935年《隋唐史第一讲笔记大略》得知，陈寅恪给学生布置的参考书目有三部分：第一部分是《通鉴隋唐纪》《通典》，第二部分是《隋书》《旧唐书》《新唐书》三部，第三部分是《全唐文》《全唐诗》《唐律》《唐六典》《太平御览》《册府元龟》。然后再分别点评各典籍的优缺点、提要、考订价值等。他指出《通鉴纪事本末》具有索引作用，但不能代替《通典》，《通鉴》具有考订价值，是读正史的必定参考等。王永兴跟老师陈寅恪学习"魏晋南北朝史""隋唐史"两门课时，回忆当时老师指定的阅读书目有《三国志》《晋书》《旧唐书》《新唐书》等正史，也有《通典》《唐汇要》《五代汇要》等典章类图书。然后再分别强调各书的特点，以区别阅读。这些阅读书目自然是陈寅恪根据所授课程，为学生量身定做的课外阅读书，而且再辅以陈寅恪自己对这些书的阅读感悟，学生读后哪能不受益呢。在为学生艾天秩授课前，陈寅恪直接为学生列出30多种图书的书目以考察其阅读情况，旨在根据艾天秩的阅读情况，因材施教。这时书目又成了考查学生学习水平的工具，同时也反映了陈寅恪对目录学这一工具的巧妙运用。

　　图书文献是记录各时期学术研究成果的重要载体，简要介绍这些载体的目录反映了相关学术研究的全面发展情况。因此，治学研究必先掌握相关课题书目，才能检索到必读文献，了解到最新研究进展，为研究所用，才能登其堂，入其室，探其奥。

胡 适 ///

> **胡 适**（1891—1962），字适之，安徽绩溪人，以倡导白话文，领导新文化运动而闻名于世，中国现代著名学者，思想家。

　　胡适作为20世纪的著名学者，曾多次对读书作过精彩论述。他于1925年10月在上海中华职业学校讲《怎样读书》，1930年11月在上海青年会讲《为什么读书》，1935年5月又在《大学新闻周报》发表《读书的习惯重于方法》一文。此外，1923年，胡适还为广大青年学生开列书单——《一个最低限度的国学书目》。胡适的读书方法简便易行，重在实用，因此受到了广大青年学生的喜爱。胡适的读书理念和方法，综合起来主要体现在以下几方面。

好习惯重于好方法

　　做任何事情离不开良好的习惯，只要达到了习惯成自然的地步，也就有了优异的做事能力，做事自然也变得容易可行。读书自然也是这样，首先要养成良好的读书习惯，读书习惯养成了，自然读书终生受益。

　　万事勤为先，业精于勤，天道酬勤，做任何事情，认准目标，只要始终如一，坚持不懈，勤奋敬业，就没有不成功的。勤可以说是做事成功的重要保障。

胡适的读书治学过程也是勤字当先。胡适三岁多时，其父亲胡传突然去世。母亲为了完成丈夫将胡适培养成人的遗愿，对胡适的学习要求极为严格。在胡适开蒙时，虽不到四岁，仍每天早晨唤醒胡适，告诫儿子前一天的言行错误，并责令改正之。同时鼓励胡适要以其父亲为榜样勤奋学习，她说："你总要踏上你老子的脚步。我一生只晓得这一个完全的人，你要学他，不要跌他的股。"①

母亲慈母兼任严父，这对胡适影响极深，不仅将丈夫的遗愿早早植入胡适幼小的心灵中，更重要的是让胡适磨炼了意志，从小养成勤奋好学的习惯。历代成功者都离不开勤奋学习的经历，胡适也是如此。

9岁时，胡适在四叔家偶然发现一本残本《水浒传》，立刻被书中的情节所吸引，如醉如痴地读完后，仍觉得不过瘾，从此他像着迷一样，一本接一本接连读下去，不过几年时间，就读完了《聊斋志异》《水浒传》等三十多部文学著作。

1904年，胡适在上海求学时，学校的办学经费紧张，宿舍连写字桌也没有。胡适就将蜡烛放于床头的架子上，找一块石板放于枕头之上，然后趴在床上，以石板为书桌来学习。由于他学习起来通常是通宵达旦，耳朵听力受到了影响，幸亏后来及时调整，才逐渐恢复到正常状态。

在中国公学学习时，胡适在上课之余经常去买旧书读，为保质保量地读书，他通常在香烟盒上写下书名、购书时间、读书期限等信息，旨在提醒自己要惜时如金，勤奋读书。即使因会友等耽误了读书，他必加班挑灯夜读，将损失的时间寻回来。

太平洋战争前夕，为保护图书，北平图书馆计划将几百部珍贵的善本古籍运至美国国会图书馆代为保存。美方对此高度重视，特派大员陪同时任中华民国驻美大使胡适前往察看。嗜书如命的胡适一进书库便旁若无人地读起书来，直到过足了书瘾才恋恋不舍地走出来，然后又津津有味地对陪同的官员们讲起书中的经纬来。

晚年的胡适，读书更是到了痴迷的地步。在他去世的前一年，突发心脏病，后经过医生及时抢救才总算保住了性命。可是在第二天，他的助手胡颂

---

① 胡适.胡适自述［M］.昆明：云南人民出版社，2015：79.

平去病房看他时，只见刚从死亡线爬回来的胡适正在读报，胡颂平立即夺下了报纸。胡适却有些不高兴，觉得这是剥夺了他读书的自由，转身对他的主治医生说："我是有看书习惯的人，看书不吃力的。请你跟院长商量商量，让我看些轻松的东西。"

书山有路勤为径，胡适在总结自己读书治学的经验时指出，首要的学习习惯便是勤，真理不用敲打逼榨，不会呈现，静坐在竹子下，岂能格物？勤可以补天分之不足，并举例说司马迁为了撰写《史记》读万卷书，行万里路，历经十余年的勤奋努力才大功告成。因此说天下没有不费吹灰之力就能做成的事，只有脚踏实地，勤字当头，才是读好书，治好学的首先前提。

胡适认为第二个好的读书习惯就是慎，所谓慎就是读书时要细心慎重，不放过任何一个问题，也不要轻易地下结论。古人讲"执事敬""事思敬""修己以敬"就是这个道理，随随便便是不能成事的，只有端正态度，考虑周密，准备充分才能有所成就。胡适认为江苏高邮的王念孙、王引之父子之所以在训诂学上屡有建树，与其治学严谨细致有很大关系。遇上问题不轻易放过，具备一丝不苟的精神，才能发现前人不能发现的问题。作为考据大家和实证主义大师，胡适在学术研究上极为谨慎，他认为读书需要大胆假设，更需要小心地求证，要有一分材料说一分话，这样才能保证所研究的东西不出现偏差。胡适不仅这样严格要求自己，对待学生也是如此。

胡适的学生罗尔纲的著作《太平天国史纲》面世后，学术界一片好评之声，胡适在鼓励的同时也指出由于罗尔纲治学不严谨而产生的不足之处。他对罗尔纲说："……做历史家不应有主观，须要把事实的真相全盘托出来，如果忽略了一边，那便是片面的记载了。这是不对的……"①在胡适的严格要求下，罗尔纲在以后的研究中更加严格地要求自己，终成为新时期太平天国史研究的奠基者。

胡适认为谦虚的态度也是读书人必不可少的。他指出："扫除成见，用虚心来接受真理……真虚心者，才能不轻判断，不轻信仰，才能悬而不断，才能考而后信，才能等待充分证据而后信。"②读书治学，探求真理，务必要有

---

① 罗尔纲. 师门五年记：胡适琐记［M］. 北京：生活·读书·新知三联书店，1995：66.

② 顾红亮. 实用主义的误读：杜威哲学对中国现代哲学的影响［M］. 桂林：广西师范大学出版社，2015：132.

谦虚的态度。子曰："三人行，必有我师焉。"学有所疑，不耻下问就是这个道理。一个人的智慧是有限的，学习的知识面也是狭窄的，因此不仅要在擅长的领域研学，还应该多向别人汲取智慧，为我所用。治学上不要有门户之分，应抛弃成见，避免先入为主，先敞开心扉，虚心接受，方可定取舍，得真义。即使有不同观点，也不要过早下结论，一切都服从证据，方可避免走偏。

胡适不仅在治学上谦逊，对待青年学生也总是和蔼可亲、宽以待人，对待访客，即使是后辈晚生，也从没架子，皆是来者不拒，见者必谈，任何小题目，也能谈得丝丝入扣，让学生如沐春风。历史学家黎东方回忆胡适时说："他是一个真诚而纯挚的学者，同时也是一个极民主而'平民化'的大师。'人之有善，若己有之'这八个字，他当之无愧。"①上善若水皆因以谦为心，胡适特有的人格魅力，让他身边聚集了大量青年才俊。同时也让胡适朋友遍天下，无论是学者、官员还是街头做生意的都喜欢与这位大学者交往。胡适的老乡朋友章希吕曾于1933年至1937年在胡家代胡适整理书稿，章希吕称胡适谦虚和蔼、心胸宽广，他曾在1934年4月5日的日记中写道："为适兄理杂志，都是出版者赠送的，约有二百种以上。"②该文足见胡适与当时众多学界同仁的关系密切。胡适的朋友多，同时认识胡适的也多，以至在当时"我的朋友胡适之"成了很多人的口头禅。与人为善，宽以待人，必然种瓜得瓜、种豆得豆、投桃报李，得到他人的友善、信任和支持，在这样的环境下如琢如磨切磋学术，自己哪能不受益呢，水平哪能不提高呢。

胡适讲读书人还应有个买书的习惯。他认为经常去书店淘书，时间长了，自然对相关专业的图书出版概况及名人的著书情况、版本知识、纸张知识、名本的流传情况越来越熟悉，这对读书治学定会大有帮助。如经常在旧书肆中淘得珍本秘籍，不但可提高自己的眼力，更为重要的是对读书会愈来愈有兴趣。买的书籍多了，自然参考知识就多了，对读书治学自然益处多多。尤其是一些必备的书籍，即使少花点钱用于吃喝穿戴，也应当非买不可。

学术大家都对买书淘书情有独钟，大学者陈寅恪出国留学十余年，从

---

① 黎东方.我对历史的看法［M］.北京：中国工人出版社，2008：292-293.

② 章秋宜，徐子超.章希吕日记（摘录）［M］//颜振吾.胡适研究丛录.北京：生活·读书·新知三联书店，1989：245-277.

欧洲到美洲都留下了其购书的足迹。其中在美国哈佛大学读书时，每有空闲时必到旧书店淘书，他不光会淘书，能够独具慧眼、沙里淘金，而且还很会与书商谈价格。他常对同在美国留学的好友吴宓等人说，趁在美国时多买点书，否则回国就没机会了。在其影响下，吴宓与俞大维也加入了买书行列。林语堂也对买旧书乐此不疲，他为弥补自己对中国传统文化的不足，其选择的补课地点即当时中国最大的旧书市场琉璃厂，因为这里所藏的旧书不仅种类齐全，就连售书的老板也大都来自前清举子，个个都是行家里手。在这里林语堂不仅学会了旧书版本的鉴别，也知道了王国维，了解了《四库集录》。并因此对传统文化产生了浓厚兴趣，为其日后的小说创作提供了源源不断的素材。

胡适一生酷爱购买书籍，他称人生最大的乐趣，莫过于读书与藏书。为了购得喜爱的图书，他往往是不遗余力，胡适曾对《水经注》作考证，为获得相关资料，他对在琉璃厂书店工作的魏广洲说："有少见的小说，或是有关《水经注》的书，凡是我没有的，我都要。"[①]

在胡适的薪水中光购书一项就占去了很大的比例。胡适日记曾记载他在1922年10月5日中秋节的购书情况，他称这一个节上，开销了400元的书账，南阳山房最多，共270余元。1954年5月19日，他在致杨联陞的信中说："我在东京买得十二本册页，是清初到道光二百年中学人、文人、艺人的墨迹，有147人，共有信106件，诗笺100件，杂件18件，共224件……此中有许多乾嘉学人的信札、诗笺，我很感兴趣……"[②]1927年，胡适获悉有人愿将乾隆甲戌《脂砚斋重评石头记》转让于他，他听说后兴奋地连称险失此书。可书价却让他甚是为难，竟要500大洋，其实这明显是转让人故意抬高之举。但胡适还是借款买下此书。1948年，他离开北平时，随身携带的书除了已故父亲的遗稿外，还有这本高价购下的宝贝书。

胡适母亲也非常支持儿子购书学习，当胡适还在美留学时，她听说胡适与朋友谈起《古今图书集成》的重要性，虽说当时家境贫寒，仍是借贷70元购得此书，随后寄给胡适。长年累月的购书使得胡适家中的藏书极为丰富，用一座小型图书馆来形容也不为过。章希昌于1935年8月6日记录了为胡适编写书目

---

① 胡成业.徽州的胡适［M］.上海：文汇出版社，2012：259.
② 胡适纪念馆.论学谈诗二十年：胡适杨联陞往来书札［M］.合肥：安徽教育出版社，2001：235.

的情况："一星期来只编成两架书的书目，每架约书一千册，适兄有架四十四个，约藏线装书四万余册，西文书十一架在外，杂志月刊都在外。"①

大量的购书让胡适不仅在访书、购书中乐在其中、乐此不疲，而且为他的治学提供了重要资料支撑。众所周知，胡适的学术研究中考证研究就占了很大比例，后半生几乎全用在《水经注》的考证研究上，据载，他在这方面的论文、跋识、函札达百余篇。考证研究要有证据，要有大量材料去辅证，试想如果没有胡适事先购买的大量《水经注》类图书资料，要完成这项工作是不可能的。自身的亲身体会，让胡适意识到读书须有个好买书的习惯。

读书重在实用

胡适谈到读书的目的时指出，从前人认为学而优则仕，只要学习好了有能力了，便可做官光宗耀祖。"黄金屋""颜如玉"之类的东西即唾手可得。现在则不同了，读书即为了求知，为了做人。胡适将读书的功用归纳为三点。

第一，书籍是记录知识经验的载体，读书便是接受人类的这一宝贵遗产。胡适认为人与动物的最大不同在于，人类在利用自然改造自然的生存过程中，发明了语言文字、纸张、印刷术，以及记录生产经验的图书文献。这些发明的贡献在于将前人的知识经验得以记载和传

初任北京大学教授的胡适

播，使人们在从事同一工作时不再从头学起，只要将图书中的已有知识、经验学好用好，发扬光大即可。他说现在学习的各种教科书，如语文、数学、物理、化学等课程内容均是由数千年来传承下来的先进知识精编而成。学校教育的任务就是让学生将人类的这些知识学会、学深、学透，并在此基础上

---

① 章秋宜、徐子超. 章希吕日记（摘录）［M］// 颜振吾. 胡适研究丛录. 北京：生活·读书·新知三联书店，1989：245-277.

再不断创新、突破，以实现人类的进一步发展。

书籍是人类进步的阶梯，书籍是中华民族五千年文明的见证。从昔日的蒙昧时期，到现在日新月异的科技飞速发展时期，无论是从春秋战国至汉唐，还是从宋元到明清时期，每个时代的发展进化都离不开图书中的先进知识和经验，都离不开人类文化遗产的继承与发扬。否则，没有图书，一切从头开始、舍近求远，拒绝祖宗留下的遗产，对于社会发展、人类进步，将是步履维艰、难上加难。所以读书的功用之一就是要继承人类文化遗产。

第二，为读书而读书。胡适始终认为读书并非易事，"不读书不能读书，要能读书才能多读书"①。比如，近视的人戴上眼镜，便可看清楚东西，小的可以变大，模糊的可以变得清楚，让远的视物可以变近。读书也犹如戴上眼镜一样，眼镜越好，读起来理解力越强，自然可明白书中内容。他说王安石的"读经而已，则不足以知经""致其知而后读"就是这个道理。胡适的意思是说，读书固然可以增长知识，提高见识，同时读书越多，见识越丰富，知识面越宽广，读书的能力越强，再读新书自然可理解得快，消化得了。这就是为读书而读书的意义。

为了说明这个问题，胡适又以《诗经》和《墨子》为例说明。《诗经》作为我国最早的诗歌总集，反映了周朝五百多年的历史风貌，是一部极其重要的经典文献。该书被称为"美""刺"的圣书。由于成书久远，古今社会发展变化巨大，因此现在看来很多看不明白、讲不通、难以理解。例如，书中有"野有死麕，白茅包之；有女怀春，吉士诱之"，仅死扣文中字句，极难搞清这句话的本义。假如读书时已具备一些社会民俗知识，便知道昔日男子打了野兽，送到心仪女子家中来求婚，这是当时习以为常的风俗习惯而已。再如《墨子》一书，由于该书涉及几何学、力学、声学、光学、逻辑学等学科，如果缺少这些相关背景知识，读《墨子》便觉生涩难懂，反之，则越读越爱读，越读越有兴趣。故诸葛亮常说，作为军事家，不仅要通晓军事，还应对天文、地理、数学等知识有所了解。这样才能做到行军打仗料事如神，有如神助。

正如胡适所讲，现代社会科学技术飞速发展，学科发展一方面相互交叉、相互融合，一方面分工越来越细，因此就更需要有为读书而读书的理

---

① 胡适.胡适谈读书［M］.南昌：百花洲文艺出版社，2016：11.

念，同时读书不要怕困难，要迎难而上，克服的困难越多，解决的问题越多，自己的知识储备就越丰富。这样，再读新书时遇到问题，自然能左右逢源、迎刃而解。

第三，读书可以解决疑难问题，应对环境变化，供给思想精华。胡适认为图书是知识的实物载体，知识是思想的源泉。大量阅读不仅可以发现困难，深化思想，还可以利用知识的组合供给思想之材料，最终解决困难。胡适称这个解决困难，供给思想材料的过程可分为五步：第一步，思想的根源在于疑问。疑问产生于矛盾，比如人处斜岔口，或人生的十字路口，或遇到学术难题时，到底往哪走，以什么方法去求证，一时难以定论怎么办。这时就产生了困难与疑惑，同时有了思想。这一步也可称发现问题，产生思想阶段。第二步，就是要把问题、难点搞清楚。问题到底出现在哪一个环节，务必要先落实清楚这个问题。第三步，即出主意阶段。此阶段尤其重要，综合来说，发现了问题后，看的书多，知识越丰富，解决问题的主意与对策越多，这时左一个主意，右一个主意，都一股脑冒出来了，解决起问题来自然得心应手。所谓养军千日、用在一时就是这个道理，手里的牌多，自然厚积薄发打出绝妙好牌。否则孤陋寡闻，学得的知识肤浅，只有抓耳挠腮干着急。第四步，即选择一个切实可行的解决方法。办法多还要会选，要能解决问题才行。如人得疾病，就要对症下药，才能药到病除。这药方从哪里来，全在书中记录的知识与经验里。药方太多，没有选择不行，没有药方无从下手，也不行。这时如果是一个博学多识之人，就能够对病因、药方之药性做比较选择，开出的药方才能有针对性。在此阶段也不要固执己见、一意孤行，办法不行，就及时更换，如开门锁，一个钥匙开不开，就用另一个，直到把门打开为止。第五步，即证实求证过程，选择方法后，通过求证，得出结论。

胡适说世界上很多问题都是通过读书，利用丰富的知识，甚至是跨行业、跨学科的知识经验，融会贯通后来解决问题的。达尔文研究生物变迁搞了几十年，研究结果仍不理想，想不出合适的规律去整理自己的材料。一天他偶然读到马尔萨斯的《人口论》，该理论称人口是按几何学级数逐倍增加，粮食则按照数学级数增加……这时达尔文顿时豁然开朗、茅塞顿开，物竞天择学说由此萌生。哥白尼的日心说改变了人们过去对自然与自身的看法，更正了人们的宇宙观。而他的这一学说，很大可能来自古希腊天文学的启发。

胡适称他自己也是读书的受益者。他受《聊斋志异》故事的启发，得出《醒世姻缘传》的作者西周生即蒲松龄。胡适指出达尔文用经济学材料解决了生物学上的问题，哥白尼借助希腊人天文知识推进了自己的天文学研究，这样的成功案例数不胜数。究其原因是读书多的缘故，知识多了自然能够举一反三、触类旁通，让相关知识成为研究另一问题的知识材料，进而让课题研究变得简单易行，让人生变得更有意义。

胡适读书的目的非同林语堂的至乐读书，也不同于古人求富贵的目的，他读书重实用，旨在解决实际问题尤其是治学中的问题，而且见解精到、独树一帜，相信广大治学者以此读书观读书定会受益匪浅。

读书要做到精博双修

读书不能盲目乱读，必须得其法才能顺利获取书中的知识、智慧和经验，否则收效甚微。胡适非常重视读书方法的运用，他认为读书有两大要素，第一是精，第二是博。两大要素缺一不可，不能顾此失彼，要精博双修才能成为真正的大学者。

如何做到精，胡适非常赞同中国古代私塾教育讲究读书要"三到"，即"眼到、口到、心到"，不过他认为读书只做到这"三到"还不够，"手到"也是必不可少的。

他认为"眼到"，就是读书时要仔细，即每个字的一笔一画都不能马虎对待，要认真细致地研究明白才行，否则定会让后人贻笑大方。他说中国之所以有校勘学，有那么多人把时间和精力花在古籍校勘上，全因古人看书时疏忽大意，著述时马虎、不严谨造成的。古人不经意漏掉一笔一画，后人不知要查阅多少版本著作，比较多少释文才能校对清楚。他说读西文书也是这个道理，不能有丝毫差错，否则词义会有天壤之别。他说如把"port"看成"pork"，葡萄酒就变成了猪肉；把"oats"看作"oaks"，小草就变成了大树。真是失之毫厘，谬以千里。这都是看书时马马虎虎，眼睛看得不仔细的结果。中国古代因一字之差酿成的笑话可谓比比皆是，因此读书时一定做到"眼到"，不能有丝毫马虎。

所谓"口到",就是要诵读,每字每句都要念出来。古人提倡"口到"即念到滚瓜烂熟,直到背诵出来。现在虽不主张死记硬背,但是熟读唐诗三百首,不会作诗也会吟。众多经典诗歌,内容十分精彩,还是应该要背的。这对自己的写作定会有益处。胡适强调"口到"的好处:一是有利于了解句子的结构;二是可以掌握句中各部分的关系;三是可以体会文章的风采、气势与神韵;四是读书百遍,其义自见,熟读可以明了文章的要义,并顺便积累材料。要得到这些益处,仅读一两遍是不会实现的,要多读、熟读直到真正掌握才可。胡适在"口到"上下过真功夫,他不到四岁即入私塾读书,他的母亲为了不让胡适死读书,主动提高学金让先生在指导胡适念书的同时为之讲书,以便明了书中的意思。很快使小胡适成为同学中的佼佼者。日积月累年复一年的读书让胡适积累了大量材料。胡适晚年谈到治国学的感悟时指出,好多资料都是他花时间硬记下来的,像历代帝王的年号,他可记得百分之九十以上。事实上,诵读对治学也很有益处。有一次胡适为了弄明白"尔"和"汝"的异同,便反复诵读《论语》中含有两字的语句,细细揣摩,终找出二字的区别,后由此写出《尔汝篇》一文。

胡适认为所谓"心到",就是读书时要把书中各章节字句的意义都弄明白,不能囫囵吞枣、马虎,要用心考究明白,何以如是。要做到这一点,不能枯坐冥想,而是要借助工具和方法。

具体来说,第一要借助字典、词典等工具书。胡适说,治学工具书是读书必不可少的,即使典当衣服、售卖田地也要购买几种好的工具书,比如一本《韦氏大字典》胜过请几个老师,这样的工具书绝对是物有所值,与字典为伍,定会终生受益。胡适自己也非常重视字典等工具书的使用,晚年他谈到自己治国学的经验时指出,先将自己所研究专业的各类工具书集中起来,对治学研究定会大有好处。为了让朋友和学生知道字典的益处,胡适曾作《劝善歌》:少花几个钱,多卖两亩田,千万买部好字典!它跟你到天边,只要你常常请教它,包管你可以少丢几次脸。[①]以大力宣传字典的功用。

第二,要做文法上的分析。古往今来不同历史时期的汉语文法不尽相同,相同的字词在不同的句法中,意义也各不相同,倘若忽略过去,就要犯错误。因此,要懂得古今文法的异同,各自的构造与使用,才能明白字句的

---

① 胡适.倡导与尝试 [M].哈尔滨:北方文艺出版社,2018:377.

真正意义。

第三，要注意比较参考。读书不能只看字面，同一个字在不同的地方往往有不同的含义。要注意对比分析出异同点，融会贯通后方能真正了解其中的含义。为此胡适特举例说，《诗经》中的"于"和"言"两个字出现的频率特别高，它们在不同的地方，不仅用法不同，而且意思也是南辕北辙，有时即使用字典也很难解决，所以说中国的古书不好读。这时读者如懂得些文法知识，一边读一边作文法上的分析，用心去比较、归纳、考究，找出二字的使用规律，疑问也就迎刃而解。否则读者心中必是一团乱麻，越看越糊涂。读书时作文法上的分析比较，也让胡适受益匪浅。正如上文所述，《诗经》中有一百多个"言"字。作本义讲的如"人之多言""载之载言""无信人之言"等，"言"字的字义就一目了然了，很容易理解。但其他一些"言"字，如"薄言采之""言告师氏，言告言归"等其意义不尽相同。虽然《毛诗注疏》《尔雅》等，都称"言"为"我"的意思。但胡适并不盲从，他将《诗经》中涉及"言"的语句一条一条集中起来，作比较分析，撰成《诗三百言字解》，将"言"字之义归纳为三种情况：其一，"言"字是一种挈合词，又名连字，其用与"而"字相似；其二，"言"字又作"乃"字解；其三，"言"字有时亦作代名之"之"字。胡适的见解十分精辟且深刻，该文一出即赢得广泛好评，顾颉刚在其《当代中国史学》中称胡适关于《诗经》中"言"字的研究"是以科学方法研究《诗经》文法的第一声"①。

第四，胡适认为"会疑"也是"心到"的重要内容。读书要善于发现问题，解决问题，才能做到精进，实现自我提高。否则，没有疑问，什么问题也没发现，人云亦云，自然难以受益。

胡适指出，读书仅做到"三到"还是不够的，还应做到"手到"才行。所谓"手到"就是多动手，按其说法就是多动动自己的手。光学不练假把式，边学边练才出真本事，俗话说，好记性不如烂笔头，读书"动手"不仅可以提高记忆力，还能有助于消化知识，打开眼界，充分调动自己的想象力和创造力，使知识得以升华，让书本的知识为我所用。从另一个角度说，读书是书本内容牵着读者走，而"手到"时读者由被动变成主动成为书的主人，书本反而成为工具，这时读者将知识按照自己的思路和想法进行重新思

---

① 顾颉刚.当代中国史学［M］.沈阳：辽宁教育出版社，1998：128.

索、整理、组合，成为新的有思想的作品，这一整理过程同时带动了读者内心的思考，所以不仅印象深刻，甚至终生难忘，而且能让自己的知识水平不断得到提升。

读书动手的方法很多：一是标点分段；二是翻阅字典和参考书；三是书写读书札记，其中又包括抄录备忘，写提要、节要，记下心得体会，融会贯通后撰写著作等。胡适称读书做标点、查字典等是极为紧要的工作，切记不可放过这一环节。确如胡适所言，点书可谓读书治学的重要门径，古今大学者无不以此入手。与胡适同时期的大学者黄侃便痴迷于点书，他不仅自己逢书必点，还要求他的学生要重视点书，不然便认为学生不会读书。学生陆宗达欲拜黄侃为师，也是在黄侃授意下连点三遍《说文》后，才成为黄门弟子的。为强调点书的重要性，胡适特举一例：他说，他曾让顾颉刚标点姚际恒的《古今伪书考》一书。这书很薄，胡适以为顾颉刚一两周即可交稿，可是半年后也未见顾颉刚前来。原来顾颉刚点书时非常认真严谨，对于每条引的书，均要翻原书，认真校对，标明出处卷数，注明删节处，结果发现了很多问题，竟因此编辑出版了《辨伪丛刊》。后来学术不断精进的顾颉刚又从疑古逐渐开始了自己的史学研究。胡适说顾颉刚成功之处就在于"手到的工夫勤而且精"①。

胡适对做读书札记的功用也是极为推许。他称发表文章是吸收知识与思想的理想方法。平常无论看书得来的知识，还是听来的知识，往往是片段式，呈支离破碎状，带有模糊性。经过自己动手去伪存真、去粗取精撰提要、写札记、作说明、完成著述等得来的学问才是完整的，才真正属于动手者个人所有，而且终生受益。他举例说，当时社会上的"进化"两字可谓是热门词语。对这种道听途说的词语，人们未必能真正领会其中的正确含义，只不过人云亦云罢了。假如以"进化论"为题，搜遍资料后，做一篇读书札记或写一篇我为什么相信进化论的文章，然后将检索资料的结果如生物学上的证据、比较解剖学上的证据、比较胚胎学上的证据、地质学和古生物学上的证据、考古学上的证据、社会学和人类学的证据等一一罗列其中，经过取舍，重新组织得出结论。这时才可以说作者对进化论是真正地了解了。所以说

① 胡适.胡适谈读书［M］.南昌：百花洲文艺出版社，2016：7.

"发表是吸收的利器；又可以说，手到是心到的法门"①。总之是"没有动手不勤快而能读书的，没有手不到而能成学者的"②，就是这个道理。

胡适读书治学可谓"手到"的典范。他曾经有一个小本，称作"每天一首诗"。他自称每天抄一首诗，不论长短，不问体裁，不分时代先后，然后把它背诵下来，一年之后将其印出，就叫"每天一首诗"。人们说这大概是胡适在为写中国文学史而做的预备功夫吧。

胡适还有个写日记的习惯，从1910年始直到1962年几乎从未间断，现存日记仅缺1918年。安徽教育出版社2001年出版的《胡适日记全编》，计8册约382万字。日记中的学术部分占有较多比例：其中有思想发展的记录，包括胡适从开蒙到接触《神灭论》《天演论》，从达尔文的进化论到杜威的实证主义等细节，可谓胡适思想变迁的重要材料；有读书求知的记录，包括胡适阅读域外哲学、文学以及中国的经、史、子、集、小说、野史等的读书札记，清晰地反映了胡适的知识结构和学习历程；有参与文学革命的记录，包括胡适在文学革命的萌发、启动、爆发的全过程中的详细记录以及胡适新诗的创作背景、缘由等；有学术研究的记录，包括学术交往活动，一些重要论文的底稿，如《红楼梦》研究、禅宗佛学研究、《水经注》研究等。纵观整个胡适日记的学术部分，可谓胡适读书治学研究整个过程的全记录，真实地反映了胡适的治学方法与思想。

为什么要动手写日记，胡适在《胡适留学日记》自序中说"这种工作是求知识学问的一种帮助，也是思想的一种帮助……例如我自己研究《诗三百篇》里"言"字的文法，读到《小雅》"彤弓"篇的"受言藏之"，"受言橐之"，始大悟"言"字用在两个动词之间，有"而"字的功用。又如我研究古代鲁语的代名词"尔""汝""吾""我"等字，随笔记出研究的成果，后来就用札记的材料，写成我的《尔汝篇》和《吾我篇》……"③

写书评也是消化知识自我提高的重要环节。胡适对写书评非常重视，他的书评均用白话写成，据载其书评文章达150多篇，评论图书160多种，包括哲学、历史、文艺理论、诗歌、戏曲、人物传记等多个门类。

---

① 胡适.胡适谈读书［M］.南昌：百花洲文艺出版社，2016：6.
② 胡适.胡适谈读书［M］.南昌：百花洲文艺出版社，2016：7.
③ 胡适.胡适留学日记：1［M］.上海：上海科学技术文献出版社，2014：自序3-4.

书评中有专对某书的评论如《谈谈〈诗经〉》《读〈吕氏春秋〉》等，还有综合性评论如《五十年来中国之文学》《五十年来世界之哲学》等。大量书评的撰写，无疑让胡适对深入了解图书内容，提高综合分析判断能力，提升写作水平与治学能力大有益处。

读书还应做到广博，所谓博就是各种书都要读，宋太宗曾说开卷有益，只有多读，多看，做到持之以恒，坚持不懈，才能做到博学多识。

为什么要讲究博？胡适指出，第一是为多储备参考资料之用。因为世界上任何知识都不是孤立存在的，相互之间一定有着千丝万缕的联系，多读书，知道得多，才能左一个启示，右一个暗示，才能多角度看问题，看到图书内容的精神实质，发现别人看不到的问题。所以说"读一书而已则不足以知一书。多读书，然后可以专读一书。"①他称陆游的"汝果欲学诗，功夫在诗外"，说的就是这个道理，譬如读佛教方面的书籍，假如事先读些心理学、比较宗教学、伦理学、变态心理学类书籍，再读佛教书籍自然好懂得多。如预先读过北大出版的《歌谣周刊》以及社会学、人类学、文字学、古音韵学、考古学、比较宗教学方面的书籍后，再读《诗经》就会感觉容易得多，理解得也更深刻。否则就如王安石所说"读经而已，则不足以知经"，死抠书本，仅得皮毛而已，难以领会书中真谛。第二是为做人储备知识之用。随着社会的发展，只精通一技，其他知识孤陋寡闻，这类的人必然对社会的影响少。其影响就如一根旗杆，只是孤拐一根，孤单可怜。技多不压身，要想在人才济济的社会中出类拔萃、挺身而出，为社会多作贡献，就得多学知识，多掌握技术，知识广博了，自然为社会创造的价值就大，产生的影响也深远。

由于读书多，胡适几乎对各个领域都涉猎过。温源宁说："胡博士学识极为渊博。万事万物，他都有所了解，上至最玄妙的佛学，下至一些补药的配制成分。他博览群书……"②由于学术视野广阔，胡适的研究几乎涉及中国现代学术思想的每个领域，尤其是在哲学、政治学、文学、历史学、教育学、语言学、图书馆学等方面均有不俗建树。

但是"……广泛博览，而一无所专长，虽可以到处受一班贱人的欢迎，其实也是一种废物。这一类人，也好有一比，比一张很大的薄纸，禁不起风

---

① 胡适.胡适谈读书［M］.南昌：百花洲文艺出版社，2016：8.

② 温源宁.胡适博士［M］//邵元宝.胡适印象.上海：学林出版社，1997：2-7.

吹雨打。"①俗话说贪多嚼不烂，食大伤身，贪多必有失，倘若一味追求知识的广度，博而不精、华而不实，这边学点，那边记点，总是如蜻蜓点水浅尝辄止不求深入，终将一无所成。胡适对此也是深有所感，他在日记中写道："学问之道两面而已，一曰广大（博），一曰高深（精），两者须相辅而行。务精者每失之隘，务博者每失之浅，其失一也。余失之浅者也，不可不以高深矫正之。"②

"为学要如金字塔，要能广大要能高"③，胡适认为理想的读书理念，应是既要做到广博，但不能盲目地一味追求广博，还需要与专精相结合，这样从事某一专业研究时，才能利用渊博的知识引经据典、旁征博引、举一反三、触类旁通，让自己的研究不断达到新高度。那么如何在读书治学中做到博精结合，相辅相成呢？胡适指出，具体来说就是以自己最擅长的专业研究为中心，次及与课题直接相关的学问，次及与之间接相关的学问，次及与之很不相关的学问，甚至次及与其毫不相关的学问。胡适将这些关联组合比作"金字塔"，塔尖代表最精深的专门学问，然后由此高度依次递减，一圈一圈增大的面积代表的是与此相关、间接相关、不相关的各种学问等，塔底的面积代表了广博的知识范围。

只有读书治学兼具广博精深的学者，才能让自己的研究不断精进，对社会有所贡献，同时知识渊博，视野宽广，爱好广泛，也可让学者的读书治学过程充满乐趣。胡适的治学研究也体现了其所说的这一关联。在学界他以治学广泛、著作等身著称于世，据载，安徽教育出版社出版的《胡适全集》中收录胡适的著作约2000万字，涉及史学、哲学、文学等诸多领域。但其最擅长、最专精，应放在金字塔塔尖的当属哲学，其次为文学，再次为史学、政治学、语言学、教育学、图书馆学等。胡适一生陶醉于读书的快乐，找书的快乐，做研究的快乐，求证据的快乐，求真理的快乐之中，这与他读书治学博精结合、博中有精、精中有博有很大关系。

---

① 胡适.胡适谈读书［M］.南昌：百花洲文艺出版社，2016：8.
② 王兆胜.一生伴书走天涯：胡适的读书生活［M］.郑州：中原农民出版社，1999：169.
③ 胡适.胡适谈读书［M］.南昌：百花洲文艺出版社，2016：9.

读书要会疑

胡适指出，学贵有疑，读书要多思考，要有问题意识，才能发现问题，才能算真正读进去。他指出，凡是有价值的思想，皆是从某个具体的问题入手得来的，所以说发现问题是思想的第一步。

要发现问题首先要有怀疑的精神和怀疑的态度，不能尽信书，要用心思考，发现理论与现实有冲突时，或无法解释新的问题时，心中的疑问也随之产生，同时围绕疑问产生的问题也就纷至沓来。

胡适读书治学中的问题意识由来已久。1904年，胡适来到上海梅溪学堂学习，一天他听先生讲"传曰，二人同心，其利断金。同心之言，其臭如兰"，并解释这是《左传》上的话。胡适听后心中顿时打个问号，这个"传曰"不是《易经》的"系辞传"吗？怎么说成了《左传》呢？确定无疑后，胡适将这个问题偷偷告之先生，先生听后一方面面露羞愧之色，一方面对胡适听课用心思考，敢于怀疑的精神投下赞许的眼光。

新文化运动时期，深受杜威实证主义思想影响的胡适勇敢地提出"重新估价一切价值"，以怀疑的精神质疑传统，旨在冲破封建传统，迎接外来先进文化，进而改造国人的世界观。他还将这种大胆的怀疑精神用于学术研究，提出"疑古的态度，简要言之，就是'宁可疑而错，不可信而错'"[1]。

读书治学产生疑问不是目的，重要的是将这些疑问一一化解、层层证明，才能对书中内容做到真正理解吸收，为我所用。针对如何化解心中的疑问，胡适提出"大胆的假设，小心的求证"的治学原则。他称发现问题后，就要根据自己的知识和经验提出多种解决方案的假设，这些假设一定要大胆，不大胆就不能有所发明，千百年来，科学技术的飞速发展，新发明的层出不穷，皆来自大胆的假设，凡是科学上有所发明的人，都是富于假设能力的人。胡适又强调虽然有勇气大胆地提出假设是研究问题的前提，但严谨求证比大胆假设更为重要，要得出真知灼见，就必须重证据，重事实，有一分材料说一分话，严格按照科学严谨的方法，对假设进行检验，或证实，或证

---

① 胡适.胡适谈读书［M］.南昌：百花洲文艺出版社，2016：42.

伪，然后综合分析得出正确结论。

胡适对自己治学中产生的"疑"从不放过，求证起来更是乐此不疲、不遗余力，尤其是在中国古代典籍与古代小说的考证方面。

据统计，自1917年5月到1962年2月，胡适作的关于中国古代典籍的考证文字有45万多字。特别是他关于《红楼梦》是曹雪芹自叙传的考证，如一声春雷，打破传统红学研究理念，令人耳目一新，并因此开创了红学研究的新纪元。

胡适对《水经注》的研究也是用力颇多，梁实秋说胡适书橱中关于《水经注》研究的稿子就有数十夹，其中有赵一清的《水经注》研究材料，也有全祖望的相关研究材料，还有他自己厚厚的一摞。胡适曾撰写8000余字的《庐山游记》，旨在考证一个和尚的墓碑。有人批评胡适考证过于随意，说他整天绞尽脑汁花费精力研究《红楼梦》不过是证明此书是曹雪芹的一家私事而已，这些质疑与考证对学术研究又有什么意义呢。

胡适解释道："我为什么要考证《红楼梦》？在消极方面，我要教人怀疑王梦阮、徐柳泉一班人的谬说。在积极方面，我要教人一个思想学问的方法。我要教人疑而后信，考而后信，有充分证据而后信。"[①]胡适这种敢于质疑的治学精神的确令人敬佩，但其治学过程与结果也引起了学人的异议。冯友兰曾说："适之先生……常以为古人所看不出的，他可以看得出；古人所不注意的，他可以注意……这是不对的，因为人的眼光不能相去那样的远啊！"[②]

可见连胡适这样的大学者在治学求证过程中都会犯主观错误，更何况普通读书人。带着问题读书固然是好事，要有质疑的勇气，但怀疑的出发点一定要建立在广泛调查研究和充分论证的基础上，用实践去衡量、比较、分析、判断，然后提出问题。在质疑上不能放过任何蛛丝马迹，不能以偏概全、以管窥天，也不能一刀切，肯定一切，否定一切，以避免犯主观主义错误。在求证过程中要实事求是，严格按照科学规律办事，用事实去说话，用真理去否定错误，才能保证结论的正确性、准确性。这样的读书治学才能达到六经注我的境界，并让自己的学术水平有质的提升。

---

① 胡适.胡适自述［M］.昆明：云南人民出版社，2015：16.
② 郑朝宗.寂寞沉重的脸孔与伟大高尚的人生［M］//单纯.三松堂主——名人笔下的冯友兰　冯友兰笔下的名人.上海：东方出版中心，1999：218-221.

梁漱溟

梁漱溟（1893—1988），原名焕鼎，祖籍广西桂林，生于北京，中国现代著名思想家、哲学家、教育家和社会活动家。

提倡自学成才

1916年，潜心研究佛学四五年的梁漱溟将成名作《究元决疑论》在《东方杂志》发表，立即在学界引起轰动。学者林宰平看到此文后，主动约请梁漱溟一起论学，兼治佛学的大学者梁启超阅读此文后，也是称赞不已。蔡元培读后称其为一家之言。1917年，仅有中学文化程度的梁漱溟因此文被聘至北京大学教授印度哲学。梁漱溟的学术生涯就此开始。梁漱溟一生著作甚丰，相继出版了《印度哲学概论》《东西文化及其哲学》《中国民族自救运动之最后觉悟》《乡村建设理论》《中国文化要义》《人心与人生》等名作，是中国现代著名哲学家、思想家、教育家，更是中国新儒学的开创者。后来著作等身、硕果累累的梁漱溟谈起自己学术成就时说，这全归功于自学。

梁漱溟说："学问必经自己求得来者，方才切实有受用。反之，未曾自求者就不切实，就不会受用。"[①]他称自己的学问是完全靠自学得来的。梁漱

---

① 梁漱溟. 我生有涯愿无尽：梁漱溟自述文录［M］. 北京：中国人民大学出版社，2004：7.

溟对自学情有独钟，多年后他又专门撰写《我的自学小史》《谈我的自学》《如何成为今天的我》等反复强调自学的重要性。正如梁漱溟所言，科技发展日新月异，知识无穷无尽，只要掌握了自学方法，人们便可以此来读书学习，求取新知识，从而不断地提高自己的知识水平，让视野开阔，增强分析判断力，明辨是非，提升自己的人格魅力，最终成为与时俱进的有用之才。可以说，自学是人跟上时代步伐，不为社会所抛弃，让自己勇立潮头的最重要学习手段。

梁漱溟指出，自学并不是没有师承者的人所专有的。有师承的人，虽受过多年的正规学习训练，学有所成，一旦研究方向转移，这时面对新学科、新知识，如想及时迎头赶上，必然要通过自学这一方法。即使终生专于同一研究方向的人，也不能仅守着自己原来的所学知识，故步自封、徘徊不前。因为随着科学的发展，知识老化是不可避免的。只有通过自学，掌握新知识，才能不断迎接新的挑战。故梁漱溟说："学校教育不过给学生开一个端，使他更容易自觉而已。"[1]

梁漱溟指出，自学的根本是要有"一片向上心"[2]。自学首先要有好的动机，动机是人们做事的主动想法与愿望，读书学习的动机即读书学习的理想与愿望，自学动机是推动自学者自学活动的前提与动力，就像引擎一样助推着主体一路向前飞奔。马力越大，读书学习越有热情与激情，学习动力也越强。动机也有高低层次之分，它决定着最终努力的方向与目标，也决定了学习的方法、动力及最终结果。只有树立良好的自学动机，才能在学习过程中具备自觉性、主动性，对知识产生浓厚兴趣，在学习上具备源源不断的动力，让学习时刻保持着正确方向，直至成功。

例如，我国著名物理学家钱三强，在看了孙中山《建国方略》后深受鼓舞，并决心做一名科学家，为振兴中华而努力读书。为了实现这一理想，他学习更加刻苦努力。在北大预科学习时，为了听懂老师的英语授课，他仅用一个学期便将英语攻下。后来他考取了清华物理系，其父亲钱玄同题了"从牛到爱"四字送予儿子，意思是希望钱三强学习要具有像牛一样永不言败而

---

[1] 梁漱溟. 我生有涯愿无尽：梁漱溟自述文录 [M]. 北京：中国人民大学出版社，2004：7.

[2] 梁漱溟. 我生有涯愿无尽：梁漱溟自述文录 [M]. 北京：中国人民大学出版社，2004：17.

又用之不竭的"牛劲"，同时希望儿子要以牛顿、爱因斯坦为榜样，为人类作出贡献。信心倍增的钱三强，终不负众望，为中国原子能事业作出了重大贡献。

梁漱溟之所以对自学动机高度重视，与他的读书治学经历息息相关。1893年，梁漱溟出生于北京的一个书香官宦家庭。他的父亲、祖父、曾祖父都以科举入仕，外祖父也因中进士而入仕，另外其祖母、母亲也皆识文断字，能诗善文。但是梁家的家境并不富裕，曾祖父做官卸任时因无钱偿还债务，于是父债子还，可惜祖父还未还完便溘然而逝，此时家境更是一天不如一天。至梁漱溟的父亲梁济时，家中全靠祖母开蒙馆教书赚点微薄收入以维持家庭开支，后来梁济长大后亦在义学教书，生活依然贫苦。用梁漱溟的话说，父亲的世宦习气就此打落，反而经历了不少民间疾苦和市井百态的寻常生活。梁济直到四十岁时方入仕途，可惜千辛万苦得来的仕途也并不如意。梁济生活的年代也是中国遭受苦难的时代，由于外敌的入侵和清政府的腐败无能，清王朝一步步由封建社会进入半封建半殖民地社会。家事、国事，事事关心，受时代风气的影响，梁济与其他知识分子一样，对国家非常关心。而且时刻想方设法为国家分忧解难、建言献策。中法战争时，梁济曾写下数千言的建议。中日甲午战争时，梁济又以自己熟识的兵学知识踊跃向朝廷陈言。戊戌变法时梁济也是积极上书陈策，提出："施政之始不必急急多所兴举，且从教化入手，解释民疑，行之以渐，官吏一新，百姓一新，变法图强之基乃立。"①助推变法实施。维新变法失败后，梁济深深地认识到国民意识之重要，于是积极资助当地的文化教育事业，以开民智。如积极赞助彭翼仲创办《启蒙画报》，后又办《京话日报》，专用白话文，宣传新知识、新思想。同时，他还创办蒙养学堂，专以上海所出的新式教科书教授学生。甚至亲自以鲁国漆室女倚门而叹的故事为素材编《女子爱国》戏，将当时的新思想融入其中，旨在向民众宣传。

父母是孩子的第一任老师，对孩子的成长和影响最为直接。虽然家庭生活并不富裕，但梁济对孩子们的教育却是一丝不苟、极为上心。据梁漱溟回忆，幼年时父亲常带他去看戏，并将戏文中的故事讲给他听。父亲梁济的目的在于通过戏曲中的爱国故事、忠孝故事、助人故事，告之做人的道理。父

---

① 马勇.梁漱溟评传 [M].合肥：安徽人民出版社，1992：6-7.

亲还亲自带他上街去购物以及办一些杂事，旨在让他晓得人情世故。一次，梁漱溟将一小串铜钱遗忘在树枝上，于是急得到处向人问寻，喋喋不休。父亲打扫庭院时发现树枝上的钱，并没有生气，而是给梁漱溟写了一张纸条，大意是说：一小孩将铜钱遗失院中树枝上，不去耐心寻找，反而大吵大闹。梁漱溟看罢，果然在院中找到铜钱，禁不住面露愧色。这些事情看似是小事，其实小事情中含有大道理，这无形中对于梁漱溟的健康成长，起到了潜移默化的作用。梁漱溟后来感慨说，他不知不觉地从中学到了很多道理，一些传统文化知识就这样一点点学会了。

梁济不仅在言行举止上对梁漱溟的成长起到了重要的助推作用。在读书学习的安排上也是别出心裁、独具一格。梁漱溟从6岁始读书，那时的传统私塾教育先从《三字经》《百家姓》《千字文》等学起，然后接着是学"四书""五经"。梁漱溟却与之大不相同，读完《三字经》后，直接在其父亲的安排下，读《地球韵言》。这是清末一本有关世界地理方面的著作，全书四字一句，叙事清楚、语言简练、通俗易懂，是当时介绍世界大势的流行教材。该书的作者是洋务派首领张之洞的门生张士瀛，此书可以说是洋务运动的产物。鸦片战争让清政府被迫打开了国门，有识之士意识到必以"师以长技以制夷"，方能拯救国家。于是开始了轰轰烈烈的洋务运动。这时洋务派人士又提出了"中学为体、西学为用"的纲领性口号，必须改革传统书院的教程内容，以教给学生新知识，才能改变沉闷的教育现状。于是像《地球韵言》这样的地理课本应运而生。

梁漱溟称正是读此书让他知道了亚细亚、欧罗巴，对世界地理有了全新的认识。关于读该书的原因，梁漱溟称父亲平素关心国家大事，当时外侮日益严重的形势给父亲震动极大。父亲认为西洋国家之所以快速发展，与西学西法的实用不无关系。因此，父亲认为如若振兴国家，读西学书籍是当务之急。正如梁济在日记里所言："却有一种为清流所鄙，正人所斥，洋务西学新出各书，断不可以不看。盖天下无久而不变之局，我只力求实事，不能避人讥讪也。"①

梁漱溟称其小学时有两种课外读物对其影响最大，其一是《启蒙画报》，

---

① 梁漱溟. 我生有涯愿无尽：梁漱溟自述文录［M］. 北京：中国人民大学出版社，2004：12.

其二是《京话日报》。这两种读物的创办者正是父亲梁济的朋友彭翼仲先生。彭翼仲是清末主张维新的急先锋，他一生办了三种报纸，除了前两种外，还有《中华报》，其办报的目的在于以《启蒙画报》开启童智，以《京话日报》开启民智，以《中华报》开启官智。《启蒙画报》是专供儿童阅读的，内容涉及科学知识、历史知识、名人轶事等。该报根据儿童阅读的习惯特采用白话文，将各科知识编成故事，并以图文并茂的形式推出。可贵的是，该报对近代历史也多有报道，如太平天国、平定新疆等，即使刚发生不久的庚子变乱也有详尽的剖析和介绍。这对儿童了解近代历史无疑大有益处。梁漱溟可谓是该报的忠实粉丝，每期必读，一张不漏。不久，由彭翼仲创办的《京话日报》创刊，报纸的主要内容是新闻和论说，或报道以发生在北京为主的国内大事，也兼报国际大事，或论说备受诟病的社会现象，或谈论某一运动等。该报以一般社会公众为对象，且使用白话文，也是成人和儿童皆宜的报纸。遗憾的是由于当时风气未开，一般公众还没有阅报习惯，致使办报初期，销量不佳，主办者彭翼仲债台高筑，报馆运行步履维艰。最困难的时候只有与彭翼仲志同道合的梁漱溟的父亲梁济一如既往地为之提供赞助，因为"他们一心要开发民智，改良社会，这是由积年对社会腐败之不满，又加上庚子（1900）亲见全国上下愚蠢迷信不知世界大势，几乎招取亡国大祸，所激动的。"[1]青山遮不住，毕竟东流去。随着公众思想意识的提高及办报人坚持不懈的努力，尤其是由该报报道并倡导的抵制美货运动，国民捐运动等，让国人顿时为之振奋。报纸也因此发行量大增，并逐渐延伸到北京以外的地区。梁漱溟称报纸之所以成功："因这报纸的主义不外一是维新，一是爱国；浅近明白正切合那时需要。"[2]

由于阅读报纸，梁漱溟也是深受启发，他称他不但从报纸中学到许多新知识，而且启发他明白了很多道理，可谓终生难忘。父亲梁济与彭翼仲心系国事，尤其是通过办报、办学等表现出的强烈忧患意识和爱国情怀，对梁漱溟内心的成长和发展起到了重要影响作用。多年后，梁漱溟回忆此事时称，正是由于父亲与彭翼仲的人格感召，让他幼小的心灵萌发了对国家、对社会

---

① 梁漱溟. 我生有涯愿无尽：梁漱溟自述文录［M］. 北京：中国人民大学出版社，2004：15.

② 梁漱溟. 我生有涯愿无尽：梁漱溟自述文录［M］. 北京：中国人民大学出版社，2004：16.

的责任感，对那种求衣食求利禄的"自了汉"生活有了鄙视感。意识到碌碌无为的人虽不是什么坏人，但缺乏新知识，缺乏眼光是不行的。人要有所作为，对国家，对社会，对人民有所贡献，首先必要有力争上游之心，有了这强大的决心和动机，才能多学知识，学好知识，以备国家将来之需。

故梁漱溟说自学的根本，即这种一片向上心。而且自从有了这种向上心之后，让他"常有自课于自己的责任"①，日常生活中，无须别人去督促他，一些无关紧要的，与己理想无关的事，即使别人再三催促去做，他也不加理会。在上中学时，这种向上心已在梁漱溟的学习中初显身手。所学英文读本，老师教到一半时，他已提前自学至全书的三分之二。其他课程，如代数、几何、三角各课，也总能提前自学至老师下次教课内容之前。但梁漱溟仍不满足，他认为真正的自学，是向上心催发了他一生追求不已、反复研求的两个问题，即人生问题、社会问题。

纵观梁漱溟的读书治学，正是有了这种向上之心，让他在治学过程中有了正大之心与刚强之气，从而不断激励鼓舞他攻克一个个治学难点，成为世人仰慕的大学者。

梁漱溟指出，自学的要紧问题是在生活中有自觉。他认为读书不是第一件事，比读书还重要的是首先要照顾好自己的身体。合理利用身体可以做很多事情，读书就是其中之一。梁漱溟说他年轻时对身体照顾得就不够好：首先是由于长时间思考学习，没有适当运动，让身体没有得到适当休息；其次是没有把饮食、工作、睡眠做到合理分配；再是一些不良习惯对身体产生影响。所幸的是，他因为从小养成的向上心和正大刚强之气，让他知道自爱、自重，及时调整自己，逐渐将不良习惯改掉，终学有所成。梁漱溟的这段经历喻示我们，人作为自学的主体，生活中的自觉性决定了自学的态度、兴趣、效果。身体是学习的资本，没有一个好身体做支撑，任何才能也得不到发挥，学业更是无从谈起。学习再紧张，任务再重，也必须劳逸结合，张弛有度，只有这样才能把身体调整到最佳状态，取得最佳的学习效果。否则，一味耗精力机械地死读书、硬学习，忽视休息、锻炼，身体垮了，学习也会力不从心，更谈不上学习效率了。无论是工作还是学习，总不是一帆风

---

① 梁漱溟. 我生有涯愿无尽：梁漱溟自述文录［M］.北京：中国人民大学出版社，2004：21.

顺的，有高潮就有低潮，有平坦也有坎坷，因此我们需要心如止水，客观地看待这一过程，既要懂得事物发展不经过足够的量变，就没有质变，也要知道不经历风雨，哪来的彩虹。读书要有一颗平常心，按部就班，把自己的工作、学习、休息安排得井井有条，还要有一往无前的决心勇气和坚持不懈的毅力与恒心，才能保证把各项工作都做好，达到理想的效果。社会总是五彩缤纷，充满诱惑，在人的成长路上总是布满了各种诱惑的站点。经受不起诱惑，自然深陷其中，从此精神颓废、一蹶不振。如何才能做到面对诱惑，保持理智，不为所动。人不能做欲望诱惑的奴隶，也不能被器官的一时之快而迷失前进方向。只要有一颗不断向上的心，就能不断提高自己的修养，让自己具备一些正大刚强之气，自然可以远离不良习惯与风气，保持源源不断的学习兴趣，让学习不再受外界因素的影响，直至学有所成。

读书治学八重境界

一、做学问要用心思考，形成主见

学而不思则罔。只知死读书，读而不思就会迷茫，失去方向。读书不能人云亦云，否则书中的内容就会成为过眼云烟，付之东流。要将书中的内容进行比较、分析、甄别、判断，形成自己的见解，才算学有所思，读有所得。梁漱溟认为，有主见、有自己的认识就是学

正在写作的梁漱溟

问。胸无点墨、没有独立思考能力的人，人家这样说他会同意，那样说他也不反对，实际上他没有将读过的知识清晰地整理出来，脑中还是一团乱麻，这样的人读书等于没读。读书要想有主见，必先有问题，问题有了，矛盾有了，就要再通过读书学习去解决问题。问题解决了，你对所读内容就有了新认识，新见解。梁漱溟自称是"问题中人"，从人生问题、社会问题再到由这些问题不断衍生出新问题，新矛盾。其治学过程便是不断解决这些问题，于

是便有了自己的主见。他反复告诫研学哲学的学生，虽说古今中外有许多赫赫有名的哲学家，产生了众多令人振聋发聩的哲学理论。但是学生们不要被这些理论笼罩住，感觉有泰山压顶般的压力，认为道理都被哲学家说尽了，自己不可能再有新的发现，新的见解。即使有主见，也担心弄错而不敢发出来。他认为这样是不对的，更不要被前面的哲学家所吓倒，也不要怕主见不对而不敢发声，学问有大有小，主见有深有浅，只要认真读书，勇于发表主见，哪怕是很浅薄的也无所谓，因为那终是自己思考得来的。他还举例说："詹姆士的哲学很浅，浅所以就行了！胡适之先生的更浅，亦很行。因为这是他自己的，纵然不高深，却是心得，而亲切有味。"①

梁漱溟的意思是说，读书一定要经过思考后方能得出自己的见解，哪怕是很浅薄的见解也是至关重要的。因为世界上的各种事物是不断发展变化的，科学技术之所以飞速向前发展，是因为事物运行的新规律、新联系被细心缜密、勇于探索创新的学者发现，才使得科技日新月异。另外，每一个人的智力是有限的，客观世界的复杂性、运动性，也决定人的认识不是一成不变的，这就是新的理论和技术层出不穷的原因所在。

从读书治学的过程来看，主见可谓是这个过程的开端。有了这个主见，才能在以后的治学中有所比较，不断以新观点丰富和弥补这一主见，即使是否定了自己的观点，也可为自己新主见的产生提供依据和借鉴。正是有了这个不断辩证否定的过程，才能最终得出自己的真知灼见。

二、发现与主见相关的事情

有主见后，才会有比较。这时你会发现世间有很多主见与此相关。有的主见与此相近，有的主见与此交叉，有的主见与此竟然是截然不同。顿时感觉矛盾重重，甚至是一团矛盾，种种有道理，种种又全是谬论。没办法，只好摆正心态，用心治学，以论证自己主见的正确与否。正如梁漱溟所说，他自十四岁开始思考问题，二十多年时间里可谓问题不断。有的问题前后非一；有的由此问题转入彼问题；有的由前一期又移到后一期。就这样为搞明白问题的来龙去脉，他就发现一个问题，解决一个问题，解决问题成了二十多年循环往复的工作。他再次告诫学生，发现问题是治学进步的前提，只有

---

① 梁漱溟. 我生有涯愿无尽：梁漱溟自述文录［M］. 北京：中国人民大学出版社，2004：85-86.

这样才能不断驱使自己去不断读书求知，努力钻研，不断丰富自己的主见。可怕的是书读了一大堆，道理学了无数，却没有一个问题，这样求学的生机便没有了。没有求学问的动机，不经过不断发现问题和解决问题这一过程，势必会导致自己的学问和水平难以得到质的提高。

三、有了问题再看书才会真正受益

心中有了问题，再看书就很有针对性了。对书中前人的观点以及今人的观点，自然不会放过。特别是要留意前人观点与自己观点的异同处。遇到相同的观点心中自然感觉亲切可爱，不同的观点肯定要想方设法找出双方的差异，对待截然相反的观点，更是非求解决不可。总之是要将书中观点的优点和缺点，先进性与落后性弄个明明白白、水落石出不可。经过这一取舍过程，自己对前人当时用过的心思已经融之于心，化之于脑。至此，自己最初的主见，就像造就未来大学问的萌芽一样，不断吸收营养，同时历经去粗取精、去伪存真式的反复锤炼过程，这时学问之根不但是落地生根、根深蒂固，而且学问的系统性和全面性更如参天大树一样枝繁叶茂焕发出勃勃生机。这时，学问便是做成了。书中的智慧，才真正为我所用。故梁漱溟说："会读书的人说话时，他要说他自己的话，不堆砌名词，亦无事旁征博引。反之，一篇文里引书越多的一定越不会读书。"①梁漱溟说的这一读书观点旨在告诉我们，读书必带着问题去读，否则就如坐船一样，没有明确的目的，坐到哪儿算哪，到头来脑中仍是一片空白，或一团乱麻，毫无收获。带着问题读书就不一样了，不但会针对自己的问题选择自己需要的图书来读。而且通过对重大问题的关注，很容易发现书中内容的精神实质与核心问题，阅读也会起到事半功倍之效。

四、学然后知不足

梁漱溟说："学问之进，不独见解有进境，逐有修正，逐有锻炼，而心思头脑亦锻炼得精密了，心气态度亦锻炼得谦虚了。"②梁漱溟的意思是说，不登高山不知天之高也，不临深溪不知地之厚也。小溪里的鱼来到大海才知自己的渺小。知识无穷无尽，人的能力却是有限的。当你真用心读书，通过

① 梁漱溟. 我生有涯愿无尽：梁漱溟自述文录［M］. 北京：中国人民大学出版社，2004：86.

② 梁漱溟. 我生有涯愿无尽：梁漱溟自述文录［M］. 北京：中国人民大学出版社，2004：87.

与一个个高尚之人交流谈话，这时才发现，山外有山，人外有人。自己不知道的知识有那么多，比自己水平高的人又有那么多，自己原来的那点主见是那么肤浅，微不足道，甚至是漏洞百出。这时自己那浮躁的内心，如冷水浇背，顿时清醒了过来。从此知道了天之高、地之厚，一心一意，扎扎实实地读书治学，方为人生之正途。满招损，谦受益。当人家问起你，老子、孔子、庄子以及柏拉图、康德、罗素等中外圣哲的学说，你懂吗？你不假思索地说全懂时，其实你这是仅学到一点皮毛而已。对众多圣哲的思想还没有真正全面而深入的领会，才会有如此浅薄的回答。原因在于自己不谦虚的心理。真正的读书治学，首先要对知识、对圣哲心存敬意，要明白我生有涯，知识无涯，才能消除自己身上所带的那些浮躁气和自满气，这时再读书，书中的精髓定会尽收眼底，自己的见解也会直线提升，治学的眼界也会渐渐如大海一样宽阔。

梁漱溟举例指出，在《科学与人生观之论战》一书中，科学派论辩反科学派的错误在于，他们自己的理论尚没有完全夯实，却指责人家理论简单，经不起推敲。他们以为别人的观点不会出乎他们所料。其实人家的理论，也并不如他们所言的那样简单，这都是科学派理论肤浅，而又不谦虚造成的。深通此道理的梁漱溟深知"金河一去路千千，欲到天边更有天"，每次遇到不同的见解，先扪心自问，自己的智力不过在中人以上，知识也不够渊博，觉得别人的水平一定是超过自己的，也必有自己所不知道的见闻。因此总是本着"担心他的出乎我之外""担心我的出乎他之下"[1]的态度去做事。梁漱溟指出，他正是有了这种担心，才时刻提醒激励自己，学无止境，要不断进步，勇攀科学高峰，才能勇立潮头，不为时代所抛弃。他说，他的《东西文化及其哲学》正是因此而作。他回忆他治学先是对佛家思想进行过研究，后又对儒家思想情有独钟，虽然这些年也形成了自己的独到见解，但总担心别人有出乎意外之处以及自己的见解还有稚嫩、不成熟之处。因此，他努力搜求别人对自己观点的批评，同时对中国文化、西方文化、印度文化的特点及异同进行重新梳理分析，终于找到了自己认为理想的答案。《东西文化及其哲学》就这样写出，同时自己的治学水平也因此有了新的提高。

---

[1] 梁漱溟. 我生有涯愿无尽：梁漱溟自述文录 [M]. 北京：中国人民大学出版社，2004：87-88.

五、由浅入深最终达到以简御繁

梁漱溟指出，读书治学经过前面四个阶段，也就是形成主见、发现问题、再读再研究、虚心求解，这样学到的知识逐渐由浅到深，便能达到以简御繁的境界。所谓以简御繁，是对平常学到的碎片知识，进行进一步分析、考察、判断，然后由此及彼，由表及里，举一反三，逐渐深入进去，反复研究。随着治学范围的广泛展开，辨察越密，研究越深，会发现以往碎片化的知识越来越多、愈来愈厚，无形中逐渐贯穿起来，形成了一个体系。这时自己的思路顿时豁然开朗，原来以前学到的知识都是一个问题。这就像研究一棵大树一样，对树叶、树枝、分枝、树干、根系等都研究透了，大树的全貌自然显现出来，对整棵大树也就了如指掌了。当读书达到以简御繁的地步，书也因此由厚读薄了。故梁漱溟指出，凡大学问家，由于读的书多，明白的道理多，认为其研究的学问不过一两句话而已，研究起学问来都有举重若轻之感。反之，对学问一知半解，没有学通透的人，讲起学问来反倒是引经据典、滔滔不绝，结果往往把听众都讲糊涂了。这都是对学问研究还没有达到以简御繁境界的缘故。

六、是真学问便有受用

梁漱溟指出，学问"有受用没受用仍就在能不能解决问题"①。知识是人类认识世界、改造世界、征服世界的经验总结。书本上的知识并非随便书写的，它记录了解决问题的方法和经验。因此，真知识假知识，一用便知。假如你用所学知识解决了问题，而且解决得完美无瑕，那么你会顿感怡然自得。假如你在解决问题的过程中仍感觉疑问重重，心中犹如一团乱麻，那么你学的学问还没有到家，还不能算是有学问。这就像练武术一样，平时刀、枪、剑、戟等十八般兵器练得令人眼花缭乱、应接不暇，等真正上场交锋时，却一样也用不上，只能败下阵来。这华而不实的表现只能说明所学的知识还不到家。

七、旁人得失长短一望而知

当历尽千辛万苦治学成功时，再看治学路上的人，其见解高低、得失长短，该得多少分，已到什么程度，一望便知。这犹如爬山一样，不经过风吹

---

① 梁漱溟. 我生有涯愿无尽：梁漱溟自述文录［M］. 北京：中国人民大学出版社，2004：88.

日晒，翻越各种沟沟坎坎，历尽千难万险，是不可能攀上高峰的。当你学业大功告成，到了"众里寻他千百度，蓦然回首，那人却在灯火阑珊处"之境界时，你站在治学高点回望还在爬山的人，谁还要走多少路，谁还要绕多少弯，谁还要走多少时间，一目了然。

八、自己说出话来精巧透辟

学问经过认真揣摩、反复实践后终大功告成，由于学问都来自亲身体会，书中的精髓深化于脑中，可谓是真正达到了内化于心、外化于行的高境界。这时自己必是全身轻松，大有会当凌绝顶，一览众山小之感，说出话也是口吐莲花、字字珠玑，鞭辟入里、入木三分，令听者忘倦，流连忘返。

知识来自实践，也应用于实践

梁漱溟对知识的理解与众不同，他认为书中的知识都是为了"解答什么问题，叫人明白一件事物或明白一个道理"[①]，目的在于让读者从无知到有知，回答生活、工作、科学活动中产生的各种疑问。他以他的亲身经历举例说，他仅上过中学，中学中也没有哲学这一课，后来居然能到北大讲哲学课程，原因在于他在十几岁时就对人生的问题非常感兴趣，"从人生的怀疑、烦闷，不知不觉有些思想见解"[②]，当他对人们讲到这些见解时，人们说他讲的就是哲学。这就是问题在先，道理在后，有问题才有道理。

梁漱溟认为读书不能只泛泛空读，泛泛而读如空着手做木工活，空着脑袋思考一样，只会不求实际地空想、空比画，最终什么问题也解决不了。带着问题读书就不一样了，不但能够深入到书中内容中去，而且让问题与书中内容相碰撞、结合，从而真正领会书中内容精髓。总之带着问题读书，人的大脑思维才能和书中内容融为一体，人的心智才能得到启迪与发展，人才能向好的方向发展。否则，书是书，你是你，脑中仍是空白，丝毫没有受益。

梁漱溟指出读书要做还原功夫。他的意思是说，实践出真知，只有通

---

① 梁漱溟. 梁漱溟全集：第7卷［M］.2版.济南：山东人民出版社，2005：232.
② 梁漱溟. 梁漱溟全集：第7卷［M］.2版.济南：山东人民出版社，2005：232.

过实践，才能对事物有感性认识进而汲取出理性认识，并对二者之间的辩证关系真正了解后，得出的经验才能接地气，牢靠实用。我们重视从实践中学习，并不是说就不读书了。书中的知识是前人留给后人的经验和智慧的总结，如果我们一味强调知识都来自实践，一切都要从头来获取，那样就太耗费时间了，社会将难以有进步。譬如说，物理、化学中的定义、公式、公理等，都是前人经过实践证明了的发明、发现，只要认真学习掌握即可。读书与学校教育的重要意义即在此。但也要做些实践认识工作，才能将书中的知识内化于心、外化于行，也就是梁漱溟所说的知识还原功夫。

梁漱溟指出，赵括纸上谈兵便是一个很好例证。虽说赵括熟读兵法，将兵法背得头头是道，滚瓜烂熟，但他缺乏实战经验，一遇到问题，便缺乏实际应对本领，结果如没头苍蝇，失败也就是早晚的事。赵括失败的原因，在于只注重兵法的理论学习，尽管学得很熟练、很用功，但只停留在抽象道理上的学习，也就是说只会空谈，不会具体实施，不能将知识还原到实际中去，所以注定要失败。

书本的知识再高明，也要与实践相结合，能将知识运用到实践，并真正指导实践，才算学有所悟，学有所得。

梁漱溟再以《论语》中孔子所说"吾十有五而志于学，三十而立，四十而不惑，五十而知天命，六十而耳顺，七十而从心所欲，不逾矩"举例指出，对于孔子的这句话，后人各有不同的理解和认知，为何会如此？是因为后人不是孔子，更没有生活在孔子的年代，无法还原孔子所讲这句话的事实背景。那是否可以去猜测？梁漱溟说，那是不行的。孔子这句话是一句人生智慧之语，是他对生命的认知，是他现实生活学问的再现，富有深刻的哲理性。不要忘记孔子的另一身份是哲学家、教育家，他留下的每一句话是有启发性的。如果单一地像理解数理化那样去认知这句话显然是不对的，也不能像认识社会学、文学、史学等其他各类学科一样，不能只停留在表面浅层的字面意思。那怎么做？就是要去还原，还原什么？还原我们自己的现实生活，思考这句话，结合自己的生活经历去理解、去认知、去感悟。孔子称赞他最喜欢的学生颜回："有颜回者好学，不迁怒，不贰过。不幸短命死矣！今也则亡，未闻好学者也。"颜回就是这样做的，对于老师的每一句教导，他都会牢牢地记在心里，并能用到现实生活中，进而反思自己生活中行为，才会有遇事不迁怒于别人的修养，错误不会再出现第二次的自律能力。孔子最喜欢颜回的好学也正是因为颜回这种活学活用的功夫。

"纸上得来终觉浅，绝知此事要躬行"，纵观梁漱溟早年治学思想的转变，莫不是来自他的不断实践、不断反思。在他还是中学生的时候，他目睹中国政治经济的落后，社会的动荡不安及中华民族饱受的屈辱，那时他最关心的就是社会问题，担心的是国家的前途与命运。为解决这一问题，他与当时的优秀知识分子一样，"策数世间治理，矜尚远西"①，向往西学西政，旨在以西式民主宪政与科学改造中国。因此，他阅读了大量介绍西学思想的图书。当时他的思想皆以实用为前提，凡不能快速改造社会的书，如传统文化、"虚文空谈"的老庄哲学等皆不关心。他在读西书的同时积极奔走革命，热心于革命党人的各种活动。然而他的满腔革命热情及对国家、对社会美好未来的憧憬，很快被辛亥革命后的残酷现实所毁灭。他本以为革命成功后建立起来的新式民主政权，能够改变国家的落后面貌，让人民过上不受羞辱的日子。可是事与愿违，当他看到社会中出现新的黑暗与贪婪现象，以及袁世凯在争夺总统中暴露出的种种丑恶形象，他彻底失望了。他发现西式民主宪政理论思想根本不适合中国的国情，这时他表现出极大的不安、焦虑乃至绝望。就在这百无聊赖之际，梁漱溟突然想起中学时一位郭姓同学曾向其谈论的佛学思想，于是立即去书店买来大量佛学图书阅读。通过阅读，他发现人的快乐与痛苦不在于外部环境，主要在于内心世界。当人的内心心如止水时，外界的生活也就成了过眼烟云，无关紧要。就这样，梁漱溟开始醉心于佛教书籍，从此"语及人生大道，归综天竺"②。他在专心研究佛学的十余年中不仅深钻、细研佛学理论，而且在行动上也严格遵守清规戒律，甚至一度要出家。与此同时，梁漱溟从未放弃对社会现实的关注，通过研究佛学，他发现佛教虽然关心众生的生命，但社会现实依旧存在，百姓依然过着困苦不堪的生活。于是他又陷于深深的思索中，一天，当他重新阅读《论语》时，看到"学而时习之，不亦说（悦）乎？有朋自远方来，不亦乐乎？"等语句后，顿时茅塞顿开、豁然开朗，他认为儒家中的乐与佛家的苦，是两种不同的人生态度，于是他对儒学有了重新认识，觉得这是"圆满得不能有加"的学问。从此之后，梁漱溟一边深研儒家学说，一边开展试行乡村建设

---

① 龚建平.梁漱溟读书生涯［M］.修订版.武汉：长江文艺出版社，2000：246.

② 龚建平.梁漱溟读书生涯［M］.修订版.武汉：长江文艺出版社，2000：247.

运动，旨在以儒家文化拯救落后的中国农村。他的治学轨迹就像他所津津乐道的那样，学问必经自己亲自体会得来，方才真正受用。

读书勤动笔

读书动笔是历代学人治学的良好习惯。在读书过程中将其中的名言警句、佳句秀语，或书中引起共鸣的地方，或读后感悟记录下来，不仅可以为自己的治学提供丰富的治学材料，而且这些在读书过程中形成的思想和认识对自己思想的升华以及人格魅力的提升也将大有益处。

因种种原因，梁漱溟留下来的读书笔记已为数不多，且多为1949年后所写。因为他常在所写笔记之前冠以"勉仁斋读书录"，据载"勉仁斋"实为他当年在清华园的居住地名称，后来他的读书笔记多以此为名。作为治学名人，梁漱溟读书笔记被出版界关注，先后有三家出版社将其列为出版内容。1988年，人民日报出版社曾出版《勉仁斋读书录》，收录梁漱溟的读书笔记14篇。1993年，山东人民出版社出版的《梁漱溟全集（第七卷）》仍以《勉仁斋读书录》为题收录读书笔记36篇。2008年，当代中国出版社以《人生至理的追寻：国学宗师读书心得》为书名对梁漱溟的读书笔记进行重新增补、修订出版，全书收录其读书笔记61篇，为收入篇数最多的一部图书。据该书载，梁漱溟读书笔记有约25万字。内容基本有两类，一是摘抄类，具体有"《明道学案》摘句""《罗近溪语录》摘抄""《金刚经》摘句""《解深密经》摘句""马、恩著作摘句"等。这些摘抄均非全书摘录，为部分选摘，应为梁漱溟认为书中最精华部分的摘录，其中马、恩著作部分的摘句来自数册读书笔记的汇集，这一摘录过程无疑对其加深印象，理解书中内容要义，积累素材具有重要作用。二是见解感悟类，其中又分人生方面、中西思想方面、儒学与修身方面、佛学方面、马克思主义方面等。读书笔记中最多的就是读书感悟、心得、见解。梁漱溟对这些见解要么赞成、要么反对，从侧面反映了他的内心世界与治学思想，同时映射出他读书治学的严谨学风，对研究梁漱溟学术思想变迁具有重要意义。

如始终关注人生问题的梁漱溟对《卓娅与舒拉的故事》一书极为关注，

这是一本进行爱国主义教育的读物，梁漱溟在20世纪50年代读过后，时隔七八年后重读，并写下数千字笔记。是什么让这位大学者对这本书如此感兴趣呢？主要还是卓娅在做人方面的卓尔不群。例如，他评价卓娅在少年时代即表现出"内心明觉之强，不容一毫欺瞒"①。又称赞她"时时有其明强之内心活动，虽不知学（践形尽性之学），而庶几亦有吾古人所云'自强不息'之意"②。此外，梁漱溟对卓娅父母的家庭教育方法也是赞赏有加。他指出"家庭教育，岂在有何说教。试看其家人长幼彼此日常相关系的生活中，如此融融洽洽恬静合理，岂不胜于任何说教？"③

众所周知，梁漱溟与熊十力是相交四十年的好朋友，熊每有新作必送梁征求意见，因此梁对熊的书几乎是每书必读，感悟心得也是颇多。但梁漱溟是其所是，非其所非，对好友的治学的看法却是毫不保留，从不藏着掖着。他一方面做读书笔记《熊著选粹》，肯定熊十力治学"固自有其真价值不容抹杀"④，一方面又写《读熊著各书书后》，从"一些琐碎疏忽错失处"到"思想路数""不敢苟同复不敢抹杀处"等方面一一指出错误，有的甚至用"悔而不改"之类分量很重的语句来表达对熊十力的看法。梁漱溟对熊十力的评价正确与否，历史自有评说。其"吾爱吾师，吾更爱真理"，不以观点相左而没其功，也不因关系密切而掩其过的治学精神，不得不说令后人肃然起敬。从另一方面也说明了梁漱溟读书的细致程度与思考的深度，这样的读书哪能没有收获呢！

---

① 梁漱溟. 人生至理的追寻：国学宗师读书心得［M］. 北京：当代中国出版社，2008：4.

② 梁漱溟. 人生至理的追寻：国学宗师读书心得［M］. 北京：当代中国出版社，2008：8.

③ 梁漱溟. 人生至理的追寻：国学宗师读书心得［M］. 北京：当代中国出版社，2008：10.

④ 梁漱溟. 人生至理的追寻：国学宗师读书心得［M］. 北京：当代中国出版社，2008：110.

张恨水 ///

张恨水（1895—1967），原名张心远，安徽潜山市人，现代著名章回小说家。

读思结合，知行合一

以章回小说著称于世的张恨水，一生创作了约3000万字的作品，其中中长篇小说即达100余种，约2000万字，堪称中国现代文学史上超级"职业写家"，其代表作《春明外史》《金粉世家》《啼笑因缘》等一面世便一版再版，风靡全国、畅销不衰。茅盾说："在近三十年来，运用'章回体'而能善为扬弃，使'章回体'延续了新生命的，应当首推张恨水先生。"① 老舍称赞张恨水是"国内唯一的妇孺皆知的老作家。"②

在辉煌的成就面前，张恨水依然很谦逊，他称自己最多不过是个章回小说"匠"，还称不上"家"。青年们向他请教如何写小说，张恨水指出中外名家小说至少要读50种以上。

要成为知名作家，就要学会文学描写手法，要学会修辞，还要有大量历

---

① 解玺璋.张恨水传［M］.北京：北京十月文艺出版社，2018：5.

② 老舍.老舍散文［M］.长春：吉林出版集团股份有限公司，2019：61.

史文化知识等背景知识。这些知识的重要来源便是图书。因此作家首先离不开大量阅读，从张恨水的自传及他人的回忆得知其中有很多篇幅述说的都是关于张恨水的阅读经历，这些经历分属不同年龄段，所读的书也各不相同，各具特色，自然读书收获也是逐年增加。博览群书是作家成才的必经之路，以下略举几例，再重新领略一下张恨水的阅读经历，相信定会令读者受益匪浅。

张恨水自小便是个读书迷。他七岁入学堂读书，仅半年时间，类似《三字经》《百家姓》《千字文》之类书籍已读了十三本，而且都是熟读成诵。学堂先生知道后主动给他加量，很快其他书也能倒背如流。张恨水的记忆力是出了名的，当地人均称其为神童。他的母亲对此半信半疑，于是把张恨水叫来以验证真假。母亲找来一本张恨水从未读过的书，用纳鞋底的锥子使劲去扎，约有半本书被扎透，便让张恨水背诵这半本扎过的书。果然张恨水在第二天清晨将半本书全文背出，令全家人惊讶不已。

10岁时，张恨水随父亲乘船去江西黎川，不料路上遇到逆风，船只能艰难前行，这时张恨水随手从船篷下找出一本绣像本《薛丁山征西》，结果他又是如痴如醉地看了一路，这是他第一次看小说，父亲担心张恨水看小说误了学习，只准他看《儒林外史》《三国演义》之类图书。于是张恨水将不让看的书锁箱子里等晚上再看。他喜欢晚上读书，他特别回忆说："尤其是夜里看最好。大家睡了，我就把帐子放下，把小板凳放在枕头边，在小凳上点了蜡烛。将枕头一移，把书摊开，大看特看。"[1]这样，他很快将几箱子书看完。父亲知道后，称他为小说迷。

正如其父所说，随后发生的一件事足以说明张恨水读书的痴迷程度。当时张恨水非常喜欢读《聊斋志异》，对书中书生挑灯夜读，引来狐仙女鬼的情节更是心驰神往、陶醉不已。那些日子他就也如书上的书生一样，找来一个看戏的包厢来作自己书房，然后上楼，令人撤去梯子，焚上一炷香秉烛夜读，旨在希望书中的那一情节再现。就这样连读好几个通宵，结果可想而知。

年老时的张恨水读书不辍，他曾想将数量达2000多册的《四部备要》通读完毕。直到1967年2月15日他去世那天，家人发现床边居然还放着一本

1963年在家中读书的张恨水

---

① 张伍.张恨水自述［M］.郑州：河南人民出版社，2006：11.

已经打开的《四部备要》。

书籍是人类进步的阶梯，读书是人获取知识，汲取智慧，自我提高的最重要方式。但是如何于书中获取有用知识，仅靠单纯的阅读，显然不能解决问题，还得思考，所谓"学而不思则罔"就是这个道理。世界上有多少学而不思的人，深陷书中不能自拔，成了书呆子。张恨水则不然，他很会看书，通过思考得到了很多他想要的东西，很快让知识内化于心，外化于行，并巧妙运用到他的写作中。总之他的读书可谓受益连连，收获颇丰。

有道是外行看热闹，内行看门道。由于张恨水看书多且爱思考，因此他很快由书中悟出很多文学表现手法。随着阅读量的增加，以及不断涌现的感悟，其看书已非简单消遣，渐渐对书有了比较分析。他看了《花月痕》后指出，书中故事描写并非最好，但书中小说回目的用词安排和诗词小品非常精到。又说《儿女英雄传》虽用词精美，但在人物刻画上又相对有些不足。张恨水在看书的同时也读了很多书评。当时的书评虽不如现在那么尖锐细致，却让他分清了书的好坏优劣，并明白了一些艺术手法。如他从《聊斋志异》的批注中不仅读到了许多经典典故，而且学会了一些形容笔法。他说用"荷粉露垂，杏花烟润"来形容一个美丽健壮的女子再恰当不过。他由《水浒》的圣叹外书上发现，金圣叹喜欢的书还有《西厢》和《庄子》，于时立即找来读，结果更是让他受益匪浅，他回忆，后来其很多作品的腾挪闪跌的文法皆来自此书。

后来张恨水为看翻译小说，专门订了《小说月报》，通过大量阅读林纾译的外国小说又使他有了新认识，他指出外国小说在人物心理描写方面正是中国传统小说所欠缺的……

众所周知张恨水是世人皆知的章回小说大师，在读书过程中他发现古代章回小说有很多可圈可点之处，但也有很多不足，其中在回目设置方面就有欠缺。于是他对此进行了改革创新。其自创的"九字回目"一推出即深受欢迎，这是他看小说的又一大收获。张恨水认为回目是章回小说的点睛之处，而传统章回小说对此并不考究，或字数不一，或辞藻缺乏修饰，无典雅之美。为此他创立"九字回目"并定下几个原则：一是两个回目内容，要能体现本回小说的最高潮。二是辞藻应富有文采。三是用字和典故讲究自然浑成，如"夕阳无限好"对"高处不胜寒"之类。四是回目字数要统一，均为九字，以求其一律。五是下联以平声落韵。回目是传统章回小说的精彩之处，张恨水的"九字回目"既继承了章回小说回目设置的优点，又在此基础上，结合小说创作需要和读者阅读习惯，予以发扬光大。它的推出不仅对小说内容起到了添姿增色、如虎添翼之效，而且受到广大词章爱好者的欢迎。据载，当时文坛模仿者大有人在，就连一些知名文人如万枚子、金寄水、刘肇霖等也在模仿之列。

张恨水还突破了传统章回小说如《官场现形记》《儒林外史》等叙事相互独立，缺少联系，缺乏骨干组织的陈旧俗套写法，改为预先设置一个主角，然后再放上几个陪客，这样，社会现象自然融入主角故事中，同时主角故事又可延伸到社会现象中。

据资料载，在民国时期张恨水的小说可谓一道靓丽风景线，不仅普通公众争相购买阅读，连张学良、陈寅恪也成了小说的忠实读者。因此，他的小说一版再版、经久不衰，有的甚至拍成了电影也依然畅销卖座。有人说："在五四运动之后，章回小说还可以叫座，这是奇迹。"①

张恨水的成功首先得力于大量阅读，通过对古今中外图书的博观约取，让他积累了丰富的创作素材。如抗战时，他要为小说《水浒人物论赞》连载供稿，还要每天出报，并兼顾其他几家报纸的连载小说，安排得满满当当。为节约时间，他几乎是完全凭记忆撰写每期的《水浒人物论赞》连载，由此可见他对《水浒》的熟悉程度。据载，张恨水最忙时一天可发表六个小说连载，可见他平时积累素材之多。看书的同时，善于思考的他又从书中学到了许多文学创作所必需的描写技法，更为重要的是他将学到的知识经过分析比较创新后应用到自己的文学创作中去，真正达到了内化于心，外化于行的境界。例如他对章回小说回目的改革，正是基于对各种章回小说的熟读比较，使他对传统章回小说的优点、缺点了然于胸，自然他的改革创新直奔要害、药到病除。张恨水读书创作的成功再次证明了在读书治学过程中读思结合的重要性。

读书还要行万里路

张恨水把读书学习称为加油，他说我不能光写而不加油，"我所以不被时代抛得太远，就是这点加油的工作不错，否则我永远落在民十以前的文艺

---

① 张伍.张恨水自述［M］.郑州：河南人民出版社，2006：78.

思想圈子里，就不能不如朱庆余发问的话，'画眉深浅入时无'了。"①真知识，假知识，一用便知。水平再高的文学家在创作时也离不开原始素材，没有大量生动的素材，就犹如巧妇难为无米之炊。社会是个大舞台，每个人都扮演了不同的角色，每天都在发生各式各样的变化，有喜怒哀乐，有阴晴圆缺。丰富多彩的人事生活非书本所独有，还需要在生活中一点一点体验，方能领会其真正实质。作为文学家，张恨水知道无字之书的重要性，他无论在读书还是在工作生活中，都非常注重对社会知识的积累。

张恨水的小说《丹凤街》用细腻的手法，真实记录了南京古城三教九流的行业百态，将当时南京的风貌刻画得淋漓尽致、栩栩如生。全书内容犹如一幅生动的历史画卷，再现20世纪30年代南京的风俗人情、老街旧貌。

正如文中所描绘的早市情景："转过楼后，就是丹凤街了……二三十张露天摊子，堆着老绿或嫩绿色的菜蔬……男女挽篮子的赶市者，侧着身子在这里挤……卖早点的茶馆门口，有锅灶叠着蒸屉，屉里阵阵刮着热气……"②短短数语，已将丹凤街浓厚纯朴的烟火气息以及南京人的朴素生活一一呈现在读者眼前。

其实这些均离不开张恨水的亲身经历与仔细观察。1936年，已家喻户晓的小说家张恨水由北京举家迁往南京，原本他想在南京郊野购一块地，再盖上数间房子以安居乐业，继续潜心创作。朋友获悉后遂鼓励他合办了《南京人报》，不出所料该报又是一炮打响，畅销全城，出版第一天便创下15000份的销售纪录，因为当时南京全城也不过百万人。为专心办好报纸张恨水租了唱经楼一处旧居居住，这里离著名的丹凤街仅一步之遥。由于这条街是他每天的必经之路，于是他与丹凤街的情缘也就此开始。平常人对日常看到过的事物一般是走马观花、蜻蜓点水，很快便抛之脑后。小说家就不一样了，观察生活，体验人生百态，就是积累创作元素的开始，别人认为可能不重要的凡人小事，可能正是小说的原始素材。善于观察的张恨水岂能放过这个机会，街上的一帧帧画面，一个个动人故事，自然都分门别类地放入了他那记忆大库中。

南京沦陷后，张恨水又迁往重庆。他虽在南京仅仅住了两年时间，但对南京的一草一木、一枝一叶依然难以割舍、难以忘怀。同时也成就了《丹凤

---

① 张伍.张恨水自述［M］.郑州：河南人民出版社，2006：91.

② 张恨水.丹凤街［M］.北京：人民文学出版社，1983：2.

街》《秦淮世家》《石头城外》等以南京为背景的多部作品。

张恨水在写作《金粉世家》时，有新闻界人士便断言他的小说不可能成功。他说张恨水与大家一样皆是普通百姓、寒门出身，与达官贵人、豪门世家相差何止千里。对豪门人家的装饰摆设、生活习性、日常处事可谓一无所知，即使硬着头皮写也不过街头小报描写的老套路，所谓金总理家的情景肯定还是其他小说中某一大户人家日常生活情况的生搬硬套，与实际相距甚远。这样缺乏真实素材的小说还能写好吗？

这人的担心虽有道理，但现实却与此截然相反。因为他忽略了两点，首先张恨水的职业是新闻从业者，自1918年入职芜湖《皖江月报》始，张恨水从事此业近三十年，期间分别担任北京、上海、南京、重庆等多个副刊主编。而且还是一个从外勤到经理均作过的多面手，曾被业界誉为"全能报人"。一个优秀的作家必定是一个出色的语言艺术家，张恨水丰富的语言艺术就来自于新闻采写。正是职业所需，使他对三教九流社会各阶层有了广泛接触的机会。他在《我的创作和生活》中说："我南南北北地走过一些路，认识不少中下层社会的朋友，和上层也沾一点边，因为是当记者，所见所闻也自然比仅仅坐衙门或教书宽广一些，这也就成为我写章回小说的题材了。"①据载，他与张学良有过笔墨之交，与袁世凯之子袁克文、袁克权亦不陌生，与孙宝琦、许世英等上层人士也多有交往。其次，张恨水是个求知欲、职业责任心极强的记者。他在入职报业的第一天就立下"不说谎言、说真话，要为民而鸣的宗旨"。因此他对日常所到之处，所采访之人无不做深入观察，细致了解，什么达官贵人的衣着打扮，言谈举止，豪门中的各种传说绯闻，乃至芸芸众生、社会万象，均一一记入脑海。试想有了如此丰富多彩的素材大库，这时再写《金粉世家》肯定已是水到渠成之事。

事实上，正因为张恨水平常注重搜集生活素材，创作的作品既反映社会现实又接地气，使得《金粉世家》面世后轰动全国，同时也引起人们极大关注。因书中内容以北京一豪门为背景，于是好事者便细数民国初年北京的几家豪门，有推断是袁世凯家的，也有人猜测是钱能训家，一时成为街头巷尾茶余饭后谈论的热题。张恨水小说的魅力由此可见一斑。后来张恨水就此事回忆说："《金粉世家》，是指着当年北京豪门哪一家？袁？唐？孙？梁？全有

---

① 张伍.张恨水自述［M］.郑州：河南人民出版社，2006：10.

些像，却又不全像。我曾干脆告诉人家，哪家也不是，哪家也是！可是到现在，还有人不肯信。"①

白居易曾言"文章合为时而著，诗歌合为事而作"②。张恨水常说写小说要跟上时代的步伐，多写反映时代和人民的内容。要跟上时代，反映民众的心声，首先要了解时代，熟悉民情，为此张恨水便主动加油。他一生中的多次游历为他的小说创作贴近民生、接近民情、紧扣时代旋律提供了重要帮助，同时作品亦更加得到人民的关注和厚爱。其一生最著名的游历莫过于1934年的西北之行。用他的话说，到西北游历旨在"要看动的，看活的，看和国计民生有关系的"③。1934年5月，张恨水开始西部之行，前后两个多月时间，行程数千公里，足迹遍布陕西、甘肃、宁夏等省，可以说看到了所想看的，听到了所想听的，总之是收获满满，满载而归。由于张恨水的知名度在当时可为妇孺皆知、家喻户晓，因此在西北他受到当地民众的热烈欢迎。此次西北之行他不仅拜会了邵力子、杨虎城等军政大员，了解了西北大地的山山水水、沟沟坎坎，更为重要的是他看到了西北民众由于天灾人祸过的凄惨生活，他说西北人的苦非地处华南的人所能想象得到的。"你不会听到说，全家找不出一片木料的人家；你不会听到说，炕上烧沙当被子盖；你不会听到说，十八岁大姑娘没裤子穿……"④西北之行的耳闻目睹可以说对这个东南才子产生极大震撼。

这时的张恨水犹如经历了安史之乱后的杜甫，"穷年忧黎元，叹息肠内热"。所见所闻一方面触动他强烈的悲悯情怀和忧患意识，另一方面西北人粗犷豪放的性格，历史悠久的人文气息对他的审美情趣、思想认识产生极大影响，"起了极大的变迁"⑤。思想上的猛烈冲击促使张恨水萌发出强烈的创作欲望。在不到三个月时间他撰写杂感、通讯近40篇。1934年7月31日，长篇小说《燕归来》开始在上海《新闻报》副刊《快活林》发表，随后8月21日另一部长篇小说《小西天》亦在《申报》副刊《春秋》连载。这是张恨水第一次以小说形式表现20世纪30年代西北的历史人文、生活面貌。这也使他成为

---

① 张伍. 张恨水自述［M］. 郑州：河南人民出版社，2006：81-82.
② 符家钦. 张恨水故事［M］. 太原：山西教育出版社，1998：37.
③ 张伍. 张恨水自述［M］. 郑州：河南人民出版社，2006：105.
④ 张伍. 张恨水自述［M］. 郑州：河南人民出版社，2006：106.
⑤ 张伍. 张恨水自述［M］. 郑州：河南人民出版社，2006：106.

我国西部现代文学的先驱者之一。

张恨水做演员最大的收获是，在表演的过程中获得了创作灵感。他的写作室里常放着一面镜子，这个大镜子有一个常人想不到的功能，这个功能正如他所说："当我描写一个人不容易着笔的时候，我便自己对镜子演戏给自己看，往往能解决一个困难的问题。老实说，这就是自己导演自己。"①

张恨水的话不无道理，实际上戏曲表演与文学创作有着密切联系。打开中国文学史你会发现，小说文体成熟于说唱文学，戏曲文学本质上说也是一种说唱文学。两者的目的不同，小说是专供阅读之用，戏曲文学是为舞台演员演出提供的剧本，包括人物对话、旁白、独唱，也包括剧本作者对舞台布景的提示、动作、道具或物质环境的要求等。

戏曲文学与小说有千丝万缕的联系。在我国戏曲发展史上，很多戏曲题材即来自民间广为流传的小说如《红楼梦》《三国演义》《水浒传》《三言二拍》《封神演义》《儒林外史》等。小说中有排山倒海、气势磅礴的场面，也有细枝末节的细腻感情文学描写。这在戏曲艺术中看似难以呈现的场景，实质上在转化为戏曲表演艺术形式时并没有回避删减，而是充分发挥戏曲艺术的特长，利用演员的高超表现力、不同的时空场景、特殊的道具，将原著内容依然表现得酣畅淋漓、尽善尽美。如用一两个士兵演员，加上器乐锣鼓的渲染，即可将气势如虹的千军万马场面完美呈现。又如用一根舞动的竹竿便可巧妙还原出逆水行舟的场景等。

反过来，小说创作也从戏曲艺术中得到很多借鉴。将戏曲艺术中很多特有的艺术形式应用到小说写作中又成为特有的创作描写手法，对整个小说起到画龙点睛的作用。如戏曲艺术的叙事性特点，故事情节跌宕起伏，富有的传奇性特点，艺术表演中的穿插、暗示、旁白等都在小说写作中发挥了很好的作用。戏中戏本是戏剧艺术的一个概念，小说《红楼梦》即很好借鉴了这一手法，书中第十八回元妃省亲时点了《豪宴》《乞巧》《仙缘》《离魂》四出戏，实际上这四出戏暗伏了全书贾府之败、元妃之死、甄宝玉送玉、黛玉之死四大关目。又见第二十九回贾母在清虚观打醮拈戏，戏目分别是《白蛇传》《满床笏》《南柯梦》，实际上这是作者为贾府由兴到盛再到衰埋下的伏笔。可见这种有意识的安排无疑让小说更加增辉生色，阅后更加回味无穷。

---

① 张伍. 张恨水自述 [M]. 郑州：河南人民出版社，2006：48.

张恨水小说中对戏曲艺术手法的借鉴应用也是屡见不鲜。首先他有其他小说家所没有的戏曲表演经历。青年时的张恨水本欲东渡日本留学，不想父亲突然病故，家境每况愈下。为谋生，张恨水在表兄张东野介绍下参加一个文明戏剧团，虽然他的工作主要是写写剧目表、说明书等，但时间长了，耳濡目染，他有时也登台表演一番，他曾演过《卖油郎与花魁女》里的卖油郎，也演过《落花梦》里的一个生角，而且演得有板有眼，很有一点专业演员的味道。他虽然在剧团的时间不长，却积累了很多生动素材，其小说中涉及的众多戏曲人物即是很好的例证。如《啼笑因缘》中有唱大鼓的沈凤喜，《天河配》中有女伶人白桂英，《满江红》中有女歌星李桃枝，《秦淮世家》中有歌女唐小春等。这段剧团生活经历，使他对戏曲表演有了深刻认识，同时也潜移默化地让他将戏曲艺术手法延伸到小说创作中，并且运用得炉火纯青。戏曲表演中的道具扇子、马鞭、手绢等不仅可作为人物的衬托饰物，还可表现人物的内心活动，甚至是联系情感的重要符号。受此影响，张恨水笔下的手绢在表现人物心理活动中，发挥了独到作用，成为其刻画男女爱情的重要佐证和纽带。小说《满江红》中为表达于水村与桃枝的爱情关系，其中手帕的运用起到了重要的穿针引线的作用，并用两次"遗帕"巧妙奠定了两位青年人的爱情关系。其中第一次遗帕，让两人相识。第二次更是为两人的定情起到了实质性作用。小说《似水流年》也是以黄惜时捡起落在座位的手绢，并送还米锦华一来一往开始了两人的爱情故事。小说《偶像》让丁古云陷入兰田玉情感陷阱的恰恰是一块手绢。

戏曲表演中素有惯用巧合的习惯，所谓无巧不成书，同时也造成了很多本可避开的误会，以此来营造离奇曲折的情节，带来百看不厌的无穷魅力。张恨水在小说创作过程中也对此手法作了巧妙穿插运用。其小说《落霞孤鹜》在描写落霞、玉如和江秋鹜三人的情感纠葛时，《啼笑因缘》在描写樊家树、沈凤喜、何丽娜的情感关系中以及在《满江红》《天河配》《夜深沉》的爱情悲剧描写中均或多或少充满了巧合和误会，才使得小说总是一波三折、跌宕起伏。由于张恨水熟知中国传统戏曲曲目，因此以戏中戏的手法暗示故事发展、人物命运，在其小说中也很常见。《天河配》本是以牛郎织女爱情悲剧为题材的传统剧目。张恨水小说《天河配》之所以也用此名，旨在暗示书中女伶白桂英与王玉和的爱情走向。当书末说到两人分手信时，此时的白桂英巧合的是正要上台演唱《天河配》，这时戏中人物与书中人物悲惨婚姻同时呈现，很快将故事情节引向高潮。

张恨水不仅喜欢钻研戏剧，还喜欢研究电影，他回忆说，电影中人物个性的描写，文字章法的剪裁，又给了他新的借鉴和帮助。

借鉴戏曲语言表达书中内容是张恨水作品富有生动性、感染力、吸引力的重要原因之一，而他对此也是乐此不疲。这都与他昔日的戏曲表演经历密不可分，据说成名后的张恨水在与朋友聚会时，还时常表演一段。难怪张恨水对戏剧表演情有独钟，每当难以下笔时，总是对着镜子一通比划，然后很快文思泉涌、妙笔生花。

读万卷书还要行万里路，读有字之书，还要同时读好社会、人生这部无字之书，因为社会、人生这部大书不仅形式多样、丰富多彩，而且营养丰富、取之不尽、用之不竭。遗憾的是有些人在人生的路程中，面对一路的宝藏却视而不见，不闻不问，结果最终颗粒无收、两手空空。也有的人走一路，学一路，实践一路，感悟一路，于平常小事中酿出真理的琼浆，提炼出知识的玉液。张恨水就是酿琼浆提炼玉液的人，为生计他写过戏单说明书，演过戏，卖过药，做过报人，他不但没有因生活的艰辛而迷茫，失去人生方向，反而一方面忘我地读书，一方面主动观察、善于思考、用心感悟、勇于探索，在社会大课堂中学到书本上没有的无数经验与智慧。正如他所说："所以一个人对于一件事能留心细细的观察，就人尽师也。"①机会都是为有心人准备的，这些生活积累为他日后的文学创作提供了丰厚的滋养和独特的视角，终成为现代最著名的章回小说家。纸上得来终觉浅，绝知此事要躬行。张恨水的成功告诉我们，一个人要想学到真知识真本领，不仅要熟读书本知识，还应到广阔社会中去学无字知识，验证书本知识，一边读书一边实践，这样获得的知识才最牢靠、最实用、最有价值，这样的学习者才是有真才实学的人，真正对社会有用的人。

注重时间、空间、心境与阅读的关系

任何优秀作品皆是作者对生命体验的凝结。张恨水是文学大家，对文学

---

① 张伍.张恨水自述［M］.郑州：河南人民出版社，2006：48.

作品的精神实质、创作目的、创作方法等有着亲身的体会。"一切声色货好之处"皆可书中所得，那么如何才能真正领会书中的精华所在，让书中的精髓为我所用呢，千百年来这一直是读书人反复研究揣摩的一个问题。为此张恨水以读者的角度，有感而发写下《读书百宜录》：

"秋窗日午，小院无人，抱膝独坐，聊嫌枯寂，宜读庄子秋水篇。

菊花满前，案有旨酒，开怀爽饮，了无尘念，宜读陶渊明诗。

黄昏日落，负手庭除。得此余暇，绮怀万动，宜读花间诸集。

……" ①

这篇短文虽仅有近四百字，却以不同的时间、空间地点、心境为主线，简明扼要地为读者指出了时间、空间与读书的关系，以及阅读心境与读书的联系。

文学是人类语言艺术的集中体现，也是人类的重要精神生活和交往活动。文学的理解与认同是读者的期待视野与作品精神实质相融合的反映。现实生活中读者的期待视野与时空、心境的不同有着必然的联系。也就是说阅读时间、空间地点、心境对读者的阅读理解起着至关重要的作用。《读书百宜录》发表于1929年，那时张恨水虽年仅三十余岁，但不凡的生活经历让他对人生有着深刻的感悟与体验。同时作为文学家他对不同题材、不同文类的作品对人生的碰撞、影响也有着与普通读者非同凡响的领悟。因此，张恨水列举了《庄子·秋水篇》、陶渊明诗、《水浒传·林冲走雪》、《西厢记》、《红楼梦》、六朝小品等典籍，这些典籍又对应不同的心境，有豪放、欢愉、闲适之情，也有失意、困顿难以如愿的悲情时刻。其中场景也是各不相同，有月明如画、银灯灿烂，也有大雪漫天、菊花满前；有秋窗日午、黄昏日落，也有冗于琐务、偶然失意。这些典籍看起来没有多大联系，却都被张恨水主观统一在一种精神境界中，统一在作者关于文学与自我生命的内在联系当中。旨在启发读者能够针对性地在阅读中找到共鸣之处，以达怡情遣兴之效，感悟生命之价值。

正如文中：大雪漫天，炉灯小坐，人缩如猬，豪气欲消，宜读《水浒传·林冲走雪》一篇。读过《水浒传》的读者都知道，身怀绝技，忠心报国的八十万禁军教头林冲，不幸被奸人所害，发配沧州看草料场。虽说心情郁闷、境遇悲惨，但林冲仍表现出极大的忍耐，指望朝廷能够回心转意让其重

---

① 张正.魂梦潜山：张恨水纪传［M］.太原：山西人民出版社，2000：126.

返军中为国效力。可见豪气冲天的林冲此时此地亦是英雄气短、霸气全无。而书中"林冲走雪"也即"林教头风雪山神庙"一回,林冲当时的心境正如人在"大雪漫天""人缩如猬,豪气欲消"的失意困境一样。当此情景读者"炉灯小坐"再读"林教头风雪山神庙"一回,可谓正合时宜。

　　《读书百宜录》虽说是写给读者的,实际上也是张恨水自己博览群书高效阅读大量创作后的重要心得。文中反映了他对各种题材类型的作品之与人生发生作用的独到见解,是一种与众不同的集读书方法、读书感悟、推荐书目于一体的读书推荐。

林语堂 ///

> **林语堂**（1895—1976），原名和乐，后改为语堂，福建龙溪（现漳州）人，中国现代著名文学家、翻译家、语言学家。

读书要近其性

图书是记录知识、表达思想、传承文化、传播信息的重要载体，也是我们每一个人的良师益友。读书之益不胜枚举，读哲学书可以使人视野大开，变得耳聪目明；读历史书可以让人明智，在大是大非面前镇定自若，保持清醒头脑；读文学书可以陶冶情操，美化心灵……然而古今中外图书不计其数，而且门类繁多，内容上更是包罗万象。如何才能选好书，读好书呢？

林语堂说："兴味到时，拿起书本来就读，这才叫做真正的读书，这才是不失读书之本意。"①也就是说读书要近其性，方可读来有趣，读出学问，与书中内容产生共鸣，以达到开启心智，美化心灵之功效。他认为爱好读书，读书得益的人，没有烦恼痛苦，只有如沐春风、春光烂漫的快乐。世界上没有读不懂、读不通的书，如果有，其原因或是书中内容晦涩，文字生僻；或

---

① 林语堂. 人生的态度［M］. 长沙：湖南文艺出版社，2019：212.

是读者的学问水平不够。但是如果读者随兴味与程度，找到与之相近的图书，就没有读不通的。他举例说，少时看《红楼梦》《西厢记》《水浒传》等小说，哪有人教过，还不都是无师自通，通过强烈好奇心和浓厚兴趣慢慢消化下来的。现在中文好的人，哪个不是通过看这些书得来的。即使是学问方面的专业书籍，只要喜欢读，遇有陌生难懂的地方，一回生，二回熟，只要坚持下去，也自然会明白的。

林语堂这种读书法，可称为自动读书法。只要根据自己的兴趣，找到自己心仪的书，也就是说只要选书对准兴趣，就没有读不成的。他认为这种读书法的好处在于欲要深入研究学问，必要从兴味相近的书入手，广义上说事物是相互联系的，学问也是这样的，当专心研究书中问题时，往往要找来相近材料来参考引证，在参考引证过程中又可发现相近的问题与此息息相关，就慢慢延伸到相近问题的研究，这样在研究问题找材料的过程中，看的书也由一本书延伸到其他数本、十几本等，慢慢地便可掌握读书治学问的门径和方法。如此不断研究、不断读书，发现问题、解决问题、发明新义、触类旁通、举一反三、循环往复，不仅书越看越多，学问也自然不断有长进，哪有不成功的道理。

要完成这一读书过程，选书至关重要。书中的作者犹如一位老师、一位贤者。读一本好书，犹如与一位智者或道德高尚之人在谈心交流。因此说，一旦沙里淘金、慧眼识珠找到这样的贤人，这时激动之情犹如哥伦布发现新大陆一样，"必胸中感觉万分痛快，而魂灵上发生猛烈影响，如春雷一鸣，蚕卵孵出，得一新生命，入一新世界"①。

林语堂说古往今来圣贤硕儒比比皆是，谁的志向与你志同道合，谁的思想与你惺惺相惜，谁的气质与你相投相近，谁的作品让你心驰神往、手不释卷，怎么选择，只有自己知道。历史上依此法读书的人不在少数，选对贤者的无不受益连连、惠及终身。当苏东坡读《庄子》后，顿有一见倾心相见恨晚之感，感觉心灵深处的话被庄子娓娓道来。自此对《庄子》手不释卷，研究起来更是乐此不疲。慢慢地苏东坡也深受《庄子》的影响，不仅作品有庄子丰富联想和自然豪放的行文风格，人生行事也处处尽显庄子的鲜明作风，特别是在被谪和受挫折后，更是对庄子哲学心领神会，表现出随缘放旷、超

---

① 林语堂.人生的态度［M］.长沙：湖南文艺出版社，2019：206.

远旷达的心态，从此开启了人生创作的新境界。

明代文学家徐文长在文学创作中追求个人对社会生活的实际情感的表达，这一主张为稍后提倡性灵的公安派继承。公安三袁之首袁中郎更是对徐文长推崇备至，每当夜读徐文长诗时，更是情不自禁"叫唤起来，叫复读，读复叫"①，激动之情难以言表，大有相识恨晚之势。试想每个人都如苏东坡、袁中郎那样，读书能找到与自己风格相近、意气相投的贤人，怎么能读不进去呢，如果再多找几本这样的书，自己又怎么会不成功呢。

林语堂也是近性读书的践行者。1916年，从上海圣约翰大学毕业的林语堂，来到清华大学做了一名教员。初到清华的林语堂感觉英雄终有用武之地。正当志得意满的他准备一展雄心壮志大显身手时，一次同事与他说起"孟姜女哭长城的故事"，林语堂惊呆了，中国还有如此优美的故事，而他居然闻所未闻，这让他这个高才生在当时羞愧得无地自容。于是林语堂决定偷偷地补上中国传统文化这一课。他决定首先从中文上下功夫，补课的书便是《红楼梦》。被誉为中国封建社会末期社会生活百科全书的《红楼梦》，是中国最具思想性、艺术性、文化性的一部文学作品，书中语言的运用更是到了无可比拟的境界。他觉得这就是他最需要读的书，于是立即废寝忘食地读了起来。他一边读一边感慨道："袭人和晴雯的语言之美，使多少想写白话的中国人感到脸上无光。"②

通过读《红楼梦》，林语堂不仅掌握了地道标准的北京话，而且学到了很多巧妙的文学手法，文学修养得到很大提升，同时让他对丰富多彩、博大精深的中国古代文化生活有了第一次亲密接触。不知不觉竟引发对《红楼梦》的研究兴趣。他在1935年出版的《吾国吾民》一书中特辟小说一节，其中对《红楼梦》予以高度评价。1958年又发表《平心论高鹗》一文，随后几年再发红学文章《续论〈红楼梦〉后四十回问题》《说晴雯的头发兼论〈红楼梦〉后四十回》《〈红楼梦〉人物年龄与考证》等十余篇，成为地道的红学家。他的创作也深受《红楼梦》的影响，1939年他很多地方借鉴《红楼梦》写法的作品《京华烟云》出版发行，该书被誉为现代版的《红楼梦》。

林语堂一生对苏东坡可谓情有独钟，佩服至极。苏东坡的作品文字处处发自肺腑，作品流露出的自然本性，不仅是苏东坡生活、感情、思想的重要

---

① 林语堂. 人生的态度［M］. 长沙：湖南文艺出版社，2019：207.
② 林语堂. 我这一生：林语堂口述自传［M］. 南京：江苏人民出版社，2014：47.

体现，重要的是林语堂于作品中发现了自己的影子。因此他对苏东坡的作品沉浸一生。赴美定居前林语堂携带最多的书籍就是苏东坡类作品，竟达100多种。在这些书中有《苏文忠公全集》等苏东坡原创作品，爱屋及乌，一些与苏东坡研究相关的著作如《宋史纪事本末》《宋诗》《元丰九域志》等也在行李之列。他说："有他（苏东坡）的作品摆在书架上，就令人觉得有了丰富的精神食粮。"①他对苏东坡及其作品的痴迷，由此可见一斑。

林语堂的一生深受苏东坡的影响。这在林语堂所著《苏东坡传》中清晰可见。林语堂在该书中精准抓住苏东坡一生笑看世界、笑对人生、笑对生活的人格特质，把一个历史人物活灵活现地奉献给读者的根本原因是什么呢。林语堂在该书序言中已说得很明白，他说："我写苏东坡传并没有什么特别理由，只是以此为乐而已。"②用二十余万字写一个一生快乐的人，原来是为了自己的快乐，由此来看林语堂对苏东坡可谓崇拜到家了。说起读书，林语堂多次强调"世间确有一些人的心灵是类似的，一个人必须在古今的作家中，寻找一个心灵和他相似的作家。他只有这样才能够获得读书的真益处，一个人必须独立自主去寻出他的老师来……"③正如其所说，林语堂的确是言出必行，读书寻找老师的典范。

讲究近性读书，那么哪些书才是近性的范围呢，林语堂说一个人读书，爱好什么，喜欢读什么，萝卜青菜各有所爱，人们的爱好兴趣各不相同，没有什么固定答案，但选书时一定要体现读者的文化倾向和兴趣。实际上选书过程也是一个文化兴趣享受过程，如果对接成功，自然是一个完美的精神享受旅程；否则读书不尽性，自然越读越糊涂，越读越不想读。

林语堂称他自己最喜读的书有两方面：一是最高尚的作品，二是"最下流"的作品。这自然是林语堂特立独行的读书观点。他认为人类的思想和生命根源都在这两类作品之中，要了解人生的真谛必要从这两类书中去找寻、去挖掘。林语堂列出的高尚书有孔子、老子、庄子以及柏拉图等人的作品，他称他喜爱的"最下流"的书有外国的廉价通俗小说，以及民间歌谣和苏州船户的歌曲等。他称这两类书不多，但对于处于中间层的书，虽然数量

① 林语堂.苏东坡传［M］.2版.天津：百花文艺出版社，2008：原序4.
② 林语堂.苏东坡传［M］.2版.天津：百花文艺出版社，2008：原序4.
③ 林语堂.人生不过如此［M］.北京：群言出版社，2010：188.

众多，他却不会去读，因为这些书大多从最高尚和"最下流"两类书中辗转抄袭所得，书中反映的世间生活已失去活力，词句间也毫无生气，思想上更是缺少原创性和真实性。正如林语堂所说，孔子、老子、庄子等人的作品代表了人类思想的源泉，虽历经千百年，仍是历久弥新，散发出熠熠生辉的光芒，成为人类最重要的思想宝库。只有读了这样的书，才能读出味道，品出滋味，悟出原理，产生难以忘怀的真知灼见，为己所用。而"最下流"的作品也即民间作品，民间创造的作品多来自低层民众的日常生活感悟，虽无经天纬地的篇章描述，但涉及面广、题材广泛、贴地气，富有生活性、真实性、原创性，而且作品中蕴含了大道理。从一定角度说民间作品是高尚作品的重要创作素材。所谓大俗大雅，俗中有雅，雅中有俗，就是这个道理。因此说，民间创作的作品中蕴含的深刻道理与高尚作品中的道理一样伟大。所以林语堂认为读孔子、老子的书与读苏州船户的歌曲一样，它们都能给阅读者带来人生的启示，事实上林语堂通过阅读这些高尚与"下流"作品的确品出了味道，悟出了生命真谛。无论是他撰写的《孔子的智慧》《老子的智慧》《苏东坡传》，还是《吾国吾民》《生活的艺术》等作品无不寓意深刻、回味悠长，书中"幽默、闲适、性灵"的文字更是充满了浓厚的生活气息，由于这些书大都用英文撰写，且畅销欧美，有的甚至成为"枕上书"，无疑让西方人了解到了中国文化的博大精深、辉煌灿烂，为中国文化走出去发挥了重大作用。

林语堂提倡近性读书的同时，极力反对当时学校倡导的读书观点。他认为为考试做准备，以分数的高低，注册部定的及格与不及格，升不升级为目的的读书不是真正的读书，也读不好。

他指出不能把读书变成仅求幸免扣分数、留班级的一种苦役。读书本是自己的私事，如果是为考试、为留级、为文凭、为功名等一些不相干的目的，那么读书就失去本意，这些功利性读书者也不是真正读书人。他举例说，若不能用读《红楼梦》《水浒传》的心境去读《哲学史》《经济学大纲》，便失去读书之乐，也读不成书。林语堂的观点可说是对中国古代学而优则仕的读书观的有益反驳。

他反对灌输式读书。他称简单的灌输式读书，如按牛喝水，不但效果不好，长此下去还会令学生失去读书兴趣。他认为将学生被动地集中于学堂，以上课听讲方式的读书，就如往学生头脑中"灌输"和"注射"一样，因为常人的头颅是不透水的，所以，这种知识注射法，注定难以有效果。学生往往是这听一点，那记一句，如东风过耳，学习不得其法，也就难有收获。学生若找到所心仪的图书，自会读得津津有味，进而举一反三，融会贯通，受益连连。若不是发自内心的自觉地读书，哪怕是头悬梁、锥刺股，让人监督提醒，效果又如何呢，恐怕也仅是为了考试或为尽义务多少学点，这点知识距离做一个完人、通人还要差十万八千里。

所读非书。林语堂认为学校的教科书，非真正的书。读一本文学概论，效果难有读《三国演义》《水浒传》明显。读《史记》要胜过读历史教科书。况且学校所教非慎思明辨之学，乃记问之学。记问之学不足为师，《礼记》上早有定论。书上如何说，学生就怎么回答，假如学生猜到教师心中的答案，便得一百分，便觉学习成功。但是实际上难以学到真正的学问。一些须要强记的知识可适用此法，但一些学术问题非常复杂，如罗马帝国灭亡原因，教科书上所列原因有三，但实际的原因远不止这些。此外，课堂上因教科书和老师的能力原因，所讲内容总或多或少带有局限性，这样学生的知识面自然受限。即使上学时知识背得滚瓜烂熟，但一到社会上才发现，自己是什么都不懂，原来好多知识，教科书上都没有。

林语堂近性读书法不是信口开河，是根据他的亲身实践总结而来。他称他凭一本牛津字典便学会了英文，他读书就像森林里的猴子尽情觅果子一样，任意尽性读书，便可发现奇花异果、深林幽谷、名山巨川，找出人生真谛，世界发展之源泉。林语堂做到了，相信具有与林语堂同等天赋与才气的人也同样能做到，这是不容置疑，无可否认的。因为人的天资有高有低，这应该是天资高的人的一种特立独行的读书法。但世界上大多数人天赋一般，还需要参加学校教育，经过教师指导帮助，才能最终成才。因此，林语堂的这种读书法不是人人皆可拿来就用的万能读书法。

1930年林语堂在上海

20世纪30年代，林语堂应上海圣约翰大学、复旦大学、大夏大学、光华大学等之邀讲读书之道，当他深有体会地向学生兜售此读书法时，迎来了学生阵阵掌声，校方人员却频频蹙眉，极为尴尬。实事求是地说，林语堂这种有点"离经叛道"的读书法，过分强调了怡情养性之作用，过分突出了人的天赋和自觉性。忽略了人的社会属性；忽略了人为了求生存，为了国家民族振兴而激起的决心、信心，进而产生的源源不断的求知欲；忽略了刻苦发奋、孜孜不倦在读书中的作用；更忽略了在读书学习中老师的导航作用。师者，所以传道授业解惑也。在人类社会发展中，老师是科学文化的继承者、播种者，对学生来说，又是对学生德、智、体、美、劳全面发展的启发者、教育者、引领者。教师这个古老职业之所以能传承到现在已说明了其对学生发展的重要性。由此来说，林语堂的这种读书法非完美无瑕，局限性也同时存在，如果不具备一定的素质，不要轻易去尝试，否则东施效颦，效果反而与读好书背道而驰。

瑕不掩瑜，任何观点都不是完美无缺的，虽说林语堂近性读书法有局限性，但他的读书观仍有其发光之处，对做好读书学习还是很有裨益的。他主张自动读书学习，重视素质培养，强调兴味、性灵，可以说是具有远见卓识的，这对培养高素质人才，如何提高人的读书治学能力，具有重要意义。读书学习不仅要勤奋刻苦、孜孜不倦，还要培养兴趣，寓读于乐，假如这两点都做到了，何愁读不好书呢。

读书要知其味

林语堂认为读书的目的在于"开茅塞，除鄙见，得新知，增学问，广识见，养性灵"[1]。因为在人生的成长过程中受各种不良因素的影响，毛孔骨节如同被一种膜包起来，日渐见识短浅，且顽腐不化，读书的目的就是通过接受新知识、新经验，将隔膜一层层剥下，远离迂腐与落伍，远离固陋与偏执，从而使人变得聪明有智慧。

人只有时时学习，与时俱进，才能跟上时代步伐。客观事物是复杂且不断发展变化的，谁也没有先知先觉的能力。幼年时感觉什么都不懂不会，经

---

[1] 林语堂.人生的态度［M］.长沙：湖南文艺出版社，2019：202.

过小学、中学、大学时期的学习，无论是数理化，还是史地生等学科都有了广泛接触学习，这时知识量的增加让人感觉成竹在胸、信心倍增，感觉什么都懂。然而毕业后来到社会上，一工作才惊奇地发现，遇到的好多问题不是这个书本上没有，就是那个没学过，一时生存都成了问题。再经过多年学习充电打拼，很快步入中年，这时的人多已娶妻生子，事业有成。他们或忙碌于商海，或深陷文山会海，或陶醉于已有成就之中。积年累月，日久天长，久不学习的人不知不觉已鄙吝复萌，与时代脱钩，什么都不道了。如想不为时代所抛弃，就应该再重新踏踏实实地学习，紧跟社会，紧扣时代脉搏，方能始终勇立于时代潮头。

林语堂认为人在发展过程中，要想心灵不变为化石古董，就得时时读书，不断摆脱俗气，并引用黄山谷的话，三日不读书，便语言无味，面目可憎。他说黄山谷的"面目可憎"不可作面孔不漂亮解释。有漂亮面孔，穿漂亮衣服，专说漂亮话的人，非面目可憎；不能奉承人，不能做笑脸的人也不能算是可憎。有的人虽满脸脂粉，打扮得珠光宝气、光彩照人，但一谈起话来，口无遮拦，粗话连篇，让人再无谈性。也有的人虽面目平常，装扮朴素，但做人诚实守信，谈起话来引经据典、出口成章、屡发新见，总给人以智慧与启发，如此谈吐不凡又怎能让人厌烦呢。

林语堂又举例说，章太炎的面孔不算漂亮，王国维长相也很一般，而且在清华国学研究院时还留有一条辫子，但他们学识渊博，才高八斗，气质非凡最有风韵，深受学生的拥戴。《浮生六记》中的芸娘，虽无西施之容貌，却与丈夫情投意合，赋诗论文，各抒几见，不亦乐乎，也应是中国第一美人。昔日李清照、赵明诚夫妇每月领膏火银后，来往于书店、古玩摊，每遇珍本善本，中意的名器古玩，必陶醉其中。购回家后更是"每获一书，即同共勘校，整集签题。得书画、彝鼎，亦摩玩舒卷，指摘疵病，夜尽一烛为率……"[①]可见由于饱读诗书，又志趣相投，夫妇二人在各自眼中都是最具书香、最有风韵之人。不幸的是赵明诚去世后，李清照再嫁之人虽家资雄厚，却是志不同道也不合，其与博学多识的赵明诚真是天壤之别，后悔晚矣。

林语堂认为，语言之味与读书相关，读书读出味来，自然语言有味，做出的文章也有风韵，谈吐自然不凡。读书要读出味道，读出真知灼见，须

---

① 赵明诚.金石录［M］.刘晓东，崔燕南，点校.济南：齐鲁书社，2009：257.

先知味，如何知味，各人的方法不一。这是因为人的爱好、兴趣、智力、学习程度不尽相同。有的人读书读了半生也没读出个味来，是因为读了不合口的书的缘故，因为一人一个胃口，口味不合，自然书也读不出来。故袁中郎称，读所好之书，所不好之书可让他人读之，就是这个道理。个人的学习程度不够，强读也不行，不但不能消化，还会生痞积、胃滞等病。故有的人虽很早开蒙，却至老也不能通一经，

由于图书种类繁多，深浅不一，故书也有不同。此人所读之书，也可能是彼人万不可读之书，有此时读的，彼时不可读的。即使是人人必读之书，也要分时间程度，见解未到，思想感悟未到那个层面，效果反而适得其反。故孔子说五十可以学《易》，如果程度未到，即使四十五岁也不能读《易》。

另外，同一个人读同一本书，时间不同，味道也各异。这如同看名人的照片或读名人文章一样，未曾谋面时，读出来的是一种味道，相见交谈，再看照片，这时读文章自有更深一层的理解。与其绝交后，再看照片并读其文章，味道又有不同。所以四十看《易》是一种味道，五十再学《易》，味道更深了。好书之益不是读一两遍就能感悟到的，书读百遍，其义自见。读得遍数越多，理解越深，见解越透，读出的味道也更加浓厚。故程子有言："读书之味，愈久愈深。"

在林语堂看来，欲读出书中之味道，必先深入了解自己的兴趣爱好、作者的思想，再因地制宜、量体裁衣有针对性地辅以不同读书方法，定会读出书中的真味，不断发展自己，完善自己，成为真正有风韵气质之人。

一个人的容貌是天生注定无法改变的，但优雅的气质，深厚的文化底蕴，超前睿智的思想却可从书中所得。腹有诗书气自华，读书可以以文化人，以文润心，赶走身上的保守与固执，消除自身携带的粗野与低俗，让人举手投足间透露着翰墨书香，处处彰显出超人的智慧。然而如何才能实现这一理想目标，浅尝辄止、囫囵吞枣式的读书是肯定不行的，林语堂无疑给我们一个很好的答案，踏踏实实读出书中的味道，悟出书中的原理，自然语言有味，文章出彩，人也神采奕奕。

茅 盾 ///

茅 盾（1896—1981），原名沈德鸿，字
雁冰，浙江桐乡人。中国现代著名作家、文学
评论家、文化活动家以及社会活动家。

读书认真，从不放过任何疑问

茅盾读书学习一向一丝不苟，有问题从不放过，总是想方设法，弄个水落石出。这一习惯让他的学习学得非常扎实，基础知识也打得特别牢固。

1907年，从国民初等男学毕业后的茅盾转入乌镇新办的植材高等小学读书。植材小学的前身是中西学堂，受维新运动的影响，学校设英文和古文课程，毕业后的学生有的保送至上海深造，有的保送至日本继续学习，其中有很多学生进修完毕后又回到学校任教，因此，这所学校在当地很有名气。茅盾入学时，学校迁新址，总面积扩大至20亩，成为乌镇规模最大的学校。该校教国文的有四位老师，其中王彦臣教授《礼记》，张济川教授《易经》，还有两位老师都是老秀才出身，分别教授《左传》和《孟子》。

教授《孟子》的老师姓周，他虽很努力，但水平相对差一些，经常在课堂上闹出一些笑话来，所以同学们也因此听得不认真。但茅盾与同学们不同，依然专心致志听讲。一天，周老师在《孟子》课上讲到"弃甲曳兵而

走"一句时，有学生问老师其中"兵"字的意思，周老师解释道，"兵"就是"兵丁"的意思，这句话的意思是说，兵战败，为急于逃命，丢掉盔甲，仓皇急走，就如一根人流的绳子被拖着奔走。同学们听后大都似懂非懂地点点头。茅盾却有些半信半疑，因为他记得《孟子》的释文上说，这个"兵"明明是"武器"的意思，老师怎么说成了"兵丁"了呢。于是就向周老师说出心中的疑问，周老师听完后严肃地指出，该"兵"字的确是"兵丁"的意思，同时批评茅盾小小年纪难道比他这个老秀才还懂得多。同学们看到周老师肯定的样子，也都站在周老师这一边，认为是茅盾弄错了。但是茅盾依然坚持己见，说《孟子》的释文上明明说"兵"是"武器"的意思，如不信的话可以找书来对照。于是大家你一言我一语，双方争执得难分难解。为了分出对错，茅盾说那就找校长来评一下吧。于是同学们簇拥着茅盾和周老师来到校长处，校长了解清楚后，心中知道茅盾的说法是对的，但碍于周老师的面子，以及学校教学工作的大局，只得变通地解释说，可能周老师说的是一种古本的解释吧。校长说完后，即刻离开，同学们也一哄而散。只有茅盾呆在原处，又反复思考了很长时间，并自言自语道，难道是记错了吗。为了打消心中的疑问，弄个水落石出，茅盾立即回家，将《孟子》一书找出，又仔细核对一遍释文，直到证明自己是正确的，这时才如释重负，放下心来。

植材小学由于是新式学校，学校藏书非常丰富，无论是"四书""五经"还是小说、地方志等应有尽有。爱书如命的茅盾，经常一头扎在这里，打发业余时光。同时，这些藏书也成为茅盾核对资料的工具，每当学习上有疑问，便可在此发现茅盾翻书释疑的身影。

读书治学就是一个发现问题、解决问题的过程。有疑问说明读书学习有了觉悟，只要认真解决，自己的认识自然就有了新的提高。所谓小疑则小进，大疑则大进就是这个道理。梁漱溟自称是个问题中的人，他通过不断解决治学中的各种问题，最终成为著作等身的大学者。茅盾也因这种严谨的读书治学理念，最终成为闻名中外的文学家。读书最忌发现不了问题，其一说明读得不认真，其二就是水平还没到发现疑问的地步。而发现疑问，得过且过，放之任之，也是不可取的，这样自己的水平不但得不到提升，而且知识基础也打得不牢固。这就如盖房子一样，房子从建筑设计到各种材料的采用，都有严格的建筑标准和要求，任何一环节出了问题，听之任之，都会影响房子的质量，房倒屋塌也不是没这个可能的。

每一个读书人都应该学习茅盾这种一丝不苟的读书治学精神。在治学过程中出现问题是正常的，问题不在大小，只要认真去解决，克服一个个困难，自然都会学有所成的。

不入"虎穴"，焉得"虎子"

小说《子夜》是茅盾最有名的代表作品之一。小说以半封建、半殖民地的旧上海为背景，以民族工业资本家吴荪甫与买办金融资本家赵伯韬的矛盾、斗争为主要线索，详细描述了20世纪30年代中国社会各阶层形形色色的生活场景，真实地再现了中国民族工业在买办资产阶级、统治阶级、帝国主义重压下的悲剧命运。这是中国现代文学史上的第一部社会分析小说，堪称长篇小说的扛鼎之作。

《子夜》全书涉及90多个人物，既有像吴荪甫、赵伯韬、杜竹斋之类的资本家，也有像吴太老爷、曾沧海、冯云卿等形形色色的地主，还有性格迥异的女性，颓废的知识分子群体，工人及革命者形象等，个个都有血有肉、个性鲜明。如吴荪甫的果断兼具刚愎自用的性格；赵伯韬腰缠万贯、财大气粗的做事风格；小商人走投无路的悲惨情形；周仲伟、王和甫等老板为了金钱与利益，钩心斗角、明争暗斗的情状，均通过茅盾那生花之笔活灵活现地展现在读者眼前。1933年1月，《子夜》由开明书店出版，立刻受到读者追捧，销量直线上升。不但初版3000册很快脱销，而且三个月内又重版加印3次共15000册，销量之好在当时极为罕见。《子夜》也引起强烈社会反响，瞿秋白评价《子夜》是"中国第一部写实主义的成功的长篇小说"[1]，并且预言："1933年在将来的文学史上，没有疑问地要记录《子夜》的出版。"[2]上海的一些读者在读了《子夜》后，竟不约而同地希望能看到续集，甚至连书名也替茅盾拟好了，就叫《黎明》。据说还真有不少读者去书店咨询《黎明》出版信息的。

① 钟桂松.茅盾评传［M］.南京：南京大学出版社，2013：183.
② 钟桂松.茅盾评传［M］.南京：南京大学出版社，2013：183.

　　《子夜》的成功绝非偶然。一部好作品的创作，首先要有丰富的素材。茅盾的文学创作也离不开这个法则。1930年，茅盾由日本回到上海。不久，茅盾的眼疾、胃病、神经衰弱加重，不得已，茅盾只好停下工作，尽量少用眼睛、多休息。闲来无事，茅盾便经常去他亲戚家做客。在上海有茅盾不少亲戚故旧，其中二叔沈永钦、三叔沈永钊、四叔沈永锡均在上海银行界工作。当时茅盾去的最多的亲戚家就是表叔卢学溥（鉴泉）家，这个看着茅盾长大的表叔，虽说在上海当寓公，但他与政界、金融界交往密切，信息灵通。因此，在表叔的公馆里每天都有来自各界的名流，其中有银行家、企业家、政府公务人员、在交易所搞投机生意的商人等。这些人每当说起各自的见闻经历，或高谈阔论，或娓娓道来，或慷慨激昂……茅盾通过与之交谈细聊，了解到在外国商品和资本的双重挤压下，中国民族工业的发展日趋衰微，为了转嫁危机，资本家加紧对工人的盘剥，造成社会、经济、政治矛盾加剧。卢公馆里的耳闻目睹，使茅盾意识到，应该用掌握的素材创作一部小说，去揭露这黑暗残酷的现实。

　　为写好这部小说，茅盾认为仅依据在卢公馆所见所闻的素材，还远远不够。必须要再详细了解具体实例，深入"虎穴"用亲身的感受、经历，才能激发出自己的创作灵感，得到"虎子"，写出真正打动读者内心的作品。为了深入了解证券交易所内的详情，茅盾特花了半月时间在交易所进行实地考察。在那半月时间里，茅盾看到了交易所内的"博斗"情景，以及在证券交易过程中显露出来的喜、怒、哀、乐之情。而那些真正操纵股市交易的人，却从不在交易所露面，他们往往带着情人、姨太在豪华宾馆里巧妙地用谣言、谎言便可轻松操纵着让平常人觉得深不可测的股票市场。茅盾还经常深入企业，去体验企业日常生产经营之状况，去了解一些企业老板和伙计在企业发展中的挣扎故事和实例。然而，深入现场去体验真实感受和经历，也非易事。有时在交易所茅盾那单薄的身体经常被骚动的人群挤得东倒西歪，甚至连眼镜也被挤掉了；有时尽管天气闷热，他依然坚持到企业去看、去听、去观察；有时胃病发作，他就忍着疼痛一边用手捂着肚子，一边与工人们交流。通常，每当夜幕降临时，茅盾才拖着疲惫的身体回来，然后一头扎进书房，将白天的所见所闻、所感所想，一点点写出来。功夫不负有心人，随着调查得来的一手材料越积越多，使茅盾有了丰富的创作素材，最终仅用一年多时间，《子夜》便大功告成。茅盾就这样通过身临其境、体验生活，靠一点一滴积累起来的素材，创作了许多优秀的文学作品。

读书治学不仅要读有字书，还要读无字书。图书虽然记录了人类认识世界、改造世界的知识，但这些知识并不是万能的、一成不变的。在学习书本知识的同时，还应深入到客观世界中去仔细观察，了解天地万物的性格、习性、规律等，才能将书本知识与现实生活紧密结合，让自己的认识有真正的提高，让思想境界更加开阔。司马迁读万卷书，行万里路，才得以著成《史记》。李白通过游览名山大川，为他的山水诗创作增添了无穷的灵气与魅力。沈从文以文章《我读一本小书同时又读一本大书》指出读"大书"也就是到客观世界中去学习的必要性。而茅盾入"虎穴"，得"虎子"创作《子夜》的故事，再次验证了读无字之书，到社会生活中去学习、体验的重要性。

读书喜作眉批

古人讲不动笔墨不读书。读书时将书中字句的解释、内容观点的正误、阅读感悟、心得、评论等记录下来，是读书人最惯用的一种读书习惯。读书动笔益处良多：它能帮助读书人增强记忆，掌握书中要点、难点；能促使读书人思考，将读书时产生的火花及时记录下来，以备日后研究，得出自己的见解；能通过思考 问题扩大读书人的知识面；能提高读书人的写作水平。

1947年6月摄于上海寓所

古往今来的学者读书时均非常重视动笔，而且效果显著。明末清初大思想家顾炎武的《日知录》，就来自他积年累月、持之以恒撰写的学术札记。清代史学家赵翼在阅读二十四史时，将编著年代、体例、史料来源、各史的得失等一一作详细考证，最后汇成《廿二史札记》一书。这些札记不仅让赵翼的史学研究进入新境界，同时为后世学者学史、治史提供了很大方便。近代史学家吕思勉回忆称，他小时候读历史书，最爱读的就是《日知录》《廿二史札记》。大学者陈寅恪、黄侃、刘文典等更是逢书就点、逢书必批。

茅盾读书也喜欢思考 、动笔，尤其爱作眉批。一生嗜书如命的茅盾，在仔细阅读品味时，每有心得、感悟等，常随手给予会心的评点及标记。这些评点、标记有的深刻剖析原著，指出作品精彩之处；有的借书中的观点直抒胸臆；有的简单明了、高度概括；有的分毫析厘、穷幽极微……

据载，茅盾一生留下带有"笔记"的文献不在少数，其中符合眉批特征的有70余种。综观这些眉批，根据字数多少大体分为点评、批注、札记三种类型。

点评即以短语词句对书中的字、词、句等的优缺点作考证、分析、说明。点评是中国传统文学批评方法之一。毛宗岗点评《三国演义》、金圣叹点评《水浒传》、脂砚斋点评《红楼梦》等，都是历史上著名的文学点评本。茅盾眉批本的点评多分布于书中每页的正文旁边，主要是对书中用词的褒贬、词语的注释、评价等。

批注是指在阅读中对文章进行的批评和注解，主要以长句组成。茅盾眉批本的批注有对字词使用的质疑和修改意见，也有对人物描写细节的评论等。批注内容连起来就是一篇较短的读书笔记。茅盾的《读书杂记》《鼓吹续集》中很多读书笔记、评论式文章，都与这些批注相关。

札记也称随笔，是指阅读过程中随手记下来的心得、感悟等。茅盾眉批本中的札记多以长句和段落组成，或长或短，分布于每页的空白处。札记组织起来，往往就是一篇评论性文章。如茅盾在《收获》发表的关于《火种》的评论文章，即来自他眉批本艾明之《火种》中的札记。

公开出版的茅盾眉批本有，1991年中国青年出版社以茅盾眉批的韶华《浪涛滚滚》为底本，出版的《浪涛滚滚·茅盾点评本》。1996年茅盾诞辰百年之际，中国国际广播出版社与中国现代文学馆联合整理出版的《中国现当代文学茅盾眉批本文库》，收录的眉批本包括杨沫、杜鹏程、茹志鹃等作者的9部作品，内有批注406则，标记1750处①。该文库是收录茅盾眉批本数量最多，最有代表性的丛书。

舒乙在该书总序中对茅盾的眉批给予高度评价，认为这些眉批"涉及的著作数量大，所做的批注数量也大""真敢说，褒贬分明""心细之至，真是逐字逐句把关""有主张、有建议、有方案""批注既是写作技巧剖析，又是阅读入门指导"②……

从舒乙对茅盾眉批的分析总结可以看出茅盾读书之认真，分析之细致，认识之深刻。而这些眉批也成了学者研究茅盾读书与文学创作的重要资料。茅盾眉批的作品大部分为小说、诗歌、文学评论，写眉批的时间主要集中在1960年至1964年。当时，茅盾早已是声名远播、闻名中外的文学家，但他仍本着不动笔墨不读书的读书理念，一本一本边读边写眉批。茅盾的这一读书理念明示我们，读书是一件既愉悦又严肃的事情。读书的快乐与感悟并不是被动接受，也不是柳荫下话家常，江堤上闲庭信步便可轻松得来。真正的收获来自读书人的自我总结与发现，来自一点一滴的深钻细研，而写眉批仍是读书人读有所获的不可或缺的重要方法。

如何阅读文学作品

古今中外任何作家的创作都离不开对文学作品的大量阅读，阅读不仅是他们一生永远抹不掉的嗜好，也是他们积累知识、提升自我，激发创作灵感，启发写作构思，丰富语言词汇的重要方式。

每一位作家都很重视自己的阅读，心目中都有一本读书经和他们喜爱的书目。六十余岁的大文豪托尔斯泰曾给友人列过一份自己从童年至六十岁不同年龄段读过的印象深刻的书单，并且把书单分成了"印象深""印象很深""印象极深"三个层次，可见大文豪阅读的用心之细、思考之深。老舍在

---

① 万安伦.《中国现当代文学茅盾眉批本文库》评说//叶子铭，孙中田.茅盾研究：第7辑.北京：文化艺术出版社，1999：435-442.

② 舒乙.梦和泪［M］.北京：作家出版社，1998：97.

英国期间阅读了从古希腊悲喜剧到文艺复兴时期的许多英文文学作品，对这些作品的认识和体会点燃了他英文写作的激情。

阅读对每个作家来说都是必不可少的功课，他们的阅读方法、阅读感悟、阅读秘诀数不胜数，此处不再赘述。让我们直入主题走进著名作家茅盾的阅读世界，尽情一览大师有哪些喜欢的经典名著，又是怎样欣赏阅读它们的，继而领略大师的阅读风采，使我们的阅读和认知水平更进一层楼。

第一，茅盾喜爱的文学名著。

众所周知，茅盾一生读书非常多，他在《我阅读的中外文学作品》中提到他的阅读范围相当广泛，经、史、子、集方面的图书皆在涉猎之内，各流派的古典文学作品都感兴趣。对于外国文学，也是非常喜欢。

他把文学作品粗略的分为三类，即历史的、当代现实的和幻想的（灵怪变异）。他认为，这三类中都有让人百读不厌的杰作。

中国古典作品中，茅盾喜欢《三国演义》《水浒传》。相对来说，他对《水浒传》更是尤其爱读。原因是他认为《水浒传》中人物性格的描写手法要胜过《三国演义》。

外国文学作品中，茅盾爱读的有大仲马的《三个火枪手》、托尔斯泰的《战争与和平》和《安娜·卡列尼娜》。他认为在《三个火枪手》中大仲马对达特安这一人物形象的描写非常成功。茅盾更佩服《战争与和平》《安娜·卡列尼娜》这两部巨著，他说这两部作品不仅人物性格的描写精准到位、栩栩如生，而且在一些大场面方面不管是宴会、打猎、跳舞会，还是打仗、赛马等都描写得五色缤纷且整齐而不乱。这些功夫不仅让《水浒传》望尘莫及，就是大仲马的椽笔也难与之比肩。另外，托尔斯泰在作品内部的组织构造和总体安排方面更有独到之处。因此，茅盾建议读托尔斯泰的作品，必须要对作者如何布局、如何写人物、如何写热闹的场面多留意研究揣摩，才能真正读到作品的精妙之处，悟出作者的弦外之音，理解文章的寓意，让自己真正受益。

在幻想的小说中，茅盾最喜欢读《西游记》。他认为《西游记》"是幻想，然而托根于现实"[1]，不仅想象力丰富，而且于书中的精怪都富于人情味。他指出，没有现实基础的幻想，不是一部好作品。《聊斋志异》中的狐

---

[1] 陈建华. 茅盾思想小品［M］. 上海：上海社会科学院出版社，1997：211.

仙鬼怪故事同样映射了现实生活中的人和事。因此，这些篇章也是茅盾喜欢读的。

茅盾认为欧洲中世纪的幻想小说《列那狐》的故事也是与《西游记》《聊斋志异》相媲美的杰作。因为这类小说的过人之处在于"大凡托根于现实的幻想的作品，因其诡谲而恣肆，常比直写现实生活者更为动人"[①]。

对于现实主义文学作品茅盾更加喜欢，他说："至于反映当代现实的作品，我所爱读的范围就很大了。"[②]无论是《官场现形记》《二十年目睹之怪现状》《老残游记》《孽海花》，还是鲁迅及其他名作家的作品他都爱读。茅盾认为，凡同国同时代的作品对读者的阅读与创作更为有益。读鲁迅作品的益处自不必多说，就是读普通青年作家的作品也是益处多多，例如一个口语的灵活运用，一些新颖的句法，都能让人从中受益，得到启迪。茅盾也曾抱此理念读当代外国名家作品，也让他感觉受益连连。他说他通过阅读高尔基的作品使他增长了对现实的观察力……

茅盾介绍他爱读的书时，更加侧重于从文学创作方面如刻画人物的技巧、叙事方式、结构安排、创作的目的等评价作品的优点与不足。其中蕴含了茅盾对文学作品的理解与认知，不但内容丰富、认识深刻，而且具有很强的导读作用。普通读者寻着这条路去读书，无论对阅读欣赏名著，还是对个人从事创作方面都会大有益处。

第二，读文学作品一定要"入迷"，才有受益。

茅盾主张欣赏阅读文学作品一定要"入迷"。他在《论"入迷"》中指出，有些人读一篇小说，先在心里认为是小说家言，不可当真。于是带着怀疑的微笑，被动地读下去。还有些人进了戏园，就反复提醒自己，这是做戏，不能当真。

茅盾认为这些人的做法是不对的。在欣赏文艺作品之前事先把作品定位是假的，阅读时就不会产生真正的兴趣。因此，茅盾建议阅读时一定要"入迷"才行。他指出，"入迷"就不能在自己与作品之间设一道屏障，将作品与自己相隔。不然，就无法真正认识体味到作品的好处，更不会有收获，而是白白地浪费了时间。

---

① 陈建华.茅盾思想小品［M］.上海：上海社会科学院出版社，1997：211.

② 陈建华.茅盾思想小品［M］.上海：上海社会科学院出版社，1997：211.

文学作品是人类精神文化需求的产物，它能给人以希望、力量，是人类生生不息，奋勇向前的力量源泉。作家创作的文学作品皆源于作家对社会生活和精神生活的感悟，一部好的文学作品饱含了丰富的人生经验和立身处世的道理，蕴含了作家的思想和情感。如果以"预设屏障"的心态去读，不仅不会感知到作品中的思想魅力和精神力量，而且永远都不会识得庐山真面目。岂不遗憾！

茅盾所说的"入迷"也不是要读书人走火入魔、深陷其中，只要读书专心致志、全神贯注沉浸其中即可。"就是走入作品中，和书中人一同笑一同哭，这才算不负那小说或戏曲，而小说或戏曲也没有白糟蹋了他的光阴"①。

茅盾的意思是讲一般作家写作的时候，也皆在"入迷"状态下，通过文字使他的情感、认知与笔下的人物合二为一、融为一体的。作为读者只有真心沉浸到作品中，全身心、全方位去欣赏体会书中人物的情感、思想、心理，与作者共情，悲其悲、乐其乐、苦其苦，才会读有所悟，才会真正体会到作家之用心、作品之精妙之处。

第三，读文学名著要用"三遍"读书法。

茅盾博览群书、博学多识，关于如何读名著，他结合自己多年的读书经验指出："读名著起码要读三遍，第一遍最好很快的把它读完，这好象在飞机上鸟瞰桂林城的全景；第二遍要慢慢的读，细细的咀嚼，注意到各章各段的结构；第三遍就要细细的一段一段的读，这时要注意到它的练字练句。"②这就是茅盾著名的"三遍"读书法。

仔细品味茅盾的"三遍"读书法的确是练就超强读书能力的好方法，如果在平时运用这一方法去读书，何愁名著"扳不倒"、记不住、解不开。现在再细细解读一下这个读书法，以备读者受用。

第一遍：粗读。茅盾认为第一遍最好很快地读完，就好像在飞机上鸟瞰城市全景。其所谓的快读，是指粗略的读，抓住全貌便可。即当一本名著在手，先快速翻阅书页，浏览章节，过目个大概，可以不求甚解，但要做到对整部书有大致的了解，心里有初步的印象即可。

① 茅盾.林家铺子［M］.北京：北京联合出版公司，2021：205.

② 叶子铭.茅盾论创作［M］.上海：上海文艺出版社，1980：495.

第二遍：精读。就是要慢慢地读，仔细地咀嚼，同时注意各章各段的结构。茅盾指出，此处的慢读并不只是放慢阅读速度，而是要细细咀嚼、分析、思考。咀嚼各章节的意思，分析思考段落之间的逻辑结构及内在联系。不明白的地方多去查阅，每一处都要精求甚解。甚至与书中内容相关联的知识，比如作品的社会背景、作者的生活经历、创作目的等，也要一一搞清楚，这样慢慢读完一本书，就对整本书有更详细的了解了。

第三遍：消化。茅盾认为此阶段须一段一段地细读，要领会文章要义，学会如何运用，同时注意炼字炼句。他的意思是说，书读过两遍之后，就要在运用上多下功夫。对书中每章每节都要仔细推敲、反复揣摩，即使遣词造句也要用心琢磨，直到真正理解作者之用意并达到学以致用的地步，才算是真正受益

文学是语言的艺术，凡一本名著越细微之处才越是彰显作者才华、作品魅力之所在，这是我们在阅读过程中尤其要注意的。例如在《西游记》中，孙悟空是作者吴承恩着力打造的颖悟绝伦、勇敢无畏又不失调皮可爱的英雄斗士，为了凸显孙悟空的机灵劲，猴王的"招呼语"总是灵动活泼，透着孙悟空见貌辨色、聆音察理的聪慧。第四回，孙悟空嫌弃弼马温官职卑微，一气之下，弃官罢职，离开天宫回到老家花果山。玉帝派哪吒父子和巨灵神前去捉拿孙悟空，孙悟空见前来叫阵的巨灵神，急问道："你是哪路毛神？"这里作者用了一个"急"字，凸显了猴性的不沉稳、爱动、急性的性格，称呼"毛神"，明显带有蔑视、不把对方放在眼中的意思。后来，孙悟空见到来挑战的哪吒生得神奇敏悟、骨秀清妍，迎近前问曰："你是谁家小哥？"用了"迎"字，称呼"小哥"，便带有好奇、喜欢、愿意接近的意思，充分表现了孙悟空察言观色、识人辨人的能力。

第六回，孙悟空见到相貌清奇、打扮秀气的二郎神，笑嘻嘻地将金箍棒掣起，高叫道："你是何方小将？"这里用"笑嘻嘻"含有孙悟空英雄惺惺相惜的欣赏之意，用"高叫"一语又彰显了孙悟空无所畏惧的英雄本色。

《西游记》中这些精妙绝伦的用语，无不体现了作者创作时的匠心和平日炼字炼句的真功夫。遣词造句的精准到位是代表名著经典性的重要特征之一。这些，如果仅仅用"看热闹"式的阅读方法去阅读，就很容易被读者忽略过去，如果是慢慢地读、细细地品，就能读出味道，品出醇香。

所以说，茅盾所说的"入迷"法，慢慢读、细细品的读书法对读者提高

阅读能力是大有裨益的。这样读书才能渐渐练就一双善于发现，带有穿透力的慧眼，进而体会到作者的匠心所在，领略到书中的精髓。这样读书才最有意义。

朱光潜 //

朱光潜（1897—1986），笔名孟石，安徽桐城人，现代著名美学家、教育家、翻译家。

时间与读书

朱光潜认为，读书就是把几千年来人类成就的总账、人类宝贵的思想经验在短促的几十年内重温一遍，把过去亿万人辛苦获来的知识集中到读者一个人身上受用。朱光潜的意思是说，千百年来人类文明之所以薪火相传、绵延不绝，依靠的是书籍对文化的记载与传播功能。同时，读书是继承人类文化遗产，传承人类文明的不可或缺的重要方式。经典图书可谓人类文明进程的里程碑，人类文明之所以发展到今天与这些图书的存在息息相关。读书就是学习书中记载的前人的经验与成就，并在此基础上继续向前发展，把人类文明不断推向新的高峰。否则，舍弃这个过程，一切白手起家，重新开始，那么我们的起点可能又回到几百年甚至是数千年前，仍在前人已经证明了的道路上苦苦探求与摸索。

可见，读书是人类必须进行的活动，也是一件劳而有获、尽享成果的美差。但是许多人还是觉得因为没有时间而无福享受，徒叹奈何。朱光潜称这是为不愿意读书找的美丽借口。事实上，人的普遍心理就是总能为不想做的事情找出种种合适的理由，不用刻意为之，而是自然而然。试想，人如果把一天的事情分为必做、应做、可做、缓做几个层面，并把读书列为如体育项目中的规定动作的必做事情，还能说没时间吗？只是没能够用心去做而已。其实，世界上的许多成就都是在忙忙碌碌间完成的。一些科学家、医学家、学者……他们的时间更是紧张，难道他们就不读书了吗？当然不会。鲁迅说，他是把别人喝咖啡的时间用到学习和工作上的；国学大师黄侃读书到深夜是常有的事，即使因事耽搁了读书，也必于第二天补上；梁启超是在别人娱乐时完成了一篇篇名作。可见时间总是有的，就看你如何使用而已。朱光潜指出，我们普通人只要每天抽出半小时的时间用来读书，那么就可以读三四页，一个月读下来大概能读一百多页，若坚持一年便可读完四五本书。日积月累，就可读几十本甚至几百本。况且，还有节假休息日等业余时间，如果把这些时间都用作读书，读的书会更多。学问就是这样一点点慢慢日渐增进的。爱因斯坦说，人的差别在业余，一个人到六十岁，除去吃饭、睡觉、工作，还有很多业余时间，如果能够好好利用这些时间，完全可以在一门学科上有所建树。

如今，随着现代科学技术的飞速发展，人们在享受着智能带来的生活便利和舒适的时候，也同时容易染上懒于思考、懒于行动的恶习，整日沉溺在自己的舒适圈，精神生活陷溺在浅层的娱乐快感中，心神无所依托，这是很危险的。如果人的内心力量薄弱，禁不住恶习的诱惑，被乌七八糟的想法占满，沉沦是早晚的事。

有人说，浪费时间有两种，一种是无所事事，一种是毫无头绪式的整天乱忙。人如果想要跟上时代步伐，不为社会所淘汰，就要改掉上述两种陋习，不能让无所事事和整天乱忙成为自己的生活常态，应该下定决心合理规划时间，尽量把有限的时间用在读书学习上，让读书治学变成自己的生活常态。腹有诗书气自华，这样时间长了，日积月累，大脑自然充满智慧和灵性，工作起来得心应手，生活也变得充满激情和活力。

要养成读书习惯

叶圣陶说，积千累万，不如养成好习惯。所谓习惯即由于反复的练习而巩固下来的逐渐变成需要的行为方式。习惯一旦养成，那些坚持不懈的行为方式成为自动自觉的行为，再做任何事便成为水到渠成的事。所以说，无论做任何事，养成好习惯尤其重要。习惯养得好，这种一以贯之、始终如一的行为，就如一种惯性，可以不断积聚能量，发挥出巨大潜能；习惯养不好，做任何事浅尝辄止，三天打鱼两天晒网，最终将一无所获。

读书学习也是这样，朱光潜说："尤其要紧的是养成读书的习惯，是在学问中寻出一种兴趣。"[①]有了这些高雅兴趣，便可以保持身心健康，抵制各种不良诱惑。众所周知，读书可带来增知识、长见识、明事理、辨是非等众多好处，养成良好读书习惯，便可将这些好处集于一身，并应用到以后的工作学习中，把工作事业做得风生水起、如火如荼。即使闲暇时也可以以知识陶冶情操、美化心灵，寄托心神。否则，没有养成读书习惯，心中必空虚，百无聊赖、无所寄托，由于知识匮乏，缺乏审美能力，这时人极易被各种恶习所诱惑，浑身充满低级趣味，庸俗不堪。

朱光潜认为，好的习惯应尽量在学生时期养成。因为越是年青人越是对世界充满好奇，越有用之不竭，挥之不去的激情和活力。反之，人年岁越长，其感觉兴味的敏感性便迟钝一分，对外界事物的发展变化就越麻木，越缺乏积极向上的激情和动力。朱光潜还举例称，比如人在上中学时喜欢打排球或网球，到老时依然喜欢此运动，假如当时错过了此机会，到老时再学，是难上加难。

"古人学问无遗力，少壮工夫老始成。"一年之计在于春，无论是任何人任何事业，其成功离不开青少年时期打下的基础。打基础不只是打好做学问的基础，也包括好习惯的养成，好习惯让人后劲十足。习惯决定命运，习惯

---

① 朱光潜.给青年的十二封信［M］.南京：江苏凤凰文艺出版社，2019：6.

决定人生。只要从小养成勤奋好学、勇于探索、勇于创新的好习惯，并始终如一地坚持下去，相信每个人都将拥有一个辉煌灿烂的未来。

读书在精，不在多

书是人类的精神文化遗产，随着历史车轮的前进，记载人类进程的书更是浩如烟海，读之不尽。有人说，读书是用有限的时间翻检无限的岁月，用有限的人生阅历无数的生命。书多固然是好事，但不可因为书多而成为研究学问的障碍，要认识到书多的弊端：书多容易使人不专心不精通；书多容易使人浮躁且迷失方向。

朱光潜认为，书是读不尽的，读一本就要有读一本的价值。我国古代读书人的读书条件艰苦，环境简陋，书得之不易，往往依靠抄写和借书来读，即使这样也没能阻碍古人的勤奋好读。古人读书刻苦异常，凿壁偷光、车胤囊萤、孙康映雪的苦读故事比比皆是。他们穷年苦读一本经书，深钻细研书中的每一字每一词每一句而且做到张口就来、烂熟于心，虽然看似读得少，可是读一部有一部的心得与收获。读过的经书天天在舌尖绕来绕去，不断地口诵心惟，久之，书中的精华铭刻于心，书中的精神随之渐渐内化浸润着他们的思想，从而使之外化于行，成为他们的风骨。如今，书多得不可以数计，许多人读书却像蜻蜓点水一样东看一本西看一本，这边学习一点，那边背诵一点，并常以博览自居，号称过目万卷，自感无所不知、无事不晓，肤浅虚骄习气尽显。

还有的人虽读得多，却不务得。他们不加选择，把时间和精力浪费在无足轻重的书上，真正的好书却被撂在一旁。实际上任何一种学科发展至今，林林总总与此有关的书都可装满一图书馆，可是真正不可不读的，代表这一学科历史发展的里程碑式的图书，不过几部或数十部。不会读书的人往往不分重点，不识方向，以为什么书都很重要，不加选择乱读一通，结果把真正的经典要籍耽搁了。比如说搞经济学的虽经济类图书阅读无数，却单单把最应当读的经济学经典著作亚当·斯密的《原富》漏下了。又如，学哲学的没有读过柏拉图的《对话集》，反而其他的哲学史与哲学概论的书读了一大通。

这都是犯了抓小放大、本末倒置的错误，因此而迷失方向，不但自己的水平没有得到提高，反而虚度了大好年华。

朱光潜认为，读书不在新，不在多，在精，读得彻底。好书能带给人无穷的力量，激发人的思考，让思想的火花四溅，更能撼动人的心灵，使人的灵魂得到升华。因为这些书都是经时间检验，历经人们审阅过的。可从中得到真切的知识，于无形中吸收圣人学者的精神。正如朱光潜所说，普通诗集读了无数，不如真正好好读读《古诗十九首》或《国风》，翻遍各种古希腊哲学书籍，不如深读一下柏拉图的《理想国》。"好书不厌百回读，熟读深思子自知"，古人已早有这样的认识。精读一本书，把它读彻底，理解通透，一遍不行两遍，掰开揉碎反复咀嚼，涵泳优游于其间，体味其奥妙，慢慢还能养成深思熟虑的习惯。好书是力量之源，当前途迷茫时能给人指明方向，当内心软弱时能让人变得坚强，当情绪低落时总能让人心中充满阳光……因此说，读书重在选得精，读得彻底。读书的最终目的是自己受益。选得精本，读得不深不能算是受益；蜻蜓点水般读了一大通也不能算受益。因为读书不是为了哗众取宠、装点门面、炫耀家私。时下图书市场空前繁荣，每年出版数量达数十万种之多。书的质量也千差万别，有传世名著、各种最新名家力作等高质量图书，也有为迎合销量盲目出版的劣质图书混杂其中充斥书海，但这些图书往往书名诱人，包装设计精美，让人眼花缭乱，无从选择。那么如何选得好书并真正受益呢，只要记住读书不是追求时尚，不是人前炫耀，不是舞台表演，读书是为了让自己精神富足，明白事理，提升智慧，使自己的生活充实有意义这个衡量的标准即可。

关于选书问题

应该如何选择合适的图书来读，一直是困扰青年学生的一个难题。20世纪20年代，《京报副刊》等曾遍请名家为青年学生开书单，梁启超、胡适等名家均在邀请之列，而且都开出了必读书单，引起不小轰动。这一举动也引起不少争议，因为有的书单所列尽是几何、代数，也有书单列的都是《史记》《汉书》之类，学者对此议论纷纷。其中鲁迅、俞平伯、江绍原等便提出了不同看法，他们几乎不约而同地不赞成这种推荐书目的做法。朱光潜也持不同看法，他指出人的脾胃各不相同，喜欢的食物就不能一样，不能一个人想吃面，别人就不能吃米。读书也是一样，每个人的天赋、成长环境、兴趣爱好、职业、研究方向各不相同，怎么可能定出让每个人都感兴趣且发生效力的灵丹妙药式的书单呢。

为此，朱光潜特意调查了部分英国图书馆当时最流行的青年读物。调查结果分为四类：一是冒险小说和游记；二是神话和寓言；三是生物故事；四是名人传记和爱国小说。其中代表性书籍有凡尔纳的《八十天环游地球》和《海底两万里》，笛福的《鲁滨孙漂流记》，大仲马的《三剑客》，骚塞的《纳尔逊传》，房龙的《人类故事》等。事后他分析由于国情不一，受的教育背景也不同，这些国外畅销流行的书，对中国青年来说并不相宜。

朱光潜又以自己爱读的书举例，他称他最喜欢的书有《国风》《史记》《世说新语》《红楼梦》，以及莎士比亚的《哈姆雷特》《李尔王》，莫泊桑的小说集等古今中外书籍达数十种。他觉得这也仅是针对他个人的喜好列的书目，倘若把这当成青年必读书目，绝对是荒谬绝伦的。

通过以上分析，朱光潜总结出倘若青年请人为自己写推荐书目，可请专业学者就自己所学专业范围指定二三种图书即可。倘若想请专家列一个面面俱到的书目，那就难为专业学者了，因为他明知还有其他专业经典书可读，可是他自己又没什么把握，就只能拉一两种书来凑数，这样反而影响了书目质量。朱光潜还特别指出，读书好比深山探险，山势不同，探险方法也各异，具体读什么书不能全靠别人，主要还是得依靠自己的兴趣爱好来拿主意。

事实上选择图书是个既复杂又简单的事情。别人所作的推荐书目，由于其个性特点与经历不同，所推荐的书难免带点主观性。这点主观性也只有读了书才发现不适合自己，这时别人的书目便很难和自己的阅读需求对上频道，所以说选择推荐书目是个较复杂的问题。其实，在选书这个问题上，简单地说还是应该自己的问题自己做主，主动发挥个人主观能动性才行。自己爱好什么书，自己读书中易出现什么问题，自己读哪些书受益，只要不断进行实践探索便可找出规律经验。别人的推荐书目我们不能拿来就用，要根据自己的情况选择借鉴，才能为我所用。林语堂的随兴读书法便很独特，他感兴趣的书都是他的必读书目，兴致到了，拿起书来就读，而且读成了著作等身的著名学者。但是我们不是林语堂，不是人人都有林语堂那样的读书天赋，林语堂的读书法，我们只能参考使用。要知道，适合我们自己的才是最好的，这是我们的选书原则。

读书的专通与广览

有人认为，在学校里终日面对教科书就是读书，就可习得一生受用的知识，不必再多耗时间读其他书。朱光潜认为，这是大错特错。他认为，学校里功课门类虽多，有一定范围，专业性也强，但有局限性。读课本看讲义，总是限于它的大纲计划之内，内容范围过于狭窄，但不围绕讲义课本想取得好成绩又很难，岂不难办？其实要想成绩更好，如果只一味学习学校功课，不看其他书，是万万不可的。只读课本就像人吃东西，只吃一种食物，长此以往，就会面黄肌瘦营养不良，影响健康。饮食偏身体就会出毛病，同样读书偏，人的见识、思想、情感、精神等也会出问题。人是具有丰富情感、聪明智慧、社会责任意识的高级动物，一个眼光独特、知识广博，身心健康的人会很容易看到生活的光明之处，在生活与工作中充满生机与活力。那么怎样练就识得美好生活的慧眼呢？办法就是要博览群书，在群书中寻找教科书上学不到的社会知识和生活知识。

有人认为日常时间紧迫，没有时间兼顾其他书籍。其实不然，朱光潜认为，认真学习功课，熟读课本完成学业任务之后，可以就每科精选相关的三五种书籍来读。通常学校设置的课程不过十余种，加之三五本课外读物，也就不过五十本，这不算过奢要求。读课外书的好处很多，或许原本对某一学科不感兴趣，由于研读课外读物而引起对这一学科的兴趣；又或许从研读课外读物中发现了与自己天性相近的学问；又或许由研读课外读物爱上了读书，培养了读书兴趣……总之课外读物对课内功课有促进提高作用，两者相辅相成、并不冲突。

有些人虽爱好读书，但选择标准单一，仅仅只凭借个人的阅读口味而不顾其他。凡遇到自己感兴趣的书就把一天中必做的、应做的事情全然抛到脑后，来专读"兴趣"书。待这本书读完又发现一本，继续如此忘我读之，也从不管这两本书性质上有无关联，与自己的研究专业是否相近等。朱光潜认为，这种打游击、采蜜式读书法，看似广博，读的时间长了可能会有不同于常人的思维方式、思想见识和心胸，但是容易知识泛滥、没有头绪、无所归宿。再者，由于缺乏"经院式"的专业系统训练，思维易跑偏继而畸形发展，看问题想当然。这样的读书作为消遣，丰富一下生活情趣而已，对于学业及专业研究无任何意义。

朱光潜指出，现代学科分野严密，治一科总是往高深方向钻研，做单向运动，对其他学科毫不过问，好像这一科是遗世独立的个体，与其他任何都无瓜葛，这种做法也是不合理的。万物运化，相互作用，你中有我，我中有你，任何一门学科、任何一种学问，都不会孤立地存在，定有相互依赖与关联，相互推进与发展，牵其一即动其余的千丝万缕的交叉联系。看似表面分门别类，实则不能分割。例如，做政治学研究，必涉及历史、外交、军事、经济、法律等学科，若只闷头研究政治，其他相关学科一概不问，结果肯定是感觉越来越困难，就如老鼠钻牛角，越钻越窄。所以说，只耽溺于一科的专，就不能通，更不能博，读书成功者必先博后专、以博促专。纵观古今中外大学问家，必先有渊博的知识和广泛的兴趣爱好，才逐渐由博到专，成就了日后的大学问。

如果要做学问搞研究，就不能随性读书。要有系统、有计划地围绕着研究的学问广泛涉猎，尤其对一些自认为无趣的，但对学问有益的书更不能放过，久而久之，定会啃出书中的趣味。趣味多了自然渐渐融进人的精神，化为人的底蕴，扩大人格魅力。正如胡适所说，做学问要能广大，要能深，就像金字塔一样，塔尖部分是自己的研究重点，往下的广阔范围都是与重点研究相关的知识。相关知识做到广博、深厚，自然对自己的研究专业起到辅助帮衬作用，金字塔才能牢固，学问才能做得精深，经得起推敲，以后无论是在做人方面还是搞研究方面都能运用自如。

读书方法

关于读书方法，朱光潜建议：一是凡值得读的书至少须读两遍。第一遍，须快读，着眼在醒豁全篇大旨与特色。第二遍，须慢读，须以批评态度衡量书的内容。二是读过一本书，须笔记纲要之处和自己的意见。记笔记不但可以帮助你记忆，而且可以逼得你仔细，刺激你思考。

正在读书的朱光潜

大概把握住这两点后，就是怎样读的问题。朱光潜认为读书必须围绕一个中心，这个中心可以是一个科目或者是一个问题、一个作品。如果以科目为中心做研究，就要精选与此科目关联密切的书籍，然后把这些书籍一部一部地从头至尾仔细研读，读完这些书后，相信对这一科目就有了大概轮廓和了解，同时也为下一步深入研究作好了准备。如果所要研究的是文学作品，就要以作家为中心，不仅要了解这部作品的创作背景，还要读这个作家的其他作品，对作家本人也要深入了解，比如可读作家本人的传记、年谱等。如果研究的是历史著作，那就得以时间为轴，以时代为中心，再一一展开。

如果是以问题为中心时，首先心中要先拟一个问题，然后去搜集与此问题相关的书籍资料。可以是第一手直接资料，另外权威专家解读的间接资料也很有价值。只是注意搜集时，资料可不限于一家，凡是关于此问题的论述皆在搜集范围，这样才能保证搜集的资料更全面、更系统。在阅读研究这些资料时，可不必一一全看，可选择与问题紧密相关的重要章节研读，找到合适资料就可以丢手。重要书籍，则不能省略，须从头到尾一字不漏认真钻研。总之，资料读得越深，搜集得越全面，才能保证我们的分析判断、权衡取舍准确无误，从而顺利解决问题。

问题读书法由来已久。由于书籍记载内容广泛，而且很多内容难以理解，特别是一些专业书籍对于初学者来说很难一次性将书全面读懂读透。宋代大学者苏东坡想了一个办法，他指出书的内容不可能一下子全部搞明白，如每次都围绕一个问题去读，这一遍解决这个问题，下一遍解决那个问题，以此类推，等问题都解决了，这本书的内容也全部搞清楚了。这样读书不但知识学得扎实牢靠，而且经得起检验。他称他在读《汉书》时便用了此法，第一遍研究治世之道，第二遍研究人物和职官，第三遍研究兵法，几遍下来，自己对于《汉书》已如数家珍了。这一读书法就如同带兵打仗，以十当一，将敌人各个击破一个道理。《孙子兵法·虚实篇》有"我专敌分"的谋略，这里"专"

指专一，集中之义；"分"指分散之义。其义是说当面对强大敌人时，不能全面出击。而应采取将自己的优势兵力集中一处，然后把敌人各个击破的方法。苏轼成功地将兵法引入读书之中，而且很好地解决了问题。

朱光潜认为读书要有中心。他指出有了中心才能有系统，学到的零散知识，才能一一串联起来。比如，研究的是教育与政治的关系，那么就要以政治教育为中心，找出全书中关于这一问题的史实内容，加以整理，做好笔记，以后再读到其他书籍里关于政治教育的内容，不管是事实、理论、观点等都可分门别类添加到笔记中，如此时间一长，积累的政治教育资料如滚雪球越滚越大，资料越丰富越有利于研究，学问知识积累就进入良性循环，资料到用时自然信手拈来、方便无比。

朱光潜称这样的中心同时可有多个。他指出这就像汉语词典中有很多部首一样，发现一个新知识，便按归类原则将其归入与研究性质相近的系统中，所有人字旁都归到人部，水字旁尽归水部，这样日积月累，所有的知识就串联成一个系统了。

朱光潜指出，读书查资料就是将零散的、杂乱的、无序的知识，一个个串联起来，并分门别类地建立起一个个研究系统。这样时间长了，系统里的知识慢慢丰富起来，知识越多，就有比较，就可发现这些知识的异同，渐渐地一条新发现就这样诞生了。同样，这样的读书系统越多，有可能解决的问题就越多，研究水平也就越高。

读书重要的方法是记笔记，人们常说不动笔墨不读书。据说，钱钟书有"照相式"记忆的美称，就得益于记笔记的好习惯。可见记笔记对读书很重要，可说是提高读书效率的法宝。前面提过，记笔记有两大好处，一是帮助记忆，二是逼迫思考，其实还有第三点，就是方便查阅。记笔记的形式多种多样，但要分类记之。比如，可以准备若干笔记本，一个笔记本一个类别，所看到的重点内容、日期、想法都可以记录，然后用不同颜色的笔标注，或者用活页本，在活页本一侧做若干标签便可，一个标签代表一个类别。通俗地讲这个方法就叫做搭鸟笼，鸟笼搭好，就可以尽管放心地往笼中"放鸟"了。养成记笔记的习惯，可以节省脑力，节约时间，是最科学的学习方法。

时光荏苒，虽说现在已进入数字时代，但朱光潜推荐的记笔记，仍是不可省略的重要读书方法。当然，记笔记的方式可以与时俱进，可采用电子化记笔记形式。如可在电脑中建一个个文件夹来分门别类地记下所需内容，也可以用Excel电子表格来记录收藏读书内容，Excel电子表格的强大功能这里不再赘述，它不但可大容量存储文字，还可以进行多功能的排序与检索，这些功能不仅大大提高了读书笔记的利用效率，而且对读书治学更是起到了锦上添花的作用。

怎样读中国古典诗词

中国古典诗词有文字记载的源头应该是第一部诗歌总集《诗经》，共三百零五篇，分《风》《雅》《颂》三部分。自《诗经》至今中国古典诗歌已有两千多年的历史，大概经历周秦时代、汉魏六朝时代、唐宋时代三个发展阶段，早期的诗歌来自民间，通常由音乐、舞蹈相和。后来诗歌、音乐、舞蹈慢慢分离，诗歌在文字雕琢创作方面渐渐成熟起来，变化出了词、曲的文学形式。两千多年的诗歌传统留下了浩如烟海的作品，它让我们的精神生活丰富有趣，让我们的内心保有一股甘甜的清泉，那么该怎样认识和体会这些充盈我们内心世界的文学瑰宝呢？

朱光潜认为初学者最好先从选本入手。选本里的作品一般是经过诗人、词人或诗词评论家过目研究精选的有代表性的佳作，而且诗词数量不大，诗词类型不繁杂。例如，沈德潜的《古诗源》，蘅塘退士的《唐诗三百首》，张惠言的《词选》，他们三位都是清代著名学者、诗人，诗词造诣深厚，选本内容各有特点，所入选诗词亦是诗词中的精华。《古诗源》是一部从先秦到隋代，即唐代以前的历代诗歌选集，内容丰富、笺释简明，是较流行的古诗读本。《唐诗三百首》中的诗通俗易懂，体裁全面，读起来朗朗上口。《词选》则是唐五代宋词最严格的选本。还有唐圭璋的《唐宋词选》也是较好的选本。初学者先以这些选本诗词量作底，心中对各类诗词的体裁，作者的创作风格就有了大概了解，然后可以深入，比如，特别喜爱哪个诗人，便可去找他的专辑研读了。

但是对于初学者，语言可能也会是一个障碍，因为古典诗词多半是文言形式。朱光潜告诉我们那也不用担心害怕，读书学习中遇到困难是正常的，只是不要把它过于夸大。古典诗词历经千年流传下来，诗句基本是简洁、精妙、朗朗上口的，否则不易流传。若在学习中遇到不懂的，不可急躁轻言放弃，要学会查阅注释、字典或向高手请教，有不耻下问的劲头。如果这些条件都不具备，也没有关系，那就先找些读得懂的诗词来读，反复读经常读，读多了，文言的规律诀窍便能寻出一二，即所谓书读百遍，其义自见。据朱光潜回忆，他小时候背诵过许多诗词，许多年来，这些诗词一直陪伴着他，他会经常拿出来读一读，仔细欣赏体味它们，从中受益无穷，但诗的字义并不是全然理解的，有些诗的背景也不是通透清晰的。读诗词不能只停留在字面意思，诗词文字的优美只是其一。读诗重在抓住诗中的具体形象去体味诗的意境和情感。诗词的语言有种押韵美，这是诗词音乐性的体现，要体味出诗词的独特情感就得反复吟咏诗词音乐性的语言，但要留意其节奏和色调与诗的情调一致，同时设身处地体验，反复回味，渐渐地就自然而然地切入诗词的意境深微处，碰触到内心的最底层，相信会有"归来笑拈梅花嗅，春在枝头已十分"的恍然惊喜。

怎样认识美学

爱美之心人皆有之，审美之心人皆有之。人们看到一朵花的美、一片云的变幻、天空的湛蓝、一场电影画面的震撼、一座建筑的巍峨……内心都会有所触动，这都是人对美的感受，对美好事物的认知。美能使人身心怡悦、和谐舒爽，这是人们的感性经验的体现。朱光潜认为，美学的学问就是人们把美的感性经验提高到对美的理性认识，从知其美到知其所以美，从亲身经验的美感现象进到追求美的本质或规律。

那么，怎样才能把美的感性经验提高到对美的理性认识？理论上讲，美学的主要研究对象是审美活动，审美活动是人类社会生活中一项不可或缺的文化艺术活动，是人类精神生活的需要，也是人性的价值需求。人们可以通过审美活动多注意多学习美学方面的一些基本知识，从而扩大自己对事物感性认识的范围。如今已是互联网时代，审美活动更加简便易行，通过网络便可轻而易举地观看欣赏文艺方面的作品如音乐、舞蹈、文物、绘画、展览、优秀影片等，进而细心体会其中音乐旋律的起伏、舞蹈律动的表达、文物里承载的故事、绘画中传递的意境、影片蕴含的情感……努力去辨别好坏美丑，慢慢地便可提高审美能力。另外，还可以试着培养一项或两项艺术爱好，在自己的艺术爱好上多下功夫，适当进行创作，在创作中体会美，这比单一欣赏美要收获得更多。比如，学书法，只有通过亲手执笔才能体会到汉字线条的飞扬顿挫和流动之美。这样不仅可以提高欣赏能力，对认识美学本质问题也有帮助。

学习美学要注意多欣赏艺术作品，还要会提出问题。其实，学习任何一门学科都要会提出问题，要学会带着问题读书，这样不仅可以有利于将书中内容理解通透，还可锻炼独立思考能力。百事相通，学习美学也是这个道理，边读边提出问题，随着阅读的深入，提出的问题便渐渐得以解决，随着问题的不断解决，认知便提高，能力也得到提升。现实中往往有些人感觉没有问题可提，朱光潜认为，这是对美学没有真正的兴趣。因为没兴趣所以没有问题，但这也不是真正没有问题，而是因为懒于动脑，是一种很不好的习惯，是对周围可爱的事物视而不见、麻木不仁的态度，是生活没有情趣、不加思考的表现。所以平时要养成善于观察、认真思考、勤于提问、努力解决问题的好习惯。

子曰："思而不学则殆"，只思不学，那是空想。所以还要多学习、多阅读美学方面的书籍。美学经典著作是首先要读的，例如，柏拉图的《文艺对话集》、亚里士多德的《诗学》、康德的《判断力的批判》和黑格尔的《美学》，这些都是具有启发性的"当家书"。除了这些，还要阅读哲学史，因为美学最早隶属于哲学。也要读心理学，因为研究审美活动时无论是欣赏还是创作作品都会涉及心理学问题。不管学习哪种学科，研究何种学问，缺乏相关知识便会困难重重，这是普遍规律。只要个人根据自身的情况，不轻言放弃，从书本和现实中努力探索，使自己的知识不断完善，日积月累，学习美学就一定会成功。

丰子恺 //

丰子恺（1898—1975），浙江桐乡人，中国现代著名画家、文学家、翻译家。

　　丰子恺自述他的读书生活没有花前月下的怡然持卷，没有偃仰而卧的醉然阅读，没有巧学妙悟的超人捷径，有的只是教书之余抽闲暇时间用笨功夫的苦读。

　　他正式求学的时间很少。祖父早死，祖母受过教育，曾亲自教父亲读书。自己四岁时，父亲乡试中举，可惜，九岁时，父亲因肺病去世。十岁时，母亲开始让他去亲戚家的私塾学习，因为当时心中崇拜的是祖母和父亲，对塾师很不屑，所以多半赖学。在十三岁时，丰子恺上了附近的新式小学学堂，意外地对数理化、英语有很大的兴趣，读书变得非常用功。十七岁小学毕业后去了杭州第一师范，在师范学校读了五年，读一二年级时很用功，成绩名列前茅，三年级开始迷恋李叔同老师的美术音乐课，对李叔同老师的崇拜犹如小时候对祖母和父亲一样，于是放弃了其他功课，专心学习美术音乐。1919年毕业后，在上海与朋友一起办了一所美术音乐专科师范学校，做了一年半的美术教师。因一心想学习西洋画，1921年早春去了日本东京，在日本待了十个月，同年冬季因生活费用殆尽，无奈只好回国。丰子恺回顾，在师范毕业后他正式求学只有东京的短短十个月。此后，便开始了他一边教课一边读书的苦读时期。

一览表读书法

丰子恺认为物理、化学、历史、地理等知识学科的书都是关于事实知识的报告，读这类书就是要人们学到事实知识。凡这类知识，必有一个系统。每一类的知识系统都按自己学科知识点，从头到尾，由易到难，从基础到深入，层层递进编

1937年丰子恺在缘缘堂书房

册成书。学习这类书，须先熟记它的基础系统，不可先从局部入手。犹如画一棵树，先画树的轮廓，不能先去点染枝节。例如，关于地理科目的学习，就要先知道世界大致的分布情况，世界上有几大洲，每个洲分布了哪些国家，每个国家的地形地貌的样子，有什么山川河流等。掌握了这些，对地理学科的基本大貌在心中有了梗概，再去细细研究各地的详情，例如，各国的气候、风俗、地形、资源、经济、物产、人口等。反之，若先从小处着手，便本末倒置，例如，先背诵珠穆朗玛峰的高度、某条河流的长度等类似零星知识点，这样既辛苦琐碎又效率低下。所以说，学习知识类学科，首先要把握这类书的基础结构系统，从大处着手，这样在脑子中很快建立起这类书的清晰框架，以此为基础，再深入钻研详细知识，如此，凡所学所遇细琐知识点，能分门别类地归依到已存储的框架中，使它们不呈碎片化分散于脑中。这样不仅可以快速掌握详细的具体知识，便于复习不容易遗忘，而且有利于知识点在脑中迅速产生联系，由点到线、由线到面。丰子恺认为这个方法犹如读者在头脑中画出了全书的一览表，内容井然有序，能瞬间窥全貌，是学习书籍知识最良的方法。

丰子恺介绍说一览表的读书方法很好，可对于他来说没有聪明的头脑，也没有强大的记忆力，读了后面会忘记前面，不动笔墨仅靠读是画不出一览

表的。他只能用他的笨法子：所谓笨法子就是下苦功记笔记法。读书目标确定，就要准备一个笔记本，目的是用它代替头脑。接下来要做的是每天埋头伏案阅读，不论遇到什么情况都不能间断，每读到纲领的地方，就要按照书上所讲在笔记本上列出一览表格或框架；读到重要的章节内容，就在笔记本上摘抄或概括摘要放入已列出的表格或框架中；继续往后读，需要不时地翻阅前面所记的笔记，以便回忆联系、复习巩固，明确此章此节在全书中的位置。待整本书全部读完，便可以把书放到一边，专心复习笔记本上的内容，直到掌握。最后，把笔记本一览表的内容在脑子里回顾一遍，概括出一个极简单的一览表记在脑中，这样整本书就如铁扇公主的芭蕉扇一样，用时可大，不用时可小，转换自如，永远藏于脑中了。丰子恺讲他多年来用笨法子读书，积累了许多笔记本，虽然中间经历了多次搬家挪动丢失了一些，但是如今留下来的还有半尺多高的一堆。可见丰子恺的渊博学识不是从天而降的，是用他说的苦读功夫一点一点换来的。

笨功读书法

丰子恺认为学习外文书与学知识书一样，必须用机械的方法——笨功。他指出，凡要学通一国的语言，需先学得这一种语言的三要素，即材料、方法和腔调。材料就是"单语"，方法就是"文法"，腔调就是"会话"。要想掌握好这三种要素，用机械的笨功是很受用的学习方法。

"单语"是一种语言的根基。不管人的大脑多么聪明，反应多么灵敏，欲掌握一门外语，不在记忆"单语"上下功夫是决不能读懂的，更不用说学通外语。有人喜欢说学习要伴着兴趣，但是熟记生词很少有趣味相伴，往往很枯燥。犹如学钢琴者对于音阶的练习，只有一遍一遍地重复，才能烂熟于心。丰子恺记背单语的方法还是前面所说的笨法子，首先把书中所有的生字单语写在一张张纸卡上，放在一个匣子里，每天把记有单语的卡片摸拿出来记诵一遍。已经记住的放在一边，没有记住的放在另一边，第二天复习已经记住的，防止忘记，再多用时间记诵没有记住的。就这样，第三天、第四天……循环往复，直到全部单语都记住。当全部单语都记住后，再去读书，那种痛快淋漓的感觉是不言而喻的，这时记单语时的枯燥、乏味、烦恼早已随之跑到九霄云外。他学习日语也是用同样硬记的方法。据他回忆，在师范学校时每晚有老师教授日语课，后来他就主动买了一本《日语完璧》，尽管书很厚，他照样把里面的生字单语分类写在卡片上，按照前面所讲的每天摸拿记诵法，一一记诵，直到全部记住。到日本后，当耳边听到自己在国内下苦功夫记住的单语从日本人口中讲出时，顿感新鲜又欣喜，没想到当年的苦功夫终于见效，尽管当时只是硬记，发音不准确，也不会应用，但在日语的环境里却印象更深刻了，由此日语学习的速度倍增。这使他更加坚信学习外语最好的方法就是硬记单语，多积累，除此无其他捷径。这个认识曾使他萌生熟读英文字典的想法，即预先统计好字典上有多少字，每天记多少，需要多少日可以记完，可惜终未实现。但他始终坚信要想拥有自由畅快地阅读英语书籍的能力，熟读英语字典是最根本的方法。

关于"文法"的学习，丰子恺介绍他用的笨法子是"对读"法。所谓"对读"法就是拿一本英文圣书和一本与它对应的中文译本，一句一句地对照阅读，这样既可以理解意思又可以分析出英语句子的结构及句中各类词句的读法。除了读英文圣书，阅读其他英文名著也可以用同样的"对读"法，但需要找出相对应的较好的有名气的译本，因为作者翻译水平高，意思与原意也较贴近。在日本时，有种日语和英语对译的丛书，书的左侧是英文，右侧是日译，下方还有详细的注解，这类书他读得很认真，对他帮助很大。丰子恺认为用此种"对读"法不需要先学会名词与动词等文法知识就可以读通英文书，文法不过是论理的书，只要明白论理的观念，对于读懂英文书来说，文法就显得不那么重要了。凡读对译的书，都需要一句一字地对勘，不明白的地方不可轻易放弃，必须弄明白全句的结构、意思和词句之间的对应，方可再继续往后读。若用这种方法认真读完几部名著，其阅读外文书的能力一定超过学校所学。丰子恺称在学校读书是享受幸福，他是没有这种福气的人，但他的自修让他有了钻研的能力。他自言自己是个求学心切的人，学校老师的教课速度太慢，这样会打断他求学的兴致，学外语不是研究学问，只是学得求学问的一种工具，如果学习求学问的工具都要耗费很长时间，那么学问什么时间去学，人生又有多少时间可以拖长？

关于"会话"，即是关于语言腔调的学习。学习一门外语必须懂得"会话"，能"会话"才能与别人交流，才能了解别人的思想。语言中的腔调寄托人的精神和心理，不懂"会话"便不能体会诗歌、小说、戏剧等作品中蕴含的精神实质和情感。丰子恺认为学习"会话"很重要，只是他没有去过西洋，去东京前在国内自己学习"会话"。他学习"会话"的方法还是他的笨法子，就是熟读。首先选定一本内容好、质量高的专门"会话"书，每天熟读一课，记遍数，按严格规定的时间如期完成。具体的操作可称为"讀"字完成法，例如，第一天读第一课，每读一遍在这一课旁边画一笔，共读十遍，画十笔，这样就画完一个"言"字旁和一个"士"字头。第二天读第二课，也读十遍，同样在第二课旁画一个"言"字旁和一个"士"字头，再复习第一课五遍，接着在第一课的"士"字头下面画一个"罒"字。第三天读第三课十遍，继续画一个"言"字旁和一个"士"字头，复习第一课五遍，在"罒"字下面写一个"目"字，再复习第二课五遍，在第二课画的"士"字下面画个"罒"。第四天读第四课，依次如前画一个"言"字旁和一个"士"字头，复习第一课两遍，在"目"字下面写一个"八"，复习第二课五遍，在第二课画的"罒"字下加一个"目"字，复习第三课五遍，在第三课画的"士"字下面加一个"罒"。这样逐一完成，一个"讀"字共二十二笔直到第四天才能画完，也就是说每一课读二十二遍，分别按十遍、五遍、五遍、两遍用四天时间读完。用这种方法有个很大的好处，就是旧的功课能及时复习，加深记忆，不容易忘掉。当用到曾经熟读过的内容时，自然会于不经意间脱口而出。

读书学习经验谈

1915年8月，上海《中华学生界》发表丰子恺的文章《读书经验谭》，此文是丰子恺应杂志社征文所写的一篇关于读书经验方面的应征文章。当时丰子恺年仅17岁，但文章认识全面，见解精到，感悟深刻，现在读来依然值得借鉴和学习。

第一条，读书要精熟，遇到问题不留存，读一处有一处的收获。对于精思熟读，丰子恺曾用行军打仗做比喻，意思是说这好比攻城略地一样，进军过程中每一处的敌人都要消灭干净，不可有遗漏，彻底解决后顾之忧，军队才可以放心前进。否则，这里留下一个堡垒未破，那里剩下一个村子没攻克，军队前进过程中后方一定会多处受敌，无法前进，不得已再回头解决问题，定会重复耗费精力。丰子恺认为，这和读书不精一样，即在读书认知过程中遇到不懂的一名一物不去认真研究、参透，置之不理，得过且过，久积于心懒求其解，定会形成模糊的思想与糊涂的认知，若以此种心态和习惯求学问，也必如打仗一般，须先回头解决遗留的后患，否则无法继续深钻细研，定会与学问之道渐行渐远。

第二条，读书学习要按时温习。丰子恺指出，一般人每学习新课，脑海中记忆的旧课随时间就会淡忘或模糊，因此读过的知识只有按时温习，才可以让知识系统地积累于脑中。如果只是一味追求速度不去温习，就好比人行走在浓浓的雾气中，身体虽在前行，所见始终不过咫尺间。正如丰子恺所说，按时温习看似费时间，但磨刀不误砍柴工，通过温习不但巩固了已学知识，而且还提高了思维和归纳整理能力。只有养成独立思考的习惯，把所学理解通透、把知识要点夯实且化入心中，接受新知识才会相对容易，读书学习才会形成正向循环，不用担心有荒废之患。"温故而知新"亦是此理。

第三条，读书要锻炼注意力。丰子恺说范仲淹小时候读书时，同伴取蛛网放在他的眼前逗引，他好像没有看到似的，仍目不转视，专心读书。范仲淹注意力之强大，由此可见一斑。现代许多读书人眼睛看到一点新奇事物，耳朵听到一丝稀奇声音，精神就不能专注于书本。有时即使没有声音和事物打扰，心思也不能安定，东摇西看，心绪不宁。有的看似伏案读书数小时，知识没有一丁点进步，心神早已驰出千里之外。所有这些推其原因，都是注意力薄弱所致。所以，丰子恺主张有了注意力不集中这种行为，在平时读书时就需要有意识控制和锻炼自己，如果偶尔精神不专注，需及时提醒自己不可心随物驰，这样读书才有实效。

事实上，读书注意力不能集中，原因较复杂，它与个人的神经发展、心理状态、外在条件和平日养成的习惯等都有关系。但不管是哪种原因，只要有决心和毅力都能慢慢调整好这种心神不一的读书状态，从而改变注意力不集中的行为。如果读书时不能抗拒外界的诱惑，就尽量选择安静的环境读书，慢慢养成自己心静的习惯。如果环境嘈杂，就选择读感兴趣的书，以减少走神的次数，时刻保持警醒意识来锻炼自己的注意力。且每次尽量让读书结束在自己最感兴趣的章节，让书的内容对注意力有所吸引，这样更能保持读书兴趣。当伏案读书走神时，可以用限定时间法，提前预估自己保持精力集中的时间长短，然后在这段时间内做到不走神读书，用此法根据自己每次读书效果逐渐延长读书时长，日久，注意力集中的习惯定能养成。总之，要改变读书时的注意力不集中，其自身的各种内因是关键，同时需调动自身求知的内驱力。

第四条，读书每读完一章须复述出其大意和主旨。丰子恺认为，这样做有三点好处：一是可以使自己多思考，且锻炼语言表达能力。因为凡不明于心的很难讲述出来。二是经过思考、概括、总结这几个环节，书中的脉络、结构、事理等都可清晰入心。三是可使前后知识融会贯通。

正如丰子恺所说，复述与背诵不同，背诵只是机械记忆，而复述有思考过程。通过思考可以把所学内容理解通透，快速捕捉知识点的脉络，精准把握结构框架，组织好语言用自己的话讲出来而不是照本宣科，整个过程是思维的流动。开始时也许不熟练，但经过练习，复述能力一定可以不断提高。这样大脑中的知识才能前后勾连、由点到线、由线到面、融会贯通。这是读书获得真才实学的过程之一。

第五条，读书时不宜谈话交流问题。丰子恺指出，现在一些学生在自修课上，经常与同伴谈话交流，不这样，就会感到枯燥无聊，感觉所学没有趣味。这种做法是万万不可取的，因为读书时，需用心专一，最忌讳走神或被打扰。如果有疑惑想请教他人时，可以先用笔做出标记，等到大家都自习完毕，再去请教，相互讨论，这样才能从探讨中得到最大受益。若别人正处在认真钻研思考的关键时刻，更不可以去干扰打断别人思路的。

丰子恺认为自修课可以锻炼学生持续独立思考的钻研能力。这时注意力高度集中，大脑快速转动，从而唤醒头脑中储存的知识，使它们串接，产生新的发现并迸发灵感，学习效率大大提高。若中间被打断，一切就得从头再来，不但所学内容不能深入，而且学习效果也会事倍功半。事实上，乱交流容易养成边学边聊的坏习惯，坏习惯是很难改变的。边学边聊的人往往会缺乏定力，做事浮躁，学习若不能静心，将难成大事。所以《大学》中讲："知止而后有定，定而后能静，静而后能安，安而后能虑，虑而后能得。"[①]意思是说心有定力、安静，是做事的最佳状态，也是人精神上的一种享受。人在心安神静、神思安稳时就可思虑周详，思虑周详便能得到丰硕的收获，甚至心灵亦可得到升华。

---

① 李一冉.大学［M］.北京：中国广播电视出版社，2008：8.

第六条，读书要合理安排好时间，制定好计划。丰子恺主张读书宜有定程，早上读什么，白天学什么，晚上读什么，都要按计划进行，这样日积月累，读书定能见成效。他称这就好比饮食有定时，有利于肠胃消化吸收一样。读书时间安排合理，头脑处于最佳状态，记忆力也超强，学习效率自然高。不然，闲暇时会感到无所事事；学习任务繁重时又觉得无从下手。

成功者的经验告诉我们，安排好读书时间，就可以系统化、精细化地学习。制订好计划，学习就有了目标，有目标就有动力感，时间也会被高效利用，自然也会知识精进，收获连连。有人说，人生最大的痛苦不是经历了多大挫折，而是整日乱忙，却不知道自己为何而忙，真遇事时又无所适从。实际上这是工作学习缺乏合理安排的缘故。

第七条，读书要根据时间决定所读之书的难易。丰子恺认为，晨起时大脑、身体等各器官经过一夜的休息，皆处于最佳状态，脑清眼亮、精力充沛，这时可以安排学习难度较大、烦心劳神较多的科目。晚上临睡前，忙碌一天，身心疲倦，精力不足，若读艰深书籍，必有违身体生长规律，对健康不利，而且读书效果也会降低。此时适宜复习旧课或读些优美的散文、诗文，以放松身心，怡养精神。

的确，合理的读书安排有利于身心健康，更有利于读书的质量和效果。古人在这方面很讲究，通常在上午头脑清醒、精力旺盛时，读经书，经书义理深奥、语言不好理解，有些甚至需要背诵，所以上午读这类书是最佳选择。下午读诸子和历史，诸子的学说思想丰富，能开阔眼界，活络思维，大脑可从中练就各种横向思考，而历史能引发人以时间脉络为主线进行纵向思考，两者一横一纵构成人的网状思考，有利于知识的吸收理解。晚上读诗词歌赋，丰富内心、滋养情感、灵魂则得以净化。

第八条，读书要用轮替之法。丰子恺说，经常见有的人连续苦读二三小时后，觉身心俱疲，便休息二三小时，再去读书学习，其实这不是读书学习的好方法。他认为应当用轮替之法。比如，学习理科知识一段时间后，可以再换文科来读，这样大脑不会因总聚集于一科而疲乏，文理不同科，大脑就可趁机转换思路，得到放松休息。

轮替之法有两点好处，一是时间可以得到合理利用。二是可以让人杜绝懒惰心理。如果读书二三小时，再去闲玩二三小时，人便很容易产生惰性心理。惰性是人的天性，正因为有它的存在，人才有层次的差别，克服惰性是人一生的课题。丰子恺的轮替之法是一种有效地避免惰性发生的好方法。

第九条，读书要主动思考不可偷懒。有人读书凡遇佶屈聱牙之句，艰深难涩之处，不爱自己思考，动辄去找人请教，懒于自己推演、分析、思考。此法虽得一时之快，久之成习，则易养成遇到困难躲过，碰到问题不思考的懒惰习惯。丰子恺认为，读书学习必须依靠自己，如果遇到不明白的语句，不晓得的知识，一定由自己再三思考，终思而不得，再去向别人请教不为迟也。

子曰：学而不思则罔。在读书学习过程中，学和思是获得知识的两条重要的路径，不能偏废其一。只学不思就意味着只会照本宣科、鹦鹉学舌，有的仅是照搬别人经验机械模仿，犹如东施效颦让人贻笑大方，这是毫无意义的学习。只有学习时多动脑善思考，才能发现问题，形成主见并做到举一反三，灵活思维，学以致用。

第十条，读书要排除一切障碍。丰子恺指出，读书学习过程中往往会受到内在主观和外部环境的多种阻碍因素，对读书学习产生不利影响。需要时时保持警醒的头脑，让心神保持安定宁静，才能从读书中受益。否则，今日借故身体不舒服，明日又找理由心情不佳，没有读书兴趣，不想动脑筋，甚至整日沉溺游乐，不能自拔等，这些行为的存在都会影响读书学习的效果。

克服学习障碍，重在改变心态。首先要调动内心的读书学习兴趣，努力从学习中找快乐。比如，多阅读感兴趣的书等，以兴趣来逐步调整自己的心态。其次，要对知识心怀敬畏，明白知识是前人智慧的结晶，学习知识、掌握知识是自己将来施展才能报效祖国的重要前提。有了这种想法才会主动提升自己的求知欲，提高学习的积极性。再次，要有责任心，学习是自己的事，要对自己负责任。克服内部和外部的学习障碍，抵制各种诱惑，是对自己自律能力的重要检验。只有这样才能心无旁骛、专心致志地努力学习，并最终获得成功。

沈从文 ///

沈从文（1902—1988），原名沈岳焕，湖南凤凰人，中国著名作家，历史文物研究者。

建构式阅读为沈从文打下坚实基础

　　读过《从文自传》的人都知道，沈从文只有小学学历。他最不喜欢学校的教育方式，他六岁进入学校读书，读的尽是些《三字经》《百家姓》《千字文》以及"四书""五经"之类的传统书籍，而且当时的学校只要求学生把书背熟，至于是否理解其中要义，不加要求。众所周知，读书之乐重在其趣，对于小孩子而言，培养读书趣味，养成良好的读书习惯更为重要。很快，沉闷单调的学校教育让沈从文失去了读书的乐趣，他毫不犹豫地加入逃学行列。虽然父母又很快为他换了一所新式小学，但沈从文依旧对学校传统填充式教学没有兴趣，不久又开始了他的"老功课"——逃课。沈从文的逃课并不是漫无目的的东游西逛，而是观察世界，课堂外的一切对他有着无穷的魔力，让他喜欢、着迷。不管是自然界的花鸟鱼虫、风雨雾电，还是社会中的人事物，动的、静的、跑的、跃的，凡是他认为有趣的事情，都会仔细看个够。他发现外面的世界远比学校老师教的内容可爱得多、有趣得多。用他的话说，"我读一本小书，同时又读一本大书"[①]。读"大书"让沈从文收获了比书本更多的知识，同时为自己日后的治学打下了坚实基础。

沈从文的"大书"即是教室外的自然万物与社会人事百态。他读"大书"的方法首先是看，因为他发现外面的世界丰富而神奇，且充满了玄妙与变幻。这让他不由自主、不知不觉地驻足。他用眼睛看，看针铺手法精巧的磨针老人，看鞋铺皮匠腆着大肚皮用夹板上鞋，看伞铺众多学徒动作熟练地做伞情景，还有剃头铺的剃头场面、苗人染布场景、豆腐铺打豆腐场景等。所有这些对他来说都魅力无穷。可是对沈从文来说，只用眼睛看还不过瘾，他还用鼻子嗅、耳朵听。用鼻子嗅烂草的气味、死蛇的臭味、屠户身上特有的腥味；用耳朵听蝙蝠的动静、大黄喉蛇发出的鸣叫、鱼在水面拨剌的声音等。这些少年时的目观之景、耳闻之声、所嗅之味，深深浸入其心脾、安入其肌骨，给沈从文留下了无比的美好回忆。沈从文14岁离开学校后步入军旅生涯，在其随军驻防和辗转流徙的过程中，他又看到了少年时期从未见到的野蛮杀戮、种种死亡以及中国社会各阶层的现实生活。最让他惨不忍睹的是那些为了生存，苦苦挣扎在社会底层和边缘的人们，他们深深触动了沈从文的内心，从沈从文日后的纯朴、安静、清秀的文字里，读者可以感受到他对他们的爱。

沈从文自有记忆开始，一路走来，边走边看，一情一景皆印入脑中。据他后来回忆，正是这些耳闻目睹的经历，让他渐渐明白了许多事情，懂得了很多道理。这些都是书本里没有的，却恰恰是人生中无比精彩的。

学而不思则罔。沈从文喜欢看和听，更喜欢思和想，他从不把自己看过的事物当作过眼云烟，任其秋风过耳。他更感兴趣的是所见事物的来由，他觉得周围很多事物都有谜底有待探究：比如，让骡子在推磨时，为何要把它的眼睛蒙上；打铁时，最后成型的烧红铁器，为何须再放入水中淬一下；雕佛像的工匠，是怎样把薄如纸的金箔贴在佛像身上的；为什么小铜匠的刻花水平如此之高……他对当兵时见过的大量血腥场面，更是充满了疑问。为找到这些答案，他常常陷入深深的思索之中。

---

① 沈从文.从文自传［M］.南京：江苏人民出版社，2014：34.

　　如果说读"大书"让沈从文眼睛开了光，那么读"小书"则让他开了智、明了礼。在部队时，沈从文由一姓文的秘书推荐得知《辞源》的确是一本包罗万象的好书，什么氢气、参议院、淮南子这些自己从未听说过的词语，都可在书中查到。平日，沈从文说话爱用"老子"这个口头禅，"老子从不看报""老子不想看什么报"，张口即来。文秘书于是将《辞源》中"老子"那一页打开给他看，沈从文这才明白，原来"老子"竟然是"太上老君"，从此之后，他再也不自称"老子"了。后来，他与文秘书等三人合伙订了份《申报》，从这份报纸上，他不但看到了大量新闻，知道了很多新鲜事，而且通过阅读，又认识了大量的生字。

　　1921年，沈从文在芷江警察所当办事员，他在亲戚熊捷三府中读到林纾译的狄更斯小说《贼史》《滑稽外史》《冰雪姻缘》等。狄更斯小说的题材多是描写寻常百姓穷苦艰难的生活，或大家子弟在逆境中的困苦挣扎。书中人物经历与沈从文的生活历程有很多相似之处，书中人物的喜怒哀乐引起了沈从文强烈的情感共鸣，几天之内他就将这些书如醉如痴地读完。外行看热闹，内行看门道。沈从文后来回忆称，重要的是他在书中学到了狄更斯向读者叙事的手法，即将道理包含于各种生活现象中，然后向读者娓娓道出。他自称他是不想明白道理，却永远倾心于现象的人。

　　熊府不远处有个务实学堂图书馆，在那里，沈从文与他一生最喜欢的被称为"史家之绝唱、无韵之离骚"的《史记》相遇。司马迁《史记》的叙事风格言简意赅、语言精准凝练，即使列传中个性鲜明的人物描写，也要言不烦，短短数词，便交代清楚。这一特点对沈从文小说语言的创作影响极大。沈从文作品语言的基本特点，也是语言精练、自然质朴、达意为上。沈从文不仅在作品语言上得《史记》之"真传"，其初期作品的写作风格也得意于《史记》。1922年，沈从文由湘西到北京闯荡，那时他连标点符号的使用也不太明白，随身携带的唯一一本书就是翻旧的《史记》，他尊称这是他唯一的"师傅"。此外，司马迁《史记》中透露出的追求生命本质和实事求是的意识以及书中人物呈现出的自强不息的精神，更让沈从文感慨万分。他说："一个伟大作品，总是表现人性最真切的欲望——对于当前黑暗社会的否认，以及未来光明的向往。一个伟大作品的制作者，照例是需要一种博大精神……"①司马迁的创作宗旨和对生命本质的追问，给了沈从文对于人性的反思与灵魂的拷问。

沈从文在湘西巡防统领陈渠珍处做军部书记时，又迎来了人生另一个重要的自学机会。由于陈渠珍喜爱中国传统文化，故在军部收藏了不少古书、碑帖、铜器、瓷器及许多宋代及明清时期的书画，还有一套《四部丛刊》。作为这些宝贝的保管者，沈从文的任务就是熟悉了解这些古书器物的内容及位置，以备陈渠珍研究之需。于是他就利用工作之便，不时取出《西清古鉴》《薛氏彝器钟鼎款识》这类书去查找辨认青铜器上的铭文；有时利用《四库提要》找出古书内容介绍与年代；或取出一轴轴古书画欣赏，以了解其中的妙处。就这样"由于应用，我同时就学会了许多知识。又由于习染，我成天翻来翻去，把那些旧书大部分也慢慢地看懂了"②。

随着知识量增加，人生阅历不断丰富，沈从文对知识的向往、人生的追求又有了新的目标。一天，沈从文认识了一位从长沙应聘到湘西的一个印刷工人，从他那里接触到了先进书刊《改造》《新潮》《创造周报》等，从这些进步书刊中读到了许多反映新思想、新理论的文章，明白了白话文的使用，并很快被书刊中的内容所征服。他没有想到在自己沉醉于湘西世界的时候，在同一太阳照耀下的另一个地方的人们，已开始对当时社会进行检讨与批判，同时对未来社会发展做着各种设想与探讨。文中对未来新社会的期盼之情溢于言表，观念之新前所未闻。从此以后，沈从文不再看自己热衷的《花间集》，也不再写《曹娥碑》，而是开始想方设法到处搜集反映新思想的书刊。而这时五四运动已经发生两年多，沈从文想湘西虽风光无限，但此处人远地偏，不能满足自己的文化需求，要学知识看新世界，必须到新文化运动的中心北京才行。沈从文思来想去，终于决定到北京，去学那永远学不尽的人生大课。

读"大书"的特殊经历，可以说让沈从文受益良多。

首先是提高了想象力。虽然说沈从文逃学很有办法，但百密一疏，总有被识破的时候。每当被老师发现，往往要被罚跪地，但沈从文对此不仅没有痛苦，反而异常高兴。因为此时他可以尽情地温习日常看到的外部世界，那

① 沈从文.文学课［M］.成都：四川人民出版社，2019：131.

② 沈从文.从文自传［M］.南京：江苏人民出版社，2014：156.

一个个精彩瞬间如电影镜头在脑海中一一闪现：山间嘤嘤成韵的黄鹂，树枝挂着的累累果实，河中鳜鱼被钓起的情景……最终罚跪的惩罚总是在美好的回忆中结束。所以，沈从文称他不仅没有对这种罚跪感到委屈，反而由衷感谢这种方式，因为这让他锻炼了自己的想象力。

其次是提高了求知探索意识。读"大书"的经历，让沈从文看到了湘西丰富多彩的自然景观和人文现象。因年少认知有限，许多事物让他惊讶、叹服又好奇，大脑无时无刻不在思考。为了解决心中的疑惑，沈从文就想方设法、绞尽脑汁去寻找问题的答案，在这个学习认知过程中他的探索和解决问题的能力逐渐得到提高。

再次是具备了勇敢和冒险精神。湘西位于湘鄂黔渝四省市交界处，风景秀美，自然人文景观丰富，为著名旅游胜地之一。沈从文时代的湘西，虽风光旖旎，但是人烟稀少、野兽出没、土匪猖獗、民不聊生。在外闯荡的沈从文，为领略外面的精彩世界，欣赏美丽的自然风光，不得不带把刀具之类的武器，以防御野兽的袭击。当兵之后的沈从文遇到的血腥场景，更是比比皆是。时间长了，见得多了，沈从文的胆量也大了，而且具备了勇敢和冒险的精神。

总之，沈从文读"大书"的经历，最直接的收获是让他得到了丰富的创作素材，从而为他成为中国20世纪重要的乡土文学家打下了深厚的基础。他将湘西神秘的自然风光、民俗风情以及丰富多彩的人性之美，通过自己多年的体验，融为文字，淋漓尽致地呈现给读者。因此，他的作品带有浓郁的乡土特色，字里行间流露出湘西地地道道的乡土味道。而这一切皆来自沈从文作品中大量湘西元素的运用。甚至有学者称，沈从文的文学贡献就是用文字建造起特异的湘西世界。在一定程度上说，人们因沈从文而认识了湘西，沈从文是湘西的代言人。

据统计，沈从文文学作品中以湘西民间社会为素材的就有十多部，如《猎人故事》《一日故事》等。作品呈现的湘西社会文化独具特色。唱山歌是湘西地区最盛行的风俗，也是男女表达爱情、交流思想的重要方式。作品《阿黑小史》《萧萧》《龙朱》中关于男女爱情的描写，便巧借唱山歌的方式将湘西人的生活习俗予以完美展现，大有身临其境之感。此外，作品《神巫之爱》《阿黑小史》《长河》中描述的巫鬼文化，《边城》《凤凰》《木傀儡戏》中关于侠义行为的描写，《边城》中对于葬礼仪式的具体生动的描写等，都展现了大量的湘西文化元素，不仅体现了湘西人的生活习惯、淳朴民风，而且对作品内容的发展也起到了重要的渲染、铺垫和烘托作用。

为作品增光添彩的湘西元素并非沈从文凭空得来，也非参考资料而来，正如前文所述，它们都来自沈从文多年来的亲身感受与领悟。可以说，正是沈从文读社会这部大书的经历，让他自幼浸染了湘西文化，在耳濡目染中让湘西文化在自己记忆中生根发芽，通过组织、思考、提炼、加工等，最终将这些记忆融入作品之中。

读社会大书的经历，也对沈从文的文物研究发挥了重要作用。新中国成立后，沈从文转到中国历史博物馆从事文物工作。人们说他这是楚材晋用，他却说这是塞翁失马。果不出其所料，沈从文不仅在文物研究工作上表现得得心应手、游刃有余，而且还撰写了一部系统考证中国服饰文化的著作《中国古代服饰研究》，该书在国内外学术界享有很高的声誉。其实沈从文对文物工作并不陌生，如前文所述，沈从文早在跟随陈渠珍当兵时，已对陈渠珍所藏古书、字画、磁器等做足了功课，有了很深的认识。正是这些经历与认识，让他对青铜器、古钱币、碑刻等产生了浓厚兴趣。在西南联大做教授时，他已开始关注古瓷、古纸等文物，每逢夜市便与施蛰存等在地摊淘宝。在地摊上淘古物并非轻松之事，不仅需要有高深的专业知识，辨别真假的实践能力，还要会与卖主讲价钱，一旦看走眼，便会购到假货，吃个哑八亏。吃一堑，长一智。长期的淘宝经历，很快就让沈从文练就了一副火眼金睛，并且在文物断代方面颇有造诣。一次学生汪曾祺将一个梨皮色釉的瓷盒给沈从文看，沈从文反复端详后断定，它出自元朝民窑。沈从文的淘宝，并非只是为了消遣，而是由文物来证实中国历史文化的博大精深。他称文物中蕴藏着历史，埋藏在地下的文物所蕴含的知识，要比一套二十四史多得多。没想到，多年后他的这一经历又被派上了大用场。

沈从文读"大书"的学习与研究无疑是成功的。通过不间断地看、听、闻、摸、体验、思考，他获得的知识和经验比在学校教室里得到的多得多，而且达到了活学活用、运用自如的程度。虽说沈从文在自己探索实践中得到的知识与经验，是呈分散式、片状式的，但经过实践检验，证明它们都是可行的。这远比在学校课堂上学到的要扎实得多管用得多。而由此一点一滴、由少到多、层层积累构建起来的知识，一旦形成规模和体系，自然会有暴发的高光时刻。沈从文的这种读"大书"方法，无形中践行了建构主义的教育理论。在建构主义教育理论研究方面有很深造诣的让·皮亚杰认为："知识并不是现实的复制品。要认识一事物、一事件，并不是简单地看看它，然后做一个心理拷贝或映象就行。要认识这一事物，就必须作用于它。认识是对事物的改进和转化，是对这一转化过程的理解……"①也就是说，教育的目的，不是填充学生的大脑，而是塑造学生的灵魂。

沈从文的读"大书"，无疑再一次验证了建构主义教育理论的可行性。即通过观察、体验、探索、实践，将自然知识和社会知识一项项构建起来，也就是建构主义理论所主张的，将一项项个案进行解剖、分析、研究，找出问题，解决问题，然后在个案经验的基础上推出事物发生的普遍性规律。沈从文还将他的这种阅读学习法应用在教学实践之中。在西南联大等大学教学时，他更多的是训练学生的写作能力，主张以师傅带徒弟的方式，来提高学生的写作水平。他的很多作品如《月下小景》《八骏图》等，都是给学生写的范文。他日常做得最多的工作，就是修改学生的作品。学生的作业后面往往有他的大段读后感，课堂上讲授的也都围绕着学生的作文展开。他还经常鼓励学生发表作品，甚至连稿件的邮寄费都是由他出。他称这是提高写作积极性的好方式。总之，沈从文的教学写的比说的多。这种教学方法效果如何，学生汪曾祺回忆称："……这些读后感有时评析本文得失，也有时从这篇习作说开去，谈及有关创作的问题，见解精到，文笔讲究。"②

读书旨在陶冶情操、提升人格

自学成才的沈从文谈到读书时，非常注重读书的效果与目的。他认为读书的目的在于陶冶情操、提升人格。书籍是记载自然和社会知识的载体，这些知识之所以能够流

全神贯注工作的沈从文　王亚蓉摄

① ［美］霍伊，米斯克尔. 教育管理学：理论·研究·实践（第7版）［M］.范国睿，主译.北京：教育科学出版社，2007：37.

② 汪曾祺. 人间草木［M］.杭州：浙江人民出版社，2020：231.

传下来，是因为大都经过了大浪淘沙、千锤百炼，被实践检验是正确的才保留了下来。假如一个人读了这本书后，对书中内容毫无认识，或脑中仍如一张白纸，或人云亦云，丝毫无自己的见解，就像猪八戒吃人参果一样，囫囵吞枣般一口吞下，其中的味道一无所知，这样的人读书，没有丝毫意义，读了也是白读。真正的读书，应是读后对自己的能力、气质、谈吐、兴趣、智慧等有所提高，做人做事的水平有所进步与提升，才算不负著书人的良苦用心。

如何读书才能陶冶情操、提升人格呢？沈从文认为有两点比较重要：

一是，读书应与人事相结合。从书籍的定义来看，书中内容知识来自人们对自然和社会的观察和认识等。读书的目的在于将书本知识应用到社会实践中去，并对社会实践进行指导。真知识假知识，一用便知。只有将所学知识，运用到与知识相对应的实践中并对具体工作有所指导，才算真正领会书中的知识内容。换句话说，真正的读书，要有为书本发痴的过程，还要有对周边事物观察思考的过程，因为自然万物的发展变化都与书中内容存在紧密联系。只有将这两个过程有机结合起来，才算真正学有所得。1942年，他在给一位作者关于真正学写作是否来读大学国文系的信中称，现在大学国文系学的尽是考证研究，主要在基本知识的获得，如有志于写作，不如"想办法将生活改成为一个'新闻记者'，从社会那本大书上来好好地学一学人生，看看生命有多少形式，生活有多少形式……一面掉过头来再又去拼命读各种各样的书，用文字写来的书，两相对照一下，'人生'究竟是怎么回事，实际与抽象相去多远……三五年后一成习惯，你就会从这个习惯看出自己生命的力量，对生存自信心、工作自信心增加了不少，所等待的便只是用成绩去和社会对面和历史对面了。"[1]沈从文虽说的是学写作与人事的重要性，其实其他学科的学习研究也逃不出这个规律，只有将理论知识与生活实践结合起来，读书才能有更高境界，才能真正实现自我提升。故陆游说"纸上得来终觉浅，绝知此事要躬行"。

二是，读书要能吸收消化，为我所用。古往今来，书籍多如牛毛，但是读书不能贪多，贪多求全，不能消化，一样是到老一场空。读书重在理解并会灵活运用，假如一味死读书、硬读书，只会照本宣科、照猫画虎，机械理

---

[1] 沈从文.沈从文选集：第5卷［M］.成都：四川人民出版社，1983：155.

解和运用书本知识，是没有任何成效的。沈从文指出："读的书虽多，那一大堆书可并不消化，它不能营养你反而累坏了你。你害了精神上的伤食病，脑子消化不良，晒太阳，吃药，都毫无益处。"[①]沈从文认为致使这种现象发生的原因是，没有读后进行深入思考，向深处远处走走，重新审视读过的内容。他给读书贪多的消化不良症开出的"药方"是，不拿笔时能想，不能想时要看，笔在手上可思如泉涌地去写。假如做到以上几步，书便读活，所谓消化不良自然也不复存在了。

读书治学要有恒心与毅力

读书治学不是轻松的事，必须要有坚持不懈的努力、攻坚克难的精神、持之以恒的恒心、坚韧不拔的毅力，才能读好书。即使有天赋的人也离不开这几点，沈从文本人也不例外。1922年，沈从文由湘西长途跋涉到北京读书，目的是在新文化运动的中心学到他心仪的新知识、新思想。然而理想很丰满、现实很骨感，一些意想不到的困难随之接踵而至。

他原本来北京是投奔其亲戚的，但亲戚听到他来京的缘由后说：你不该来北京上大学，北京的大学虽多，但毕业后无事可做的就有一万多人。沈从文本想上清华大学，因为上两年后，便可依例出国留学，可是又听说，进清华虽不考试，但全凭关系介绍，如无关系难以如愿。到北京大学学习固然是很理想的，但沈从文只接受过小学教育，虽说他有文学天赋，以前学堂规定背诵的文章都能轻松背过，但小学水平距离北京大学入学考试水准差距实在太大，只好放弃。沈从文的两个朋友丁西林与陈源曾亲自教授沈从文英文，以便帮助沈从文去剑桥大学留学，可是当时沈从文连26个英文字母都背不过。后来沈从文报考燕京大学的国文班，怎料在入学考试中沈从文一问三不知，竟得了零分。就这样，沈从文的大学之路被彻底封闭。

沈从文没有因此灰心，打退堂鼓。他听说在北京大学可允许学生旁听，就立刻做了一名旁听生。白天没课的时候，他就一头扎进京师图书馆读书。

---

① 沈从文.文学课［M］.成都：四川人民出版社，2019：99.

有时去得太早，他便在京师图书馆门口等候，冬天的北京寒风刺骨，温度最低至零下二十几度，沈从文就只穿件薄单衣对付。好在图书馆中有热水，他就一边喝着热水，一边忘我地读着《小说大观》《笔记大观》《玉梨魂》等书。晚上回到他那自称为"窄而霉小斋"的住处———一间由煤棚改造而成的出租小屋，房间小得仅能容身一人，屋内摆设只有一张小写字桌、一张床，一年四季潮湿不堪，冬天更是寒冷异常。由于经济条件所限，沈从文来北京时兜里仅有7元6角钱，只好在此将就着住下。每当回到这里，他便通宵达旦地展开想象去写文章。他要用手中的笔打出一片天下。然而现实告诉他要实现理想并不容易。由于经济拮据，沈从文即使每天以馒头加咸菜度日，仍然难以为继。他只好少吃一顿，或赊账或到亲戚老乡那儿蹭顿饭度日。与此同时，辛辛苦苦写作的文章投到报刊社后，也经常是石沉大海杳无音信。即使他不断试探着以各种文体去投稿，依然是泥牛入海。但执着的沈从文依然不放弃，他选择了继续努力。

有播种就会有收获，有付出就会有回报。随着时间的推移，首先是在北大的学习，让沈从文受益良多，他不但利用旁听的机会学习了国文、日语、哲学、历史等课程，而且领略了北大教授的风采。特别是他回忆辜鸿铭教授讲他那辫子时的情景："……你们不用笑我这条小小尾巴，我留下这并不重要，剪下它极容易。至于你们精神上那根辫子，据我看，想去掉可很不容易！……这句话对当时在场的人，可能不多久就当成一句'趣话'而忘了。我却引起一种警惕，得到一种启发，并产生一种信心：即独立思考，对于工作的长远意义。"[①]由此看出，北大教授的讲学，对沈从文开启心智、独立思考，成功走入文坛打下了坚实基础。

是金子总会发光。在郁达夫、林宰平，特别是徐志摩的帮助和鼓励下，沈从文的文章终于陆续发表并赢得读者的广泛欢迎，20世纪中国乡土文学巨匠终于横空出世。

---

① 沈从文.沈从文的湘西与凤凰［M］.南京：译林出版社，2019：182.

梁实秋 ///

梁实秋（1903—1987），原名梁治华，字实秋，祖籍浙江杭县（今杭州市余杭区），生于北京，中国著名散文家、文学批评家、翻译家。

书房与读书

梁实秋认为，一个正常的家庭，每个孩子应该拥有一个属于自己的书桌，主人也应该有一间书房。梁实秋小时候，就喜欢泡在自家的书房。他出生在书香之家，父亲喜欢读书，家里有个书房，名曰"饱蠹楼"。书房里的书很多，从地上一直堆到四周，满满的高高摞起，看不到四面的墙。也许父亲看出梁实秋是个可造之才，众多孩子中只允许他一人可自由进出书房，并随意翻阅里面的书，由此慢慢培养了他的阅读兴趣，养成了好读书的习惯。

梁实秋认为，书房是用来读书写作的，不是用来展览炫耀的，大小豪华与读书写作成就不一定成正比。古时候寒窗苦读的学子如用萤火照亮的车胤、穿壁引光的匡衡、断齑画粥在寺庙读书的范仲淹等很多都没有书房，却丝毫不影响他们好学之志。许多伟大的作品也不一定是因有书房而创作出的，比如，诗圣杜甫一生颠沛流离，后期因安史之乱居无定所，奔波于路途，一生创作了一千五百多首诗。还有不少著名作品是在恶劣环境甚至是监狱中写成的。正气凛然的文天祥在狱中写出了高古悲壮的《正气歌》；初唐四杰的骆宾王因"忤逆武后"身陷囹圄写出《在狱咏蝉》诉说自己的冤屈，以示自己高洁的品行；周文王被囚羑里推演出六十四卦；程邈得罪秦始皇被幽禁十年，在狱中把篆书演化成隶书得以流传……如此说来，一个人的成就大小与志向、心气和执行力有关，与有无书房没有直接关系。虽然说环境对人的成长很重要，但它毕竟是客观的因素，起决定作用的还是自己。

梁实秋和许多名人有交往，曾光顾过他们的书房。他称剧作家宋春舫的书房精致考究，周作人的书房窗明几净，闻一多的书房书籍种类繁多，且充实有趣，就像他的书桌一样零乱，学者潘光旦喜欢用木质书护井井有条地把每套书夹好，并做上竹制书签。的确是各有千秋、独具特色。尽管他们都有自己的书房，但学术成就的取得应该归于他们日常的勤勉努力。梁实秋认为，书房不在大小，位置居于任何角落也无关紧要，只要放得下一张书桌、一把椅子，光线好、空气流通，适合自己便为最好。能坐在其中灵感迭出创作出作品，闲暇时可惬意地尽享读书之乐，饱读诗书，练就学问满腹为妙。事实上也有人饱读诗书，满腹经纶，连个书房也没有，也一样成才了。《世说新语》里有个故事，说晋朝时期有个人叫郝隆，曾任桓温的参军，生性诙谐，年轻时就有博学的美名，但并没有得到桓温的重用，便辞官回乡隐居。家乡有个七月七日这天在太阳下晾晒衣物、书籍的习俗，以免虫蠹。这天郝隆在太阳下袒胸露腹仰卧，有人好奇问之何故，他答曰晒书，意思是说书尽在腹中。由这个故事可见郝隆幽默又自信，他认为自己读书很多，可谓饱读万卷，天下书早已'腹'括其中，书房不必他处寻，自有书香胸中流。当然这个故事带有夸张的成分。

古人想拥有书房可能是奢望，古人的书房其一是用于藏书，受当时条件的限制，早期的图书多是以竹木为载体的简书，既笨重又占用空间。之后随着造纸术、印刷术的发明，又有经折装、蝴蝶装、旋风装、线装等形式的图书大量出现，这些书虽较简书在实用性上有了巨大改善，但依然存在容量少、占用空间大等问题。因此拥有一个能容万卷书的书房对读书人来说可谓由衷的愿望。二是古代社会经济落后，人的居住条件简陋，普通人建房居住尚成问题，很少有能力单独拿出一间屋作书房的，书房一般为家资殷实人家才能享有的。

现代人由于生活水平的巨大提升，单独拿出一个房间用作书房已不是什么难事。特别是随着计算机技术、数字技术、存储技术的飞速发展，电子书、数字图书已非常普遍。任何人只要喜欢，轻轻动动手指就可惬意地拥有一个藏书百万的"电子书房"，想想这百万图书在纸本时代可是一个中大型图书馆的藏书量，更重要的是这些图书只需要一个终端便可实现轻松浏览与检索，这虚拟书房的功能与昔日真是天壤之别。古今书房变化如此之大，恐怕连梁实秋也没想到。

如何让书房发挥作用呢，梁实秋的观点还是很值得推荐的，书房不是用来展示与炫耀的，适合自己就好，重要的是要利用好这些条件，选好图书刻苦攻读，取得读书成效方为正途。

纪律与读书

所谓读书趣味，是建立在知识基础之上的。基础打好了，对各项知识有了基本了解，再深入研究，书中的趣味自然层见叠出，让人沉浸其中。"学问没有根底，趣味也很难滋生"[①]。那这个学问的根底是什么呢？梁实秋认为，从小学到中学学得的都是基础知识，即使是大学四年所学知识也在基础范围之内，出了大学门口才算做研究的开始。并指出这一阶段的学习与古时尽读圣贤书意义不同。此阶段不但读书范围广，而且科目分工明确。其中语文是阅读习字的工具，此科不通便难以表达自己。数学是思想条理方面的最好训练。外语对掌握学习外来知识至关重要。总之各科设置都是有益而必需，不可偏废的。他将一位受过良好教育、学养深厚、基础知识牢固的人比作一个受过正规科班训练的戏剧演员：一个演员如若基本功扎实，必须在坐科的时候，唱功、做功、武把子等都熟练到家，各种角色知识也要了然于胸。学成之后才能根据自己所长，按兴趣爱好再单独深造发展。根底知识打得平正坚实了，以后才能永远受用。

---

① 梁实秋. 雅舍杂文［M］. 修订本. 南京：江苏人民出版社，2020：112.

也有人学习用功，成绩优秀，但总有一两科成绩扯后腿。有的人语文水平差，平时交流写信难得通顺，感觉语文与自己性情不相近，认为自己天生不是学语文的料；也有的人文笔通畅，热衷于语文学习，却对数理化漠视，并美其名曰兴趣不在此，考试仅能凑活及格了事。实际上对某科目喜欢不喜欢，全在于用功程度。如只是浅尝辄止式学习，自然学的知识一知半解，味同嚼蜡。如在良师悉心指导下，循序渐进一步一脚印，自然也会乐在其中，让人生趣。一般中等天赋以上的人，只要学习刻苦，在各科目上都可全面发展。否则，那就是懒惰与任性在作怪。

故梁实秋特别指出，这些课程."无所谓性情近与不近，无所谓有无兴趣。读书上课就是纪律，越是自己不喜欢的学科，越要加倍鞭策自己努力钻研。"①在学习打基础阶段，各科知识对自身成长都有重要作用。如果学习带偏好，一定不利于整体科目的掌握，好之越好，差之越差。况且，从科学发展角度来说，各学科并没有严格界限，或多或少有着千丝万缕的联系，若基础学习阶段文理兼备，对于将来从事专业研究也大有益处。

那么如何才能把这些基础科目学懂弄通呢？好习惯至关重要。好习惯受用一生，其益无穷。它是在人们成长、学习、工作过程中慢慢养成的，与生活环境、性格、经历、所受教育等因素息息相关。人的生活是丰富多面的，习惯也是多种多样。习惯的好坏决定了人生的质量。梁实秋文章中多次谈到习惯问题，他认为充满好习惯的生活，一定是"合于'自然'的生活"②，临事才能心平气和，顺理成章。

梁实秋很欣赏曾国藩的一句话："做人从早起起"，意思是说做人自律很重要。大事作于细，难事起于易，从小事做起，从易事做起，从每天必须做的第一件事早起开始，非常重要。如果这件事做不到，其他事可想而知。

谚语有，早起的鸟儿有虫吃。确实，通常勤奋刻苦的人总是赶早做事，计划周全，行动快、不拖沓，深谙凡事预则立，不预则废的道理。相反，懒惰的人总习惯于散漫、无计划，做事喜欢明日复明日，"人而不勤，无异草木"③。所以各行各业，凡勤者，才能有所成就。

① 梁实秋.雅舍杂文［M］.修订本.南京：江苏人民出版社，2020：122.
② 梁实秋.雅舍杂文［M］.修订本.南京：江苏人民出版社，2020：342.
③ 梁实秋.雅舍杂文［M］.修订本.南京：江苏人民出版社，2020：306.

吃苦耐劳是我们中华民族的优良品德。学习也是一样，读书治学非简单轻松之事，不从小养成俭朴的习惯，不耐得住寂寞，受得住清苦，没有攻坚克难的意志，是不可能获得成功的。

针对读书习惯问题，梁实秋特以自己为例说，他一直有早起的习惯，由小时候上学时养成。他认为这是一个好习惯，能终生受益。他回忆上小学时，有一次早上醒来，看到窗棂上有一格阳光，以为迟到，急得大哭，匆忙赶到学校，不一会又回来了，原来是因为太早学校还没有开门。足见少年梁实秋的勤勉自律。然而，他也曾经因为主观认识的原因犯过错误。上学时他自认为是"少小爱文辞"，觉得数学与自己性情不近，因此漠视数学，自甘落后，考试仅及格而已。到国外留学时，因学校对立体几何与三角两课有要求，因此不得不重修，好在补课的老师能够循循善诱，加上梁实秋意识到问题的严重性后，学得也很刻苦认真，最后不但达到了学校的要求，而且还从这两课中发现了数学的奥妙。良好的习惯也让梁实秋的治学突飞猛进。梁实秋翻译《阿伯拉与哀绿绮思的情书》时，通常利用每天早起的习惯，趁太阳没升起就搬凳子坐在廊檐下动笔，待太阳进半个院子，人语渐浓时，收笔，这样坚持一个月，全书翻译完成。在青岛任教时，梁实秋与徐志摩、闻一多等承担了翻译《莎士比亚全集》的重任。然而由于中西文化的巨大差异，翻译莎翁著作异常辛苦。但他认为既承诺了，就应该履行自己的诺言，仍然一本一本字斟句酌地埋头翻译。当他听说与其一起的徐、闻二人纷纷放弃翻译计划后，就默默地把全部翻译任务承担下来。就这样日复一日、年复一年，终在三十多年后将《莎士比亚全集》全部译毕。他也因此成为研究莎士比亚的权威。

事实上，古往今来的成功者，莫不都是良好学习习惯的践行者。马克思写《资本论》，勤勉不辍，为了查阅书籍资料，他每天白天学习工作十多个小时，晚上也通常整理资料笔记至深夜，一天只睡三四个小时，仅做过的笔记就有1500种以上，终在40年后将这部巨著完成。

我国著名气象学家、地理学家竺可桢的勤勉精神同样让人震撼。为了研究中国古代自然界与气候变化的情况，他翻阅了大量古代文献资料，从1936年1月1日至1974年2月6日逝世，共38年零37天，没有一天间歇，其中关于气候、物候的观测记录有800万字，为后人留下了珍贵的研究资料。

无数成功者的成功经历告诉我们，具备良好的学习习惯、思维思考习惯、自律能力等，对提高学习能力意义非凡。这些从小养成的习惯，犹如一条条铁的纪律，保证了人生的正确走向，对人生的发展具有重要意义。

利用好一切零碎时间

世人每论及时间，都觉得一寸光阴一寸金，要惜时如金，珍惜时光。可事实上仍有许多人大把挥霍时间，让时间一分一秒地消耗掉，这种做法最是要不得的。

梁实秋认为平日里零碎时间最宝贵，却也最容易丢弃。他指出按说学校学生，最不应该浪费时间，因为在校学习可谓人生最美好的时光，既没负担，也无其他打扰，可仍有好多人没有珍惜这机会，不但没有把闲余时间用在图书馆翻书上，反而是让时间一点一滴浪费掉。他又举例说，有的人距离开会还有五十分钟，就开始磨磨蹭蹭，把这五十分钟打发了。这样浪费时间的人可谓比比皆是。

梁实秋认为，人生短暂，应该合理规划好时间，把闲暇零碎时间利用到最大，发挥出最大价值。他讲，假如每天安排一小时读书，一年三百六十五天就可以读三百六十五小时，十年就三千多小时，集腋成裘，聚少成多，只要坚持定会有不小的成就。他提到陆游的两句诗，"呼童不应自生火，待饭未来还读书"①，意思是说，要巧妙利用时间，即使饭前等待的时间也可以来读书。

事实上，饭前等待的时间人人都有，能将这些零碎时间利用好的读书人都获得了成功。

唐宋八大家之一的欧阳修就可谓读书不浪费分秒的典范。有人向欧阳修求教学问之道，他回答，没有什么神奇办法，只一个勤字。他读书治学的"三上"功夫名扬后世，所谓"三上"就是利用马上、枕上、厕上的时间读书或构思一些文章，久而久之，不仅知识得以积累，而且一些文章的灵感也来自"三上"时间的思考。"三上"功夫也成了后世读书人激励勤学的榜样。

① 梁实秋.雅舍杂文［M］.修订本.南京：江苏人民出版社，2020：13.

东汉有个叫董遇的人，性格质朴，不善言辞，但好学上进，上山打柴时不忘带着书，休息时就趁机读一会，尽管因时刻记得读书而被哥哥嘲笑，却依然我行我素。有人苦于没有时间读书去向他请教，他回答，当用好"三余"即可。所谓"三余"就是三个空余时间：冬天、夜晚、下雨天。冬天是一年中较闲的时候，称"一余"；夜晚是一天中放松的时段，称又"一余"；下雨天是平日里轻松的时刻，称再"一余"。故"三余"。《幽梦影》的作者张潮受董遇"三余"读书法启发又创出了自己的"三余说"，清晨早起是夜晚时间的闲余，夜晚独坐是白天时间的闲余，午间小憩是应酬完人事后的闲余。其实，古人的"三余"空闲都是挤出来的，是利用了别人休息娱乐的时间，这种好学精神让人既感动又敬佩。所以大文豪鲁迅称，时间就像海绵里的水，只要你愿意挤总还是有的，可见，时间还是要掌握在自己手中，时间由我不由人，我的时间我做主。

时间对每个人来说是同样多的，在不同人面前都能产生非凡的价值。对于商人，时间是金钱；医生面前，时间如同生命；在读书人那里时间就是知识。不管我们身处什么社会职业，都应该把属于自己的所有时间用到最佳，珍惜好分分秒秒。其实，闲暇时间放松心情赏读一本书是无比幸福的，既像聆听智者的谆谆教诲，又像倾听知音的卿卿诉说，让人心驰神往、遐思飞扬、惬意无穷。能利用零碎的边角时间获得精神财富何乐而不为呢！有人说，心中拥有的梦想和读书所得智慧最是别人偷不走的。时间更是别人所偷不走的，应珍惜时间，多读书增广见闻，走好人生每一步。当回首往事时，希望给自己留下的不是"黑发不知勤学早，白首方悔读书迟"的遗憾。

读书之乐何在

读书之乐何在，读出趣味方能品出味道读出快乐。梁实秋指出，一个人于书中得到趣味，就会像着魔一样，每天废寝忘食、苦苦钻研，这样做学问哪能没有收获。他认为读书产生趣味、快乐，必先有坚实的学问根底。"学问没有根底，趣味也很难滋生"①，快乐更无从谈起。他特以其所景仰的著名学者梁启超为例，说梁氏自称一生治学充满了趣味与快乐，治学均在"无所为而为"中取得。对此梁实秋谈出不同看法，他说梁启超年轻时，从师受业，诵读经典，学八股文，作试帖诗，未必全出自兴趣。治学真正趣味使然，应是梁启超后期著述《中国历史研究法》《先秦政治思想史》等著作时，一切研究欲望皆来自发自其内心的趣味。而这一切均来自梁启超年轻时学问根底打得坚实。所以梁实秋认为，趣味是针对成年后自主研究学问阶段来说的，这时读书不是为了别人，是为了自己，是使自己精神充实、明白事理，生活丰富而有意义。

普通人也是如此，对于普通人，读书可谓最简单的修养方法，读书可让人开智，使人身心愉悦，但这些愉悦与益处也不是开始就能有的。

孩童时期大多贪玩，不爱读书，况且伴随着读书还有无数次考试，更有考后成绩不理想的担心害怕，所以大多觉得读书是一件苦事。但这也正是磨炼意志、收敛心性、体会付出、充盈智慧，提高综合能力的打基础时期。待到年岁长些，生活经历随之增多，读的书也渐渐增多，体味到书中许多内容与自己生活相贴近，且时有情感共鸣，似遇知音，甚至迷茫时能指明方向，软弱时能得到力量，失望时能看到希望，自然识得其乐，就与书相亲，从此开始手不释卷，越读越爱读，并且越读越能读出书的趣味。

读书人读出快乐、品出味道，悟出人生真谛的大有人在。《幽梦影》的作者张潮说："读书最乐"。张竹坡说："读到喜怒俱忘，是大乐境。"②读书不仅能够拥有现实的世界，还能拥有超越精神的世界。黄山谷甚至认为，三日不读书，便觉得语言无味，面目可憎。南宋诗人翁森更是创作了《四时读书乐》诗，将一年四季的读书快乐表现得淋漓尽致，令人回味无穷。春天山光水影绕廊，春风舞雩归咏，正是读书好时节，好在何处？乐在何处？犹如绿草映窗前，生机勃勃，春意盎然。夏天修竹压檐，桑树四围，日光微入，小斋幽明，蝉鸣树间，夜深萤入，高卧北窗比神仙，读书之乐好似抚琴一曲，熏风南来，微凉生起，趣无穷也。秋天万物萧然，秋叶飒飒，蟋蟀窸窸窣窣，秋气清清爽爽，读书其乐陶陶如霜天明月般心境高远。冬天水尽木落千

① 梁实秋.雅舍杂文［M］.修订本.南京：江苏人民出版社，2020：112.
② 张潮.幽梦影［M］.刘如溪，点评.青岛：青岛出版社，2002：99.

岩竞枯，手持书卷，灯光摇动四壁，雪压庐顶知雪重，书声高朗书传情，冬天读书乐在这寒天雪地，乐在数枝梅点，梅心亦吾心，吾心亦梅心。

读书快乐，产生趣味的重要意义在于，通过这些快乐的感受，产生了不断再读书的欲望，由产生的趣味和感悟激发了人的创作研究激情。从而形成了读书—快乐—创作—研究—再读书—再快乐—再创作—再研究的良性循环。以致无数成功者将读书作为终生最大嗜好。大病稍愈的胡适对主治大夫说，我是有阅读习惯的，并让大夫恢复他每天看书的活动。黄侃在临去世的前一天，还在认真点校《唐文粹补编》尚余的一卷；梁启超一生著述达1400万字，其中绝大部分是成名后的36年间所作，这期间他边读边写，每年创作39万字之多。促使这些活动产生的最根本动机就是读书过程中产生的快乐与趣味。

青年人应该珍惜读书的机会，多读书，体会书中的情感与智慧。爱读书的人才能心灵纯净、充满智慧，人生也必充满乐趣并富有源源不断的前进动力。

对中国语文的认识

工欲善其事，必先利其器。语文是日常生活交流、文学创作、科学研究等的不可或缺的工具，多掌握些语文知识不但有利于上述活动的开展，而且对读好书，治好学，理解书中的要义，评判书的好坏等大为有益。梁实秋作为中国20世纪著名的散文家、文学家，一生著述达2000万字，对语文的理解与使用有着非同凡响的认识。现在让我们一起耙梳一下他关于语文的观点，相信定会让我们受益无穷。

语文的语源是语言文字。梁实秋认为语文与其他人类行为一样，各不相同，因人而异。虽说我们中国语文有其基本的法则，在读法、语法、句法各方面都已约定俗成，通行无碍。但仔细按照语文的内容分析，会发现内容成色不尽相同，至少可以分为三个阶段：粗俗的、标准的、文学的。这三个阶段虽有高下之区分，但没有优劣之别，各自适应其不同的需要，在不同的场合用不同的语言文字，这样让人感到更亲切自然，贴近生活实际，否则会闹出笑话。

梁实秋所认为的粗俗语文，是就没有受过多少文化教育的普通人所使用的语文来说的，甚至也包括文盲。这类人生活中所使用的语言文字是中国语文的第一个阶段，这一阶段的语言文字特点简单直白，有的有读音却没有对应的汉字，没法写出来，但活在人们的嘴上，数量种类很多，而且应时事的需要随时会出现新鲜、贴切、幽默的词语，它们通常都活泼有力、奇异且富有谐趣，有时还不失朴素的特点。此阶段语文包括我们的方言土语。比如方言"哀咕"就是央告、哀求；"把家虎儿"就是持家节俭；"拔犟眼子"即脾气执拗、固执；"半语子"就是说话发音不清。还有许多俗语、歇后语，如人们用"芝麻开花节节高"比喻生活越来越幸福美好，既恰当形象又准确通俗、直接明了，还表现出了喜庆愉快的心情；指责某人做事情凑合、敷衍、马虎，浮于表皮，就说"像猫儿盖屎，能对付就对付"，既准确、幽默，没有尖酸刻薄又不失人情味的温和；气愤某人干坏事就说"见缝下蛆"，喻指这人的坏主意无处不在，其心思坏到极点，蛆为人人厌恶恶心之物，同样暗指此人极其令人讨厌。这些"粗俗的语言"都带着朴素的风格，非常贴近生活实际，是充满烟火气的智慧，深得人们喜爱。如今互联网的发达，更促进了这类语言的发展，许多新词汇应时产生，比如"粉丝"是英语"Fans"的音译，指对某人、某事物等热爱、崇拜的人，"菜鸟"一词就是指新手或水平较低的人，"躺平"就是不努力、不作为的生活方式或态度。这类语言因互联网的便捷而得以快速流行，慢慢成为人们生活中常用的汉语词语。

梁实秋认为粗俗的语文尽管使用的民众很多，使用的地区范围也很广，但有些词语不能登大雅之堂，严肃正规场合还需用规范的语言表达。语文学习的目的，主要就是训练标准语文的使用。所谓标准语文，就是不同于方言土语，是在全国通行的，其词句语法都合乎一般公认的标准，且语句文雅有规律，但不包括俚语鄙语。这是中国语文的第二个阶段，这个阶段需要学习、揣摩才能提高。由语到文需要一个锤炼的过程，这一过程中，既要注意逻辑章法、行文结构，还要用准确恰当的语言表述，不然用标准语写出的文章有可能不是好的标准文。好的标准文形成之前的剪裁功夫也是必不可少的，文章剪裁就是围绕文章主题把无关紧要不必说的部分去掉。在创作一篇文章之前，通常准备的原始材料很多，如果都用上，文章会变得臃肿、冗沓，没有主题，拉拉杂杂、拖泥带水，文章失去吸引力，让读者心生厌倦，这样就必须围绕中心主题进行材料选择和剪裁。首先，选择的材料与题目要适切，还要注重特色；其次，材料选择完成后，便要进行整理瘦身之作，删掉冗繁零散的文字，使文章言简意赅；最后，将取舍好的材料连缀成文章，同时注意文章语句要通顺自然，表述清楚，并适当修饰。这样经过剪裁，文章的趣味性、可读性自然得以提高。梁实秋在清华读书时，曾写过一篇几千字的文章，被老师删的只剩下二三百字。起初，他对老师这样的删改很不服气，但仔细揣摩老师修改后的文章，感觉一勾一画都有它的道理，文章不但不再云遮雾绕，而且变得清楚明了、干净简洁，可读性和整体感也大大提高，从此梁实秋也注意起文章的剪裁来。

第三个阶段就是语文达到文学阶层，文学是文学家或作家借用语言文字这一媒介创作的以反映真实社会生活的一门艺术，是语文的最高境界，即文学艺术境界。文学艺术的语文是供人欣赏的，它的文字不同于方言土语的直接，其本身的措辞用字就要经得起推敲，要充分而准确地表达出情感主题。因为文学的语文其思想情感是由精准而恰当的文字表达出来的，文字中用字含糊，思想就让人读不懂，情感也使人模糊，看似表面上字斟句酌的揣摩文字，实际是在调整思想主题和情感方向，有时一句话中改变一个字其意味会大不相同。朱光潜在《咬文嚼字》中举过一例：郭沫若的剧本《屈原》里有句婵娟骂宋玉的台词："你是没有骨气的文人！"上演时，郭沫若在台下听，觉得这句话不够味道，此时有人提议把"是"改成"这"，郭沫若认为改得恰当，很够味。后来，郭沫若对"是"字改成"这"字做了语法分析，他认为"你是什么"是单纯的肯定叙述语，无其他过多的意义；"你这什么"是坚决的断定语，而且语义丰富，附带语省略去了。朱光潜认为这是一个炼字的好例子，就"是"字改"这"字句式又做了进一步的研究分析，他举例《水浒传》中，一般民众骂人都用"你这什么"的语式。石秀骂梁中书说："你这与奴才做奴才的奴才！"杨雄醉骂潘巧云说："你这贱人！你这淫妇！你这你这大虫口里流涎！你这你这……"一口气骂了六个"你这"。此处的"你这什么"语式倒是没有"坚决的判断"，而是带有憎恶、讨厌的情感，是惊叹的语气。又举例《红楼梦》里茗烟骂金荣："你是个好小子，出来动一动你茗大爷！"此处"你是"并不是肯定叙述语，而是带有否定、讥刺、瞧不起的意味。因此，从这里的分析看"你是"语式并非都是肯定语，"你这"语式也并非都是判定语，应当就具体的情境来选择最准确、最恰当的字，这是随时都要考虑的问题。可见，推敲用字是真功夫，不能粗心，也偷不得懒，更不能靠一时的情感冲动轻率选之，应在平日的读书中多留意、玩索经典文章的文字用词。

梁实秋认为掌握文学语文的精巧用字及简洁、恰当、准确的表述是一种能力，它是文学家创作过程中一个有效的语文工具，要搞文学创作不能只停留在语文的"清通"阶段，"清通"阶段只可属于标准语文阶段，远没有达到文学的需要，文学境界的语文得有"大道至简"的、绚烂至极归于平淡的艺术韵味。这一切皆在平日读书揣摩的功夫中。

青年人读书必先有些语文知识，看了梁实秋关于中国语文的精彩见解，我们再读书时对书的好坏就有判断力了。